프랭클린 자서전

프랭클린 자서전

저자_ 벤저민 프랭클린
역자_ 이계영

1판 1쇄 발행_ 2001. 7. 31.
1판 38쇄 발행_ 2022. 11. 1.

발행처_ 김영사
발행인_ 고세규

등록번호_ 제406-2003-036호
등록일자_ 1979. 5. 17.

경기도 파주시 문발로 197(문발동) 우편번호 10881
마케팅부 031)955-3100, 편집부 031)955-3200, 팩스 031)955-3111

값은 뒤표지에 있습니다.
ISBN 978-89-349-0742-8 03810

홈페이지_ www.gimmyoung.com 블로그_ blog.naver.com/gybook
인스타그램_ instagram.com/gimmyoung 이메일_ bestbook@gimmyoung.com

좋은 독자가 좋은 책을 만듭니다.
김영사는 독자 여러분의 의견에 항상 귀 기울이고 있습니다.

프랭클린 자서전

벤저민 프랭클린 | 이계영 옮김

THE AUTOBIOGRAPHY OF
BENJAMIN
FRANKLIN

김영사

| 추천사 |

반드시 읽어야 할 최고의 인생지침서

오늘날 세계는 급속도로 빠르게 변하고 있다. 21세기는 가히 '시간과의 전쟁'의 역사가 아닐까 싶을 정도로 사람들은 '더 빨리, 더 천천히'를 외치며 시간이라는 틀에 매여 산다. 하지만 사람은 하루 24시간이라는 똑같이 주어진 시간을 가지고 살아간다. 그렇다면 시간을 어떻게 활용해야 할까?

우리 시대 최고의 시간관리 전문가로 널리 알려져 있는 하이럼 스미스(Hyrum W. Smith)는 세계적인 경영컨설팅 회사인 프랭클린 코비 사의 최고경영자다. 그는 자신의 저서인《10가지 자연법칙》에서 철저한 시간관리를 강조했다. 특히 벤저민 프랭클린의 자기관리 수첩을 예로 들며 '프랭클린 시간관리 프로그램'이야말로 성공 목표를 가장 효과적으로 실천할 수 있는 강력한 도구라고 극찬을 아끼지 않았다.

자신의 시간관리 방법을 극찬하는 사람들에게 프랭클린은 이렇게 말한 적이 있다. "당신의 인생을 사랑하십니까? 그렇다면 시간을 낭비하지 마십시오. 인생은 바로 시간으로 이루어져 있습니다."

프랭클린은 매우 특별한 인물이다. 18세기 미국 '건국의 아버지(Founding Fathers)' 중 한 명으로 널리 알려진 그는 정규교육이라고는 2년밖에 받지 못했다. 하지만 정치, 외교, 출판, 인쇄, 과학, 교육 등 각 분야에서 최고의 자리에 오른 인물이다. 그렇다면 그가 성공할 수 있었던 비결은 무엇일까? 가난에서 벗어나고자 애를 썼으며, 교육도 제대로 받지 못한 그는 20대에 이르러 도덕적 완성에 이르겠다는 당찬 계획을 세웠다. 그리고 '절제, 침묵, 질서, 결단, 절약, 근면, 진실, 정의, 중용, 청결, 평정, 순결, 겸손'이라는 13가지 가치관을 정했다. 이를 지키기 위해서 그는 시간계획을 짜고 자기관리 수첩을 적극 활용했다. 오직 철저한 시간관리와 자기계발만으로 200여 년간 '자기계발의 대명사'가 된 것이다.

200년도 더 된 인물이 최근에 다시금 조명받는 이유는 무엇일까? 학교에서는 그의 책과 어록들이 인생지침으로 교육되고, 기업에서는 그의 시간관리와 자기계발 방식이 성공지침으로 널리 알려지고 있기 때문이다. 가난한 인쇄소 견습공에서 미국독립선언문, 미국헌법 등 신생 미국의 독립에 가장 중요한 역할을 담당했던 벤저민 프랭클린이야말로 전 세계 모두가 본받고 싶은, 아니 본받아야 할 롤 모델이다. 미국인들이 링컨, 워싱턴, 에디슨, 벨보다 더 존경하는 인물로 그를 꼽는 데는 다 이유가 있다. 그러므로 그의 인생 전체를 다루고 있는 《프랭클린 자서전》은 머리맡에 두고서 계속 곱씹어야 할 고전 중의 고전이자, 모두 외워서 반드시 내 것으로 만들어야 할 필독서다. 초테크 시대를 살아가는 우리에게 프랭클린의 메시지는 열악한 환경에 굴하지 않고 자신의 의지만으로도 얼마든지 아름답게 꽃피우는 인생을 살 수 있음을 말해준다.

200년간 꼭 한 번은 읽어야 할 최고의 인생지침서로 자리매김해 온 이 책이 젊은이들에게 미친 영향은 말로 다 할 수 없다. 프랭클린의 인생은 인간 승리의 모든 것이자, 감동의 가르침 그 자체이기 때문이다. 젊은이들이여, 1분 1초도 낭비하지 않는 인생을 살아라!

한국 리더십센터 대표

김경섭

하지만 기대했던 만큼 자료가 많지 않다.
전쟁 중에 거의 잃어버렸고 겨우 이것밖에 남지 않았다.

차 례

| 제3부 | 1788년 8월, 이제 집에서 계속 쓰려고 한다

Franklin

일러두기

1. 이 책은 존 비글로(John Bigelow)가 편집한 《프랭클린 자서전》을 원문으로 번역한 것이다.
2. 프랭클린은 1771년에 자서전을 쓰기 시작하여 늑막염으로 세상을 떠나기 한 해 전인 1789년까지 집필을 계속했다. 애초에 그는 자서전을 쓸 계획으로 사건들을 매우 상세하게 연대순으로 기록해 두었다고 한다. 그러나 그가 남긴 자서전에는 그의 가장 왕성한 활동기인 만년 30년 동안의 일은 기록되어 있지 않다.

뉴저지 주지사 윌리엄 프랭클린에게

1771년 세인트 아사프 교구 내 트위포드에서

제1부

THE AUTOBIOGRAPHY OF
BENJAMIN
FRANKLIN

mens superfine rolling ditto, mens cotton and ... mens scarlet knit breeches, red and blue ... womens scarlet and cloth coloured short ... silk caps, writing paper, Scotch linnen, ... handkerchiefs, ditto white with blue borders, half ... and white persian, mohair and buttons, ... Scotch white thread, damask and diaper ... Cumberland handkerchiefs, spotted bandanoes, ... kerchiefs, blue long cloths, broad ... callimancoes, worsted damasks, green and ... for beds, hair graters, knee garters, red and blue strip'd ditto, white ditto, cambricks, ... lawns, yd wd. garlix, mens and womens ... buck spring knives, French flag cutters, ... with scales, buck handled knives and forks, steel and brass knee and shoe buckles, ... glasses, 20d, 10d, 8d, and 3d nails, best ... A C, and I C, No. 3, wool cards, square ... gimblets, Anderson's Scotch pills, and a ... other things, too tedious to mention. ... Theo.)

BARBADOS directly,

The SHIP
INDUSTRY,
William Rankin,
Commander;
Will sail with all expedition.
For freight or passage, apply to said commander on board, or John Erwin, in ... Alley.

To be sold by
CHRISTOPHER MARSHALL,
... and colour shop, the sign of the Golden Ball, Strawberry alley, near the Three Tun Tavern, Chestnut-street, viz.

... cochineal, native cinnaber, vermilion, drop-lake, sundry sorts red lead, Venetian & ... flake white, Spanish whiting, white lead, ... blue sundry sorts, blue bise & verditer, ... calcin'd smalts, Fr. & Eng. verdegrease, ... sap green, stone and powder oker, Turpeth mineral, Naples & king's yellow, white & ... London glue, Tripoli, sandiver, borax, ... aquafortis, aqua regia, blue galls, white copperas, Roman vitriol, spirits & oil of ... of wine, ditto camphorated, cream tartar, ... oil tartar, roach & common allom, epsom salts, saltpetre, ditto with antimony, ... sal Jovis, sal Martis, sal febrifug, ... amber, salt hartshorn, ... Venice treacle, ... ipecacuana, ditto in powder, Turkey ... galengal, glass antimony, birthwort, ... cubebs, antimony, aloes hepatic, ... Regulus's antimony, golden and plain ... oil amber, oil mace, oil nutmegs, oil ...

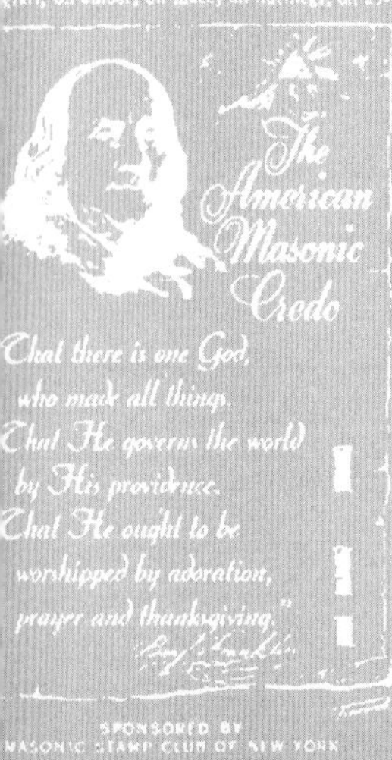

tendes at Mr. Byles's house, near the middle of Pewter-platter-alley, by ANDREW LAMB.

N. B. At the same house there is to be sold, mens wearing apparel ready made, viz. great coats, red and blue, and full trimm'd coats of various colours, waistcoats, red, blue and black, and shag breeches, red and black; there is good choice of each sort, sold cheap for ready money, &c. Theo.

PUrsuant to an order of the court of common pleas of Philadelphia county, whereby we are appointed auditors upon an attachment issued against John Norwood, we, in pursuance of the said order, and of the act of assembly in such case provided, do hereby give publick notice, that on Tuesday, the 23d day of January inst. at the widow Roberts's coffee house, at two a clock in the afternoon, will be sold by us, a messuage and lot of ground in Front-street, the corner of Pewter platter alley, the breadth in Front-street, fourteen and a half foot, more or less, and in length forty-eight foot, bounded northward with Joseph Knight's brick house, and remainder of his lot, eastward with the said Front-street, southward with an alley, westward with a piece of Griffith Jones's lot, be it more or less. The said premises being part of the estate of the said John Norwood, attached by the sheriff according to law, for the satisfaction of his creditors; dated the 7th day of December 1749.

PETER BARD,
HENRY ELVES,
JAMES BENNETT.

For LONDON directly,

The SHIP
BROTHERS,
William Muir,
Commander,
Will sail with all convenient speed.
For freight or passage, agree with Charles and Alexander Stedman, or the said master, now lying at Fishbourn's wharff; she hath good accommodations for passengers.

For LONDON directly,

The SNOW
AMPHITRITE,
James Young,
Commander;
Will sail with the utmost expedition.
For freight or passage, apply to said commander, or Levy and Franks. N. B. A great variety of European and India goods, to be sold cheap for ready money, or short credit, by said Levy and Franks.

To be SOLD,

A Very good plantation in Mansfield, about five miles from Burlington, containing 150 acres of land, with a good dwelling-house and barn thereon; also a young orchard, containing about 200 grafted trees, about 50 acres of the upland cleared, and about 12 acres of good meadow, and a considerable deal more may be made; it is well timber'd and water'd, and the clear'd land in good fence. The title is indisputable. Any person inclining to purchase the same, may apply to William Clayton at Trenton, or to George Nicholson at Crosswicks.

For LONDON directly,

The SHIP
CROWN,
Michael James
Commander;
Great part of her cargo being now engaged, will certainly sail by the last of this month, weather permitting. For freight or passage apply to Isaac Greenleafe, at Israel Pemberton's, or the commander on board, near Chestnut-street wharff.

N. B. She has extraordinary accommodations for passengers, and it is determined she shall be dispatched by the time fix'd.

VEry good Jesuit's Bark to be sold by John Ingles, at his store, on Hamilton's Wharff.

Just imported, and to be sold by
BENJAMIN RAWLE,

JOSEPH SIM...
At his store, below the Drawbridge, ...
A Variety of European goods; ... lasses, rum, sugar and salt.

A Quantity of choice Middling Biscuit ...
sold by
JOSIAH DAVENPOR...
Baker in Gray's Alley.

JOHN WALLAC...
Having removed his store from Front-street to ... street, opposite to Richard Sewell's, Esq; has imported from London by the Dove, Capt. Mac... the Swimmer, Captain Rice, and sells very ... ready money, or three months credit,

BRoadcloths, bearskins, coatings, kerseys, halfthicks, shalloons, short ... and other colour'd plushes, haircloths, buckrams, colour'd thread, and hair-cord, 10-4, 9-4, ... qr. rose blankets, mottell'd and matted rugs, ... womens worsted hose, striped and plain flannels, ... and cotton caps, felt hats, broad and narrow ... tickets, single and double damasks, callimancoes, ... flannels, corded poplins and marseilles, ... 3 qr. yard, yard and 3 eights, and 6 qr. ... linnen checks, linnen and cotton handkerchiefs, ... tandems, garlix, double and single ... clear and pistol lawns, cambricks in pieces and ... spotted, flower'd and strip'd lawns, calicoes and ... linnens, 6 qr. 5 qr. and yard wide muslins, ... spotted and border'd bandanoes, longee romals, ... and yard wide sheeting, 3 crowns, and 3 ... sail-duck, taffeties, mantuas, half-ell ... persians, velvets, ... and striped ginghams, ... ken and ... ribbons, black lace, ... tapes, gartering, sewing silk, ... Scots thread, Scots ... womens gloves and mittens, silk caps, ... black pepper, pistol-caps and cotton knives, ... and bone knives and forks, buckles and buttons, ... variety of cutlery, Manchester, and other goods.

TO BE LETT,

A Large, commodious house, bel... Draw-bridge; enquire of Mr. Robert W... Ebenezer Tomlinson.

Also a lot of land, below Wiccaco, very conve... a ship carpenter, to be lett for a term of years, ... Nicholls, Samuel Rhoads, or Ebenezer Tomlin...

ALL persons indebted to the estate of ... Kenton, late of Oxford township, ... phia county, are desired to come and pay their ... debts; and those that have any demands agai... state, are desired to bring in their accounts, ... may be settled by Thomas and William Kenton, ... tors.

Just imported in the Swimmer, Capt. Rice, ...
sold by
GEORGE SMIT...
At his store, between Norris's and Gray's allie... assortment of European and East India goods, ...

COARSE and fine super and f... broad cloths, in pieces and suits, ... colour'd and scarlet cloaks, buttons and mohair, ... and boys felt hats, coarse and fine cambleis, ... shalloons, tammies, starrets, sonettes, worsted ... mens and womens coarse and fine worsted stockings, ... and cotton caps, womens white and ... leather gloves, Flemish duck, best oznabrigs, ... Irish sheeting, Irish linnens, tandems, garlix, ... damask table cloths, yd. wd. ell wd. and 6 qr. ... long lawns, broad lawns, and pistol lawns, cam... pieces and patches, black velvet, English and ... paduasoys, damasks, and sattins, china taffeties, ... red bandanoes, longees, silk and cotton romals, ... printed cottons and linnens, variety of purple ... calicoes, yd. wd. ell wd. and 6 qr. cotton ... cottons, likewise good bohea, fine green, and ... teas, pepper, nutmegs, &c. likewise white ...

집안배경

사랑하는 아들에게

나는 오래 전부터 조상의 일화를 수집하는 것을 즐겼다. 조상들의 이야기라면 아무리 작은 것이라도 버리지 않았다. 언젠가 너를 데리고 영국에 갔을 때 내가 그곳 친척분들에게 이것저것 물어 보던 것을 기억하고 있겠지. 그 여행도 바로 그런 목적으로 갔던 거란다. 너도 내가 어떻게 살아왔는지 궁금하리라 믿는다. 너는 나에 관해 거의 아무것도 모르고 있으니 말이다. 마침 시골에서 일주일 동안 쉴 수 있는 여유가 생겨 네게 이 글을 쓰고 있다. 물론 너를 위한 것만은 아니고 다른 이유가 더 있긴 하지만.

나는 가난하고 이름 없는 집안에서 태어나고 자랐다. 하지만 지금까지 큰 행복을 누려서 그런 대로 남부럽지 않게 살고 있고 세상 사람들에게 어느 정도 내 이름도 알렸다. 하나님의 축복과 함께 나를 성공으로 이끈 방법들을 내 후손들도 알고 싶어하리라 생각한다. 내 이야기를 듣고 각자의 처지에 맞는 방법을 골라서 그대로 따랐으면 하는 마음이다.

누군가가 나에게 똑같은 삶을 다시 살 수 있는 기회가 주어지면 그렇게 하겠느냐고 물어 오면 나는 주저 없이 그럴 거라고 대답했다. 돌이켜 보면 내가 누려 온 행복 때문인 것 같다. 하지만 작가가 개정판에서 초판의 오류를 수정하듯이 나도 내 삶에서 고치고 싶은 부분이 있기는 하다. 실수한 일을 고치는 것은 물론이고 불행한 사고나 사건들을 좀더 좋은 일들로 바꿀 수만 있다면 더 바랄 것이 없겠지. 설사 이것이 불가능하다 하더라도 다시 살아 보고 싶은 마음은 변함이 없다. 하지만 다시 산다는 건 있을 수 없는 법. 그러니 그에 버금가는 일은 그 삶을 재조명하고 글로 써두어서 영원한 것으로 만드는 것이리라.

자기 자신과 자신의 인생 역경을 얘기하기 좋아하는 여느 노인들처럼 나도 그러고 싶은 마음이 생긴다. 하지만 사람들이 나이 많은 사람에 대한 예의로 내 얘기를 억지로 듣느라 피곤해 하는 것은 보고 싶지 않으니 읽든 말든 마음대로 할 수 있는 글로 내 인생을 남겨 두고 싶다. 그리고 마지막으로 한마디 더 해두자면(내가 아니라고 해봤자 아무도 믿지 않을 테니까 차라리 짚고 넘어가겠는데) 어쩌면 나 자신의 자만심을 만족시키고 싶은 마음이 아주 클지도 모르겠다. "절대 내가 잘나서 하는 얘기는 아닌데"라는 첫마디 뒤에는 십중팔구 우쭐대는 말이 나오기 마련이다. 대부분의 사람들은 자기 자신이 그 자만심을 어느 정도 갖고 있으면서도 다른 이들의 자만심은 견디지 못한다. 그렇지만 나는 자만심이 그것을 갖고 있는 이들이나 주변 사람들에게 꽤 생산적이라고 확신하기 때문에 자만심이 강한 사람과 마주치면 편견 없이 대하려고 애쓴다. 그러니 어떤 사람이 자신에게 자만심이라는 축복을 내려 주신 하나님께 감사한다고 해서 완전히 헛소리는 아닐 것이다.

이제 하나님에 대한 감사를 말해야겠다. 나를 성공으로 이끈 모든 것들 뒤에는 그분의 자상하신 섭리가 있었고, 내 삶의 모든 행복은 그분의 섭리로부터 나온 것임을 겸허하게 고백하고 싶다. 나는 하나님이 그 한결같은 선하심을 언제나 나에게 베푸시어 내 행복을 영원하게 하시고, 다른 사람처럼 나도 겪게 될 운명적인 불운을 잘 견딜 수 있게 해주실 거라 희망하게 된다. 당연히 그럴 거라고 생각해서는 안 되겠지만. 그리고 앞으로 내 인생이 어떻게 펼쳐질지는 오직 그분만이 알고 계실 것이다. 그분의 전능하신 힘만이 우리에게 축복을 내려 주시고 또 우리의 고통 또한 그분이 우리에게 베풀어 주신 것이니 말이다.

나처럼 가족 이야기 수집에 관심이 많은 아저씨 한 분이 계셨다. 그분이 내게 직접 건네 주신 기록이 있는데 그것을 보고 조상들과 관련된 여러 가지 상세한 일들을 알게 되었다. 그 기록에 의하면 우리 가문은 노샘프턴셔 지방의 엑턴이라는 마을에서 300년 동안 살았었다. 얼마나 더 오래 살았는지는 아저씨도 모르시더라. 어쩌면 나라 전체가 성(姓)을 갖기 시작하면서 그 이전에는 계급 명칭이었던 프랭클린(Franklin ; 자유 토지 보유자 : 역주)이 성으로 쓰이게 된 그때부터일 수도 있다. 우리 집안은 30에이커쯤 되는 자유 토지를 가지고 대장장이를 부업으로 했는데 이는 아저씨대에까지 이어졌다고 한다. 장남은 언제나 이 업종에 종사하도록 되어 있었고, 아저씨와 나의 아버지도 장남에게 그 업을 이어받게 해서 이 풍속을 따르셨다. 엑턴에서 호적부를 조사해봤더니 출생, 결혼, 사망 기록들은 1555년 이후의 것만 남아 있고 그 이전 것은 없었다. 그 호적부를 보고 내가 5대에 걸친 막내아들 집안의 막내아들의 후손임을 알았다. 나의 할아버지 토머스는 1598년에 태어났고 늙어서 더 이상 일을 할 수 없을 때까지 엑턴에서 살았다. 그 후에는 옥스퍼드셔의 밴버리에서 염색 일을 하던 아들 존의 집에서 살았다. 나의 아버지도 거기서 염색공으로 일을 배우고 있었다. 할아버지는 그곳에서 돌아가시고 묻히셨다. 너도 1758년에 그 할아버지의 묘비를 보았었지. 할아버지의 큰아들 토머스는 엑턴에 있는 집에서 살았고, 후에 웰링버러의 피셔 집안으로 시집간 외동딸에게 집과 토지를 물려주었는데 그들은 지금의 영주인 이스테드 씨에게 그 재산을 팔았다. 나의 할아버지는 토머스, 존, 벤저민 그리고 조사이어, 이렇게 네 명의 아들을 두었다. 자료를 두고 오는 바람에 내가 알고 있는 얘기밖에 해줄 수가 없구나. 내가 없는 동안에도 그 기록들이 분실되지 않고 남으면 네가 나중에 더 자세한 이야기들을 찾아보도록 해라.

토머스는 그의 아버지 밑에서 대장장이 일을 배웠다. 하지만 머리가 뛰어나서 당시 그 교구의 세력가였던 파머 씨의 도움으로 공부를 할 수 있었고(그 형제분들이 다 그랬다고 한다) 마침내는 공증인 자격을 따냈다. 그리하여 그는 그 지방 유지가 되어 노샘프턴 주와 자기 마을의 모든 공공 사업에 앞장섰으며 핼리팩스 경의 눈에 들어 그분의 후원을 받았다. 그러다 내가 태어나기 꼭 4년 전인 1702년 구력으로 1월 6일에 돌아가셨다. 엑턴에 사는 노인분들한테 이분의 생애와 성격을 듣고는 이상하리만치 나와 닮아서 너는 깜짝 놀랐었지. 너는 "큰할아버지께서 아버지가 태어나신 날 돌아가셨다면 사람들은 큰할아버지가 환생했다고 했겠군요"라고 말했었다.

둘째인 존은 염직을 배웠는데 아마도 모직물의 염색이었을 것이다. 셋째 벤저민은 런던에서 견습공 살이를 하면서 견직물의 염색을 배웠다. 그는 아주 재주가 많은 사람이었다. 나는 어렸을 때 보스턴에서 그와 함께 몇 년간 살았었기 때문에 그에 관해서는 아주 잘 알고 있다. 그는 아주 장수했고 그의 손자 새뮤얼 프랭클린은 지금 보스턴에 살고 있다. 그는 가끔씩 시를 써서 친구들이나 가족에게 보내곤 했는데 4절판으로 된 원고 두 권이 남아 있다. 이것은 그가 내게 보내 준 원고의 견본이다.[1] 또 속기술을 직접 고안해서 내게 가르쳐 주었지만 연습을 하지 않아 지금은 잊어버렸다. 그의

---

1) 원고에는 '여기에 삽입할 것' 이라고 해놓았으나 인용되어 있지는 않다. 스파크스 씨에 따르면 원고들은 보존되어 있으며 지금은 저자의 증손녀인 보스턴의 이먼스 부인이 그 원고를 가지고 있다(《프랭클린의 인생》, 6쪽). 다음은 스파크스 씨가 인용한 원고 견본이다.

1710년 7월 7일 전쟁 상황에 대한 자신의 생각에 대해 자신과 이름이 같은 조카에게 보낸 글이다.

내가 단언컨대, 벤, 그건 위험한 일이란다
칼은 많은 것을 만들기도 했지만 많은 것을 해치기도 했지
칼로 인해 많은 것이 쓰러지고, 일어나지 못하지
많은 빈민과 소수의 부자, 그리고 더 적은 현인들을 만들어
도시는 폐허로, 들판은 피로 가득 채우고, 그뿐이랴
그것은 태만 방조자이자, 오만의 방패야
오늘날 너무나 부유한 아름다운 도시들,

이름을 따서 내 이름을 지을 만큼 벤저민 삼촌과 아버지의 우애는 유별났다. 벤저민 삼촌은 신앙심이 매우 깊어서 일류 목사들의 설교는 빼놓지 않고 들으면서 속기로 받아 써두었는데 그게 여러 권이나 되었다. 정치에도 관심이 많으셨는데 그의 신분으로는 지나칠 정도였다. 나는 그분이 1641년부터 1717년까지 공공 문제에 관련해 만드셨던 주요 팸플릿을 최근에 런던에서 모두 구할 수 있었다. 매겨진 번호를 보면 빠진 부분이 많지만 2절판이 8권, 4절판과 10절판이 24권이나 된다. 내가 가끔씩 들르던 헌책방 주인이 우연히 그것을 발견하자 내게 보내 준 것이다. 이 책자들은 벤저민 삼촌이 미국으로 건너가면서 두고 간 것으로 보이는데 그렇게 따지

전쟁이 그 도시들을 내일 빈곤으로, 그리고 비애로 가득 채우고
악덕을 키우는 폐허가 된 땅들은 사지와 상처를 찢어버렸다
이것들이 바로 비참한 전쟁의 결과란다

아크로스틱(영어 원문의 각 행의 첫 글자를 연결하면 BENJAMIN FRANKLIN이 된다)
1710년 7월 15일 뉴 잉글랜드의 벤저민에게 보낸 글

너의 부모에게 순종적인 아들이 되어라
매일 너의 의무를 이행해라
태만, 탐욕, 오만에 절대 빠지지 말아라
옆에 있는 수천 가지 악덕에서 자유로워진다면
암초를 피할 수 있으리라
사람의 위험은 악마, 죄악과 자신 안에 있으니
미덕, 배움, 지혜, 진보로 나아가라

면 50년도 더 된 것들이다. 그 여백에는 삼촌의 메모가 많이 남아 있다.

이름도 없는 우리 가문은 일찍부터 종교 개혁에 참여했고 메리 여왕 치세 내내 개신교로 일관했다. 그리고 로마 가톨릭에 너무 격렬하게 반항하는 바람에 때로는 위험에 처하기도 했다. 우리 가족은 영어 성경을 갖고 있었고 그것을 숨기기 위해서 조립식 의자의 뚜껑 안에 책을 편 채로 끈으로 묶어 놓았다. 할아버지의 할아버지께서 그 책을 가족에게 읽어 주실 때는 의자를 거꾸로 해서 무릎 위에 올려 놓고 그 끈 밑으로 책장을 넘기셨다. 그동안에 아이들 중 하나는 문가에 붙어 서서 종교 재판소의 순찰관이 오는지 망을

절대 곤경에 움츠러들지 말아라

너의 행동에서 기만과 모든 허위를 물리치고
네 위치에서 언제나 신앙을 간직해라
네 마음의 창조주를 받들어라
지금이 바로 때이다, 그에게 너의 마음을 주거라
선한 양심을 간직해라, 그것이야말로 너의 변함 없는 친구이니
심판자나 증인처럼 이것은 너의 행동을 따른다
무릎을 꿇고 마음으로 혼자서 숭배하라
그 무엇도 아닌 바로 삼위 일체를 영원히

(다음 시는 그의 조카가 7살이 되었을 때 보낸 것이다.)

이제 펜을 버려야 할 시간이다,

보았다. 순찰관이 들이닥칠 때는 의자를 거꾸로 뒤집어 원래 모양대로 놓았고 그러면 성경책은 감쪽같이 감추어졌다. 이 이야기는 벤저민 삼촌에게서 들은 것이다. 찰스 2세의 치세가 끝날 무렵에는 우리 가족은 모두 영국 국교에 속해 있었다. 그때쯤에 영국 국교로의 개종을 끝내 거부해 파면당한 목사 몇 명이 노샘프턴셔에서 비밀 예배 모임을 열었는데 벤저민과 조사이어는 거기에 가담해서 일생 동안 변하지 않았다. 나머지 가족들은 영국 국교도로 남았다.

나의 아버지 조사이어는 일찍 결혼해서 아이 셋과 아내를 데리고 1682년경에 뉴잉글랜드로 이주했다. 비국교도의 비밀 예배는

매달린 소맷자락이 사람처럼 읽고, 쓰고, 시를 지을 때.
다가올 봄이 풍작을 예고한다.
싹이 낟알을 품고 있다면, 가지의 끝은 무엇을 가지고 있는 걸까?
푸릇한 풀잎이 아주 많다면
이삭에게는 어떤 것을 기대해야 할까?
꽃들이 피어나기도 전에 아름답다면
어떤 진기한 일들을 볼 수 있을까!
나무들이 접목되지 않은 좋은 과일을 품는다면
그것은 확실히 진기한 것이 될 테지.
과일이 노래지기도 전에 달콤하다면
익었을 때는 얼마나 맛있을 것인가!
첫 싹들이 그렇게 고아한 송이들을 만들어 낸다면
마지막에는 얼마나 수많은 엔게디 같은 가지들을 보게 될까!(편집자 주)

법으로 금지되어 있어서 빈번히 방해를 받았기 때문에 아버지의 친구분들 상당수가 그곳으로 옮겨갔다. 그리고 자유롭게 신앙 생활을 누릴 수 있는 그곳으로 함께 가자는 말에 아버지도 설득되었다. 그곳에서 아버지는 첫 아내에게서 자식 넷을 더 두고, 둘째 아내에게서 열을 더 두어 모두 열일곱 명의 자식을 두게 되었다. 언제였던가 모두 장성해서 결혼한 열세 명의 자식들을 거느리고 식탁에서 앉아 계시던 아버지의 모습을 나는 지금도 기억한다. 나는 뉴잉글랜드의 보스턴에서 태어났고 아들로는 막내였으며 밑으로 누이동생이 둘 있었다. 후처인 나의 어머니는 어바이어 폴저로 뉴잉글랜드의 초기 이민자들 중 한 명인 피터 폴저의 딸이다. 코튼 매더(1663~1727 아메리카의 대표적 청교도 : 역주)는 《아메리카에서의 그리스도의 업적(*Magnalia Christi Americana*)》이라는 뉴잉글랜드 교회사에서 피터 폴저를 '신앙심 깊고 학식이 풍부한 영국인'(내 기억이 맞다면)이라고 부르며 경의를 표했다. 그분이 짤막한 글들을 이것저것 많이 쓰셨다고 들었는데 출판된 것은 하나뿐이었고 그 글은 나도 여러 해 전에 본 기억이 있다. 1675년에 쓰신 그 글은 당시의 시대상과 사람들에 대한 것으로 그곳의 정부 관계자들에게 보내는 소박한 시였다. 양심의 자유를 지지하고 침례교나 퀘이커교도, 그리고 박해받는 여러 교파들을 두둔하며 인디언과의 전쟁이나 나라에 닥친 여러 재난들을 이런 박해의 탓으로 돌렸다. 그리고 극악무도한 죄악을 벌하시는 하나님의 심판을 받은 것이니 이 무자비한 법을 당장 없애야 한다고 간곡히 요청했다. 나는 그 시에서 품위 있는 솔직함과 사내다운 자유 분방함을 느낄 수 있었다. 처음 두 연은 잊어버렸지만 마지막 여섯 줄은 기억하고 있다. 이 마지막 행들의 요점은 그의 책망이 선의에서 나온 것이므로 자신이 저자임을 밝혀도 상관 없다는 것이다.

비방자가 되는 것은
정말 싫으니
내가 살고 있는 곳, 셔번 마을에서
내 이름을 밝혀 둔다
절대로 악의가 없는, 당신의 진실한 친구
그 이름은 피터 폴저[2)]

형들은 모두 견습공 생활을 하면서 제각기 다른 기술을 배우고

---

2) 피터 폴저의 〈시대의 거울 — 이 세대에 부활한 뉴잉글랜드의 옛 정신〉에서 따온 것이다. 프랭클린이 인용한 부분 바로 앞에 나오는 행들은 저자의 감정이 어떤 것인지 확실하게 보여 준다.

나는 평화는 사랑하지만 전쟁은 싫소,
말을 꾸미고 거짓말하는 이들보다

있었다. 나는 여덟 살 때 라틴어 학교로 보내졌다. 아버지는 십일조를 헌납하는 마음으로 아들 중 하나를 교회에 바칠 생각이었던 것이다. 나는 아주 어릴 적부터 글을 읽기 시작했고(글을 읽지 못했던 기억이 없으니 아주 어렸을 때부터였겠지) 아버지 친구분들 모두 내가 틀림없이 훌륭한 학자가 될 그릇이라고들 했기 때문에 아버지도 자신의 뜻을 굳혔다. 벤저민 삼촌도 찬성하면서 자신이 속기로 써두었던 설교집을 내게 주겠다고 했다. 내가 자신의 속기법을 배워 두면 그 나름대로 든든한 재산이 되리라고 생각했던 것 같다. 그러나 나는 라틴어 학교를 1년도 채 다니지 못했다. 학교에 다니는 동안 나는 반의 중간에서 일등으로 그리고 바로 윗학년으로 올라갔고, 그 해 말에는 두 학년을 월반하도록 되어 있었다. 하지만 그동안에 아버지의 생각이 바뀐 것이다. 대가족을 거느린 처지로 만만치 않은 대학 학비가 부담스러웠고 또 교육을 받은 사람들이 그렇게 잘 살지는 못한다는 사실(아버지가 친구분들에게 둘러댄 이유이다) 때문이었다. 그래서 아버지는 나를 라틴어 학교에서 자퇴시키고 쓰기와 셈하기 학교로 보냈다. 그 학교는 조지 브라우넬이

내가 더 솔직하게 쓰는 것도
바로 그 때문.
하지만 여기서 멈추고 내 이름을
여기에 적어 두겠소,

라는 유명한 사람이 운영하고 있었다. 그는 온화하면서도 학생들의 사기를 돋구어 주는 교육 방식으로 교사로서 꽤 이름을 날리고 있었다. 그의 덕으로 내 글쓰기 실력은 꽤 괜찮아졌지만 웬일인지 셈하기는 도통 늘지가 않고 제자리에서 맴돌았다.

열 살이 되어서는 학교를 그만두고 아버지의 일을 도왔다. 수지 양초와 비누를 만드는 일이었다. 아버지가 처음부터 이 일을 했던 것은 아니다. 뉴잉글랜드로 이주해 온 후에 염색 일거리가 워낙 없어 생활이 어려워지자 어쩔 수 없이 시작한 것이었다. 내가 한 일은 양초 심지를 자르고, 재료를 틀에 부어 양초를 만들고, 가게를 보거나 심부름을 다니는 것이었다.

나는 늘 바다를 동경했다. 아버지는 바다는 안 된다고 못 박았지만 장사는 내 체질에 맞지 않았다. 바다 가까이에 살면서 늘 물과 친숙했던 나는 수영은 일찌감치 배웠고 배도 다룰 줄 알았다. 다른 아이들과 보트나 카누를 탈 때면 지휘를 맡은 사람은 주로 나였는데 특히 위험에 처했을 때 그랬다. 배 위에서뿐만 아니라 다른 놀이에서도 보통은 내가 대장 노릇을 했고 가끔씩 친구 녀석들을 선동해 엉뚱한 일을 벌이기도 했다. 그중의 한 일을 얘기하려고 하는데, 이 일은 내가 어려서부터 공적인 일에 관심이 많았음을 보여준다. 물론 제대로 되지는 않았지만.

물레방아에 쓸 물을 모아 두는 저수지의 한 쪽에는 바닷물이 드나드는 늪지가 있었다. 물이 최고 수위에 오르면 우리는 그 언저리에 서서 잔챙이를 낚곤 했는데, 우리가 하도 설치면서 이리저리 밟아 대는 바람에 그곳은 완전히 진흙창이 되어 버렸다. 그래서 나는 우리가 서서 고기를 낚을 수 있는 둔덕을 만들자고 말하고는, 늪 근처에 새집을 지으려고 인부들이 쌓아 놓은 커다란 돌무더기를 녀석들에게 보여 주었다. 우리의 둔덕이 될 요건을 충분히 갖추고 있었다. 드디어 밤이 되고 인부들이 돌아가자 나는 패거리 몇 명을 모아 개미떼처럼 돌을 날랐다. 너무 무거운 돌에는 두세 명이 달라붙기도 하면서 우리는 그 돌을 몽땅 날라다가 우리의 둔덕을 세웠다. 다음날 아침, 돌이 없어진 것을 보고 깜짝 놀란 인부들은 우리 둔덕에서 그 돌들을 찾아냈다. 그들은 누가 이런 짓을 했는지 이리저리 알아보았고 우리는 곧 발각되었다. 우리는 그 아저씨들에게 꾸지람을 듣고 아버지로부터 호되게 벌을 받았다. 내가 이 일의 유용성을 주장하자 아버지는 정당하지 않으면 유용할 수도 없다고 따끔하게 일러 주셨다.

여기서 네 할아버지의 사람됨과 성격을 얘기해도 좋을 듯싶다. 그분은 아주 체격이 좋고 중간 키였지만 보기 좋을 정도였고 무척이나 튼튼한 분이셨다. 머리가 좋고, 그림을 잘 그리셨고, 음악에도 꽤 소질이 있으셨다. 목소리가 아주 맑고 좋으셨다. 하루일을 마친 저녁 시간에 아버지가 바이올린을 켜면서 찬송가를 부르시는 걸 듣고 있으면 정말 기분이 좋았다. 또 기계 다루는 재주도 뛰어나셔서 다른 사람들한테 장비를 빌려 쓸 때에도 문제가 없었다. 하지만 뭐니 뭐니 해도 그분의 가장 뛰어난 장점은 공적이건 사적이건 신중을 기해야 할 일이 생기면 사리 분별 있게 생각해서 신뢰할 수 있는 판단을 내리셨다는 것이다. 하지만 사실 아버지는 공적인 일에는 한 번도 참여하지 않으셨다. 많은 자식들 학비에 생활 형편도 넉넉지 못해서 생업에만 매달려야 했으니까. 그러나 내가 기억하기로는 마을 어른들이 자주 아버지를 찾아와서 마을이나 교회의 일들을 상의하고 아버지의 판단과 충고를 존중했었다. 어려운 일을 당한 일반 사람들도 아버지의 의견을 구하기 위해 많이 다녀갔고 다툼이 있을 경우에는 아버지에게 중재를 부탁했다. 아버지는 기회가 닿는 대로 현명한 친구나 이웃들을 식사에 초대해서 이야기를 나누는 것을 즐기셨다. 그럴 때면 주로 독창적이고 유용한 주제로 대화를 이끄셨는데, 당신 자식들의 생각을 발전시키기 위해서였다. 이런 방법으로 아버지는 우리가 인생을 살면서 선하고 옳고 현명한 것에 관심을 기울이도록 이끄셨다. 이렇게 이야기가 우선이다 보니 자연히 식탁 위에 차려진 음식에는 별 신경이 가지 않았다. 양념이 잘 됐는지 못 됐는지, 제철 음식인지 아닌지, 맛이 있는지 없는지, 이것이 저것보다 나은지 못한지, 이런 것들은 아무래도 좋았다. 그런 것에 완전히 무관심한 환경에서 자란 나는 내 앞에 무슨 음식이 차려지든 아무 관심이 없었다. 또 음식들을 잘 보지도 않기 때문에 지금까지도 식사를 하고 한두 시간 후에 무엇을 먹었는지 누가 물으면 대답을 못 할 정도이다. 여행 다닐 때에는 이런 습관이 아주 편했다. 좋은 음식에 길들여져서 취향과 입맛이 까다로운 친구들은 형편없는 음식에 불평들이 많았다.

어머니도 아주 건강하셔서 자식 열 명을 모두 모유로 키우셨다. 아버지와 어머니는 각각 89세와 85세의 연세로 돌아가셨지만 그전에는 한 번도 병을 앓으신 적이 없었다. 두 분은 보스턴에 합장되셨다. 몇 해 전에 나는 대리석으로 만든 묘비를 두 분의 무덤에 세워 드렸다.

| 조사이어 프랭클린과 그의 부인 어바이어 |

이곳에 잠들다.
결혼 생활 55년
큰 재산이나 굉장한 직함은 없었으되

끊임없는 노력과 부지런함, 그리고 신의 은총으로
많은 식구들을 넉넉히 꾸렸고,
열세 명의 자녀와 일곱 명의 손자녀를
훌륭하게 키웠다.
읽는 이는 이에 용기를 얻어
당신의 소명에 더욱 정진하기를.
그리고 신의 섭리를 의심하지 말기를.
경건하고 신중한 남편.
현명하고 덕스러운 아내.
두 분의 막내아들이
그분들을 추모하며
이 비석을 세우다.

조사이어 프랭클린, 1655년생, 1744년 사망, 향년 89세
어바이어 폴저, 1667년생, 1752년 사망, 향년 85세

이야기가 엉뚱한 데로 흐르는 걸 보니 나도 늙긴 늙었나 보다. 옛날에는 그래도 질서 정연하게 글을 썼었는데. 그렇다고 사적인 자리에 딱딱한 양복 차림을 하지는 않는 법이다. 하긴 이것도 핑계고 사실은 내가 게을러서겠지.

이제 본론으로 돌아가자. 나는 이렇게 2년간, 그러니까 열두 살

이 될 때까지 아버지의 사업을 도왔다. 아버지 밑에서 그 일을 배우던 형 존이 결혼해서 로드아일랜드로 떠나자 내가 그 자리를 메워 양초 제조업자가 되어야 할 것 같은 분위기였다. 그러나 내가 여전히 장사를 싫어한다는 것을 눈치 채신 아버지는 걱정에 빠지셨다. 내가 좋아할 다른 무언가를 찾아 주지 않으면 아버지를 속상하게 하면서까지 바다로 떠나 버린 형 조사이어처럼 나도 그럴 거라고 생각하신 것이다. 그래서 아버지는 나를 데리고 이리저리 다니며 목수, 벽돌공, 선반공, 놋갓장이들이 일하는 모습을 보여 주셨다. 그 가운데 내가 흥미로워하는 것을 찾아서 어떤 일이 됐든 육지에서 하는 일을 정해 주려고 했던 것이다. 그때부터 솜씨 좋은 기술공들이 도구를 다루는 모습을 지켜 보는 것이 큰 즐거움이 되었다. 그리고 아주 쓸모도 있었는데, 일꾼을 구할 수 없을 때 어깨너머로 배운 기술로 내가 직접 집 안의 자질구레한 일을 해결할 수가 있었기 때문이다. 또 실험에 대한 욕구가 새롭게 꿈틀거리면서 내 실험을 위한 조그마한 기계들도 만들 수 있게 되었다. 아버지는 결국 칼장이로 결정을 내리셨다. 마침 벤저민 삼촌의 아들 새뮤얼이 런던에서 그 일을 배워 그 무렵에 보스턴에 가게를 냈다. 내가 그 일에 맞는지 알아볼 겸 아버지는 나를 그곳으로 보내셨다. 그런데 새뮤얼 형이 내게 견습료를 바라자, 아버지는 불쾌해하시며 나를 도로 집으로 불러들이셨다.

나는 어려서부터 책 읽는 것을 좋아했고, 적은 돈이라도 내 손에 돈이 들어오기만 하면 책을 샀다. 그중에서도 《천로역정》을 아주 재미있게 읽었다. 그래서 내가 처음으로 수집한 책들은 존 버니언의 작품들이었고 낱권으로 하나둘씩 사 모으기 시작했다. 나중에는 그 책들을 팔아서 R. 버튼의 《역사 전집》을 샀다. 행상인에게서 산 그 전집은 4~50권의 문고판으로 값이 저렴했다. 아버지의 작은 서재에는 주로 신학상의 논쟁을 다룬 책들이 많았고 나는 그 책들을 거의 다 읽었다. 지금 생각해 보면 지식에 목말라 하던 그런 시기에 더 좋은 책들을 많이 접할 수 없었던 것이 유감스럽다. 이제는 내가 목사가 되지 않으리라는 것이 확실해졌으니 말이다. 역시 아버지의 서재에 있던 《플루타르크 영웅전》은 여러 번을 읽었는데 지금 생각해도 내게 큰 도움이 된 시간이었던 것 같다. 디포의 《기업론》과 매더 박사의 《선행론》 같은 책도 있었다. 이 책들은 나의 사고 방식을 크게 변화시켰고 나중에 일어난 몇몇 중대한 사건들에 커다란 영향을 미쳤다.

견습공 시절

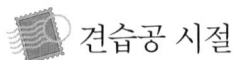

아버지는 나의 이러한 책벌레 기질을 알아보고 다른 아들 하나(제임스)가 이미 인쇄업을 하고 있는데도 나에게 인쇄 일을 시키기로 결정하셨다. 제임스 형은 1717년에 영국에서 인쇄기와 활자를 가지고 들어와 보스턴에서 인쇄업을 하고 있었다. 나는 인쇄업이 아버지의 사업보다는 훨씬 마음에 들었지만 아직도 바다에 대한 미련을 버리지 못하고 있었다. 아버지는 그런 미련이 나쁜 결과를 초래할까 두려워 하루라도 빨리 나를 형에게 붙여 놓으려고 안달을 하셨다. 나는 한동안은 버티다가 결국에는 아버지의 설득에 넘어가고 말았다. 그리하여 나는 열두 살이라는 어린 나이에 견습 고용 계약서에 서명하게 되었다. 계약 조건은 스물한 살이 될 때까지 견습공으로 일하다가 마지막 1년 동안만 제대로 기술자 임금을 받는다는 것이었다. 얼마 되지 않아서 나는 그 일에 능숙해졌고 형에게 꽤 쓸 만한 일손이 되어 주었다. 이제 나는 더 좋은 책들을 접하게 되었다. 책방의 견습 점원들과 친해지면서 가끔씩 작은 책들을 빌려 볼 수 있게 된 것이다. 물론 깨끗이 읽고 빨리 돌려 주어야 했다. 책을 잊어버리거나 낮에 손님이 책을 찾을 때 없으면 안 되기 때문에 저녁에 빌려와서 아침 일찍 갖다 주었다. 그러니 거의 밤을 새우다시피 하면서 읽을 수밖에 없었다.

그렇게 얼마 동안을 지내고 있는데 우리 인쇄소에 자주 들르던 매튜 애덤스 씨라는 뛰어난 사업가 한 분이 나를 눈여겨보고 자기 집 서재에 나를 초대했다. 그의 서재에는 책들이 상당히 많았다. 그는 친절하게도 내가 읽고 싶어하는 책들을 빌려 주었다. 이때쯤 나는 시에 빠져 있었고 짤막한 시도 몇 개 긁적여 보았다. 형은 어쩌면 돈벌이가 될지도 모른다고 생각했던지 격려해 주면서 시사 민요를 만들어 보라고 했다. 그렇게 해서 쓴 것이 두 편 있었는데, 그중 하나는 〈등대의 비극〉이라는 제목으로 워딜레이크 선장이 두 딸과 함께 바다에 빠져 죽는 내용이었고, 다른 하나는 〈티치(혹은 검은 턱수염)〉로 티치라는 해적을 체포하는 뱃사람들의 노래였다. 둘 다 삼류 유행가 풍의 서툰 졸작이었다. 하지만 형은 그것들을 인쇄한 다음 나에게 시내를 돌아다니면서 팔아 보라고 했다. 첫번째 것은 불티나게 팔렸다. 꽤 떠들썩했던 최근의 사건을 다루었기 때문일 것이다. 이 일로 나는 어깨에 힘을 주고 다녔다. 그러나 아버지는 내 어리석은 시들을 비웃으시면서 시를 쓰는 사람들은 거의 다 가난뱅이라고 말씀하셨고 나는 기가 꺾였다. 그래서 나는 시인이 되는 것을 포기했는데 되었더라도 아마 삼류 시인이나 되었을 테지. 그러나 산문 쓰는 일을 말하자면 그것은 살아오는 동안 내게 큰 도움이 되었고 내가 출세하는 데에도 한 몫을 단단히 했다. 그러니 내가 그런 환경에서 하찮으나마 어떻게 그런 재주를 닦을 수 있었는지 이야기해 주겠다.

우리 마을에는 나말고도 존 콜린스라는 또다른 책벌레가 있었다. 우리는 자주 어울리면서 가끔씩 반대 의견을 내세워 말싸움을 벌였는데, 논쟁 그 자체를 즐겨서 서로 상대방을 윽박질러 이기고 싶어했다. 논쟁을 너무 좋아하는 것은 나쁜 버릇이다. 논쟁을 하려면 무조건 상대방과 반대되는 의견을 내세워야 하고 그러다 보면 상대방은 아주 불쾌해진다. 그래서 대화를 망치거나 흥을 깨버릴 수도 있거니와, 친구를 사귈 수 있는 자리에서 오히려 혐오감과 증오만 남기게 된다. 내가 이런 점을 절실히 느끼게 된 것은 종교적인 논쟁에 관한 아버지의 책들을 읽으면서였다. 그러나 그 후로 내가 쭈욱 관찰한 바에 따르면 변호사나 학자들, 에딘버러 출신들을 빼고는 제대로 된 상식을 가지고 있는 사람이라면 그런 악습에 빠지는 경우는 거의 없다.

하루는 콜린스와 이런저런 얘기를 나누다가 또 논쟁을 벌이게 되었다. 여자들을 교육시키는 것이 타당한 일인가, 여자들이 학문을 할 수 있는 능력이 있는가 하는 것이 그 문제였다. 콜린스는 그것은 말도 안 되는 이야기이며 여자들은 천성적으로 학문에 맞지 않다고 했다. 나는 반대 입장을 취했는데 어느 정도는 논쟁 자체를 하고 싶어서였을 것이다. 콜린스는 워낙 청산유수로 말을 잘했기 때문에 때로는 논리보다도 유창한 말솜씨로 나를 눌렀다. 결국 우리는 결론을 내리지 못하고 헤어졌는데 한동안은 서로 만나지 못했다. 그래서 나는 내 논지의 요점을 글로 써서 콜린스에게 보냈다. 그가 답을 보내 왔고 나도 다시 답장을 보냈다. 이렇게 편지가 서너 번 오갔을 즈음에 아버지가 우연히 내 편지를 읽으셨다. 아버지는 우리가 벌이고 있는 논쟁에는 직접 참견하지 않으시고, 이 기회를 타서 내 글 쓰는 방식에 대해서 얘기해 주셨다. 아버지 말씀은 내가 철자법과 구두법에서는 상대방보다 앞서 있지만(인쇄소에서 일한 덕분이었다), 표현의 정밀함이나 글을 전개해 나가는 방법, 명쾌함 등은 훨씬 못하다는 것이었다. 그리고 몇 가지 예를 지적해 주셨다. 아버지 말씀에는 일리가 있었고 그 뒤로는 글을 쓸 때 그 방식에 주의를 기울이면서 실력을 늘리려고 애를 썼다.

바로 이 무렵에 나는 《스펙테이터》(1711년부터 12년 동안 런던에서 발행된 주간지 : 역주)라는 잡지 한 권을 보게 되었다. 제3호였다. 하지만 그전까지는 한 번도 본 적이 없는 잡지였다. 그것을 사서 읽고 또 읽고 했는데 아주 재미있었다. 거기에 실린 글들은 문장이 아주 뛰어나서 나도 가능하면 흉내를 내보고 싶었다. 이런 생각으로 나는 몇 페이지를 골라서 각 문장의 요점만을 간단하게 적어 놓았다. 그리고 그대로 두었다가 며칠이 지난 뒤에 책을 보지 않고 그 요점에 적합할 것 같은 단어들을 떠오르는 대로 집어 넣어 자세하게 표현해서 가능한 한 예전의 원래 문장을 만들어 내려고 노력했다. 그러고 나서 나의 《스펙테이터》와 진짜 《스펙테이터》를 비교하고 나의 잘못을 찾아내서 고쳤다. 하지만 정작 내가 원한 것은 풍부한 어휘 실력과 언제든지 적당한 단어를 찾아 내서 사용할 수 있는 능력이었다. 만약 시를 계속 썼더라면 이미 이런 것들을 갖추고 있었을 거라는 생각이 들었다. 왜냐하면 시를 쓸 때에는 운율을 맞추기 위해 뜻은 같으면서도 길이가 다르거나 소리가 다른 단어들을 끊임없이 찾아내야 하기 때문이다. 시를 썼더라면 나는 항상 새로운 단어들을 찾아 나섰을 테고 거기에만 매달려 단어의 대가가 되었을지도 모른다. 그래서 나는 이야기 몇 편을 골라 시로 만들어 보았다. 그리고 시간이 어느 정도 흘러 원문을 거의 다 잊어버렸을 때쯤 시를 들춰 내서 다시 이야기로 만들었다. 어떤 때는 간추린 요점들을 마구 뒤섞어 놓고 몇 주 뒤에 그것들을 최선일 것 같은 순서대로 맞춘 다음 완전한 문장으로 되살리거나 글 전체를 완성시켰다. 이것은 생각을 조리 있게 배열하는 방법을 습득하기 위해서였다. 후에 내 글과 원문을 대조해 보고 내 결점을 많이 발견하고 고쳤다. 그렇지만 어떤 때는 아주 작은 부분이나마 언어나 기법 면에서 꽤 나아졌다는 생각이 들어 기쁘기도 했다. 이런 생각이 들 때마다 나는 내가 그런 대로 괜찮은 영어 작가가 될지도 모른다는 희망을 점점 더 키우게 되었다. 나는 영어 작가라는 야심을 품고 있었으니 말이다. 이런 글 쓰기 훈련이나 독서는 하루 일이 끝나고 아침 일을 시작하기 전인 밤에 해야 했다. 그렇지 않으면 일요일에나 가능했다. 일요일에 사람들은 보통 교회 예배에 참석했는데 나는 이런저런 핑계로 빠지고 인쇄소에 혼자 남아 공부를 했다. 아버지 밑에 있을 때는 아버지께서 교회에 나가는 것을 철칙으로 하셨기 때문에 빠질 수 없었다. 여전히 그것을 의무로 여기고 있기는 했지만 시간이 없어서 어쩔 수가 없었다. 적어도 그때는 그렇게 생각했다.

열여섯 살쯤 되었을까. 그때 나는 우연히 트라이언(1634~1703 영국의 채식주의자 : 역주)이 쓴 채식을 권장하는 책을 읽었다. 그리고 그것을 실천해 보기로 결심했다. 아직 미혼이었던 형은 자신의 집이 없었고 견습공들과 함께 다른 집에서 하숙하고 있었다. 내가 고기를 안 먹으려고 까다롭게 굴자 다른 사람들이 불편을 느끼게 되었고, 나는 별나게 군다고 자주 잔소리를 들었다. 그래서 나는 트라이언식 요리법을 내가 직접 익히기로 했다. 감자나 쌀을 익히는 방법이나 즉석 푸딩을 만드는 방법 같은 것이었다. 익숙해지자 나는 형에게 매주 내 몫으로 나가는 식비의 절반만 주면 내 스스로 식사를 해결해 보겠다고 제안했다. 형은 그 자리에서 찬성했고, 얼마 지나지 않아 나는 형이 주는 돈의 절반을 절약할 수 있었다. 그 돈은 책을 사는 특별 자금으로 썼다. 하지만 또다른 잇점이 있었다. 형과 견습공들이 식사를 하러 나간 사이에 나 혼자 인쇄소에 있을 수 있다는 것이었다. 나는 물 한 잔에 비스킷이나 빵 한 조각, 건포도 한줌 또는 제과점에서 산 조그만 파이 등으로 식사를 간단히 해치우고, 사람들이 돌아올 때까지 남는 시간 동안 공부에 열중했다. 먹고 마시는 것을 절제하면 으레 그렇듯이 머리가 훨씬 맑아지고 이해도 빨라져서 내 공부는 나날이 발전해 갔다.

바로 이 즈음에 계산에 서툴러서 창피를 당한 일이 여러 번 있었다. 나는 학교를 다닐 때에도 셈에서 두 번이나 낙제한 전적이 있었다. 그래서 나는 크게 마음을 먹고 코커의 산수 책을 집어 들었다. 그리고 혼자서 쭉 훑어 보았는데 생각 외로 아주 수월했다. 또 셀러와 셔미의 항해에 관한 책도 읽었고 그 책의 내용 중 하나인 기하학도 조금은 알게 되었다. 그러나 기하학을 응용할 수 있을 만큼 깊이 공부한 것은 아니다. 이때쯤 로크(1632~1704 영국의 철학자 : 역주)의 《인간의 이해》, 폴 로얄 파(파리 근처의 수도원에 있던

학자들 : 역주)의 《생각의 기술》도 읽었다.

글솜씨를 늘리려고 이렇게 애 쓰고 있을 때에 영어 문법책 한 권을 만나게 되었다. 그린우드에서 나온 책으로 기억하는데, 그 끝부분에는 수사학과 논리학의 기술이 간략하게 소개되어 있었다. 논리학에 관한 부분은 소크라테스식 논쟁법의 한 예로 끝을 맺었다. 그 바로 뒤에 크세노폰(431~355 B.C. 그리스의 철학자, 역사가, 장군 : 역주)이 쓴 《소크라테스의 회고록》을 손에 넣었는데 그 안에 소크라테스식 논쟁법의 예들이 많이 나와 있었다. 나는 거기에 홀딱 반해서 그 방법을 사용하기로 했다. 남의 의견을 뚝 잘라 반대하거나 독단적으로 내 의견을 밀어붙이기보다는 겸손하게 남의 의견을 묻고 의문을 던지는 것이다. 또 섀프츠베리(1671~1713 영국의 도덕 철학자, 로크의 제자 : 역주)와 콜린스(1676~1729 영국의 신학자 : 역주)의 글을 읽으면서 기독교의 여러 교리에 대해서 많은 의문을 갖게 되었다. 그러자 나는 이 방법이 내게는 가장 안전하고 상대방은 꼼짝 못하게 한다는 것을 알게 되었다. 그래서 나는 이 방법을 즐겨 사용했고, 꾸준히 연습해서 나중에는 나보다 아는 것이 훨씬 많은 사람들까지도 내 의견에 굴복하게 만드는 경지에까지 올랐다. 그들이 미처 알아차리기도 전에 곤경에 빠져 허우적거리고 있을 때 나는 내 자신이나 불순한 동기에 어울리지 않게 분에 넘치는 승리를 거두곤 했다. 몇 해 동안 이 방법을 사용하다가 점차 그만두었고, 나 자신을 겸손하게 표현하는 습관만은 그대로 지니기로 했다. 이를테면 논박의 여지가 있는 어떤 의견을 낼 때 '확실히', '의심할 여지 없이' 같은 독단적인 분위기를 풍기는 말은 사용하지 않는 것이다. 그 대신 이런 식으로 말했다. '제 생각에는 이러이러한 것 같은데요', '저는 여차여차한 이유로 이렇게 생각하는데요', '그럴 거라고 짐작이 갑니다만', '내가 틀리지 않았다면 그건 이럴 겁니다'. 이런 습관은 내게 아주 이득이 되었다고 믿고 있는데, 특히 내 의견을 관철시키거나 내가 추진하고 있는 일에 사람들을 납득시킬 때 큰 효과가 있었다. 우리가 대화를 하는 주된 목적은 서로간에 정보를 주고받거나, 서로를 즐겁게 하거나, 설득하는 데에 있다. 아무리 똑똑하고 선의를 가지고 있는 사람이라도 거만하고 독단적인 태도로 나오면 그가 하는 선한 일은 그만큼 힘을 발휘하지 못하게 되는 법이니 그런 일이 없기를 바란다. 자칫하면 정떨어지게 해서 반감을 불러일으킬 수도 있다. 그러면 대화의 목적인 정보와 재미를 주고받는 일은 좌절되기 십상이다. 네가 정보를 제공하면서 독단적이고 단호하게 감정을 내보인다면 상대방은 반발심이 생겨 진정한 관심을 보이지 않을 것이다. 또 다른 이의 지식을 통해서 정보를 얻고 자신의 발전을 이루기를 바라면서도 네가 현재 가지고 있는 생각에 사로잡혀 그것만 고집하면 안 된다. 신중하고 분별 있고 따지기를 싫어하는 사람들은 네 잘못을 알아채더라도 굳이 짚어 주지 않을 것이다. 그리고 그런 태도로 상대방을 즐겁게 해준다거나 네가 원하는 동의를 얻어낼 수 있을 거라고 바라는 것은 무리다. 포프(1688~1744 영국의 시인 : 역주)는 이런 명언을 남겼다.

> 사람을 가르칠 때는 가르치지 않는 듯해야 하며
> 그들이 모르는 것은 잊어버린 것으로 취급해 주어야 한다.

그는 또 이렇게 충고했다.

> 확실한 것일지라도 얌전부리며 말할지니.

이 행을 다음 행과 연결시켰으면 좋았을 텐데 그는 다른 부적절한 행과 연결시켜 놓았다.

> 겸손함의 부족은 사리 분별의 부족이니.

왜 부적절하냐고 묻는다면, 그 두 행을 읊어 보마.

불손한 말은 변명의 여지가 없다,

겸손함의 부족은 사리 분별의 부족이니.

보아라, 사리 분별의 부족은 겸손함의 부족에 대한 변명이 아니더냐? 그러니 두 행은 이렇게 되어야 하지 않을까?

불손한 말에는 이 변명만 가능하다,

겸손함의 부족은 사리 분별의 부족이니.

하지만 더 나은 판단에 승복해야겠지.

나의 형은 1720년인가 21년인가부터 신문을 발행하기 시작했다. 《뉴잉글랜드 신보》라는 이 신문은 미국에서 두 번째로 발간된 것이었다. 그전에는 《보스턴 회보》밖에 없었다. 내 기억으로 형의 친구들은 승산이 없는 일이라고 형을 말렸었다. 미국은 신문 하나로도 충분하다는 것이었다. 하지만 1771년 현재, 적어도 스물다섯 개 이상의 신문이 나오고 있다. 어쨌든 형은 이 일을 시작했고 조판과 인쇄가 끝나자 나는 거리로 나가서 그 신문들을 팔았다.

형의 주위에는 똑똑한 친구들이 몇 있어서 이 신문에 짤막한 글을 싣는 것을 즐겼다. 덕분에 신문의 평판도 좋아지고 구독자도 점차 늘어났다. 형의 친구들은 자주 우리 인쇄소를 찾아왔다. 형 친구들의 대화를 들으면서, 또 그들의 글에 대한 좋은 평을 자랑스레 얘기하는 것을 들으면서, 나도 그들 틈에 끼여 보고 싶은 생각이 간절했다. 그러나 나는 아직 어렸고, 내가 쓴 글인 줄 알면 형은 실어 주지 않을 것이 뻔했다. 궁리 끝에 나는 필체를 바꾸어 익명으로 글을 써서 밤에 인쇄소 문틈으로 몰래 넣어 두었다. 이튿날 아침에 그 원고가 발견되었고 여느 때와 다름없이 형 친구들이 들렀을 때 형은 그 글을 그들에게 보여 주었다. 그들은 내가 있는 자리에서 원고를 읽고 평을 했는데, 그들이 내 글을 칭찬하자 나는 아주 통쾌한 쾌감을 느꼈다. 게다가 그들은 그 작자에 대해서 서로 다른 추측들을 했는데 모두 학식 있고 머리 좋고 이름만 들어도 알 만한 사람들의 이름이 오르내렸다. 지금 생각해 보면 내가 심사원들을 잘 골랐던가 아니면 형 친구들이 내가 생각했던 만큼 그리 훌륭한 평론가들은 아니었던가 둘 중에 하나였을 것이다.

그러나 나는 이 일로 용기를 얻어 글을 몇 편 더 써서 같은 수법으로 인쇄소에 전달했고 그것들 역시 인정을 받았다. 나는 한동안 이 비밀을 지키다가 내 얄팍한 지식 밑천이 바닥 나는 바람에 사실을 털어놓게 되었다. 그 뒤로 형의 친구들은 나를 조금 더 인정해 주기 시작했으나 형은 그리 달가와하지 않았다. 내가 건방져질 거라고 생각했던 것도 당연하다. 이 무렵 우리는 사이가 벌어지기 시작했는데 어쩌면 이 일도 그 계기 중의 하나였을 것이다. 한 형제였지만 형은 자신과 나의 관계를 주인과 견습공의 관계로 생각했다. 그러니 당연히 형은 내가 다른 견습공들과 똑같이 일해 줄 것을 기대했고, 반면에 나는 형이 나에게 너무 심하게 군다고 생각했다. 나는 그래도 형이니까 나를 다른 견습공들보다는 더 관대하게 대해 주리라 기대했던 것이다. 우리는 때때로 아버지 앞에서 말싸움을 벌이기도 했는데, 내 주장이 대체로 옳았는지 아니면 내가 말을 더 잘했는지 아버지는 주로 내 편을 들어 주셨다. 그러나 형은 성질이 불 같아서 나에게 가끔씩 손을 대기까지 했고 나는 몹시 기분이 나빴다. (형이 나를 그렇게 혹독하고 포악하게 대했기 때문에 내가 권력을 멋대로 휘두르는 것을 평생 혐오한 것이 아닌가 하는 생각이 든다.) 그렇지 않아도 견습공 생활이 아주 지겨워지고 있던 참이라 나는 그만둘 기회만 노리고 있었다. 그런데 생각지도 않게 그 기회가 찾아왔다.

지금은 어떤 것이었는지 잘 생각이 나지 않지만 우리 신문에 실린 정치 논평 하나가 주의회의 미움을 샀다. 형은 의장의 명령으로 소환되어 조사를 받고 한 달 동안 감옥에 갇혀 있었는데 아마도 필자의 이름을 밝히려 하지 않았기 때문일 것이다. 나도 불려가서 의회에서 조사를 받았다. 그들을 만족시킬 만한 대답을 한 것도 아닌데 나는 훈계, 방면 조치를 받는 것으로 끝났다. 아마도 나를 주인의 비밀을 지켜야 하는 견습공쯤으로 생각한 듯했다.

서로 사이는 나빴지만 이 일에 몹시 분개한 나는 형이 갇혀 있는 동안에 신문사를 맡아서 꾸려 나갔다. 나는 대담하게 정치인들을 비난하는 글을 실었다. 형은 너그럽게 보아 주었지만, 다른 사람들은 어린 녀석이 남을 비방하고 비꼬는 데 뛰어난 재주가 있다며 나를 곱지 않은 시선으로 보기 시작했다. 형은 '제임스 프랭클린은 더 이상 《뉴잉글랜드 신보》를 발행할 수 없음'이라는 아주 묘한 의회의 판결과 함께 석방되었다.

형의 친구들은 우리 인쇄소에 모여 형이 어떻게 처신해야 할지 궁리했다. 신문 이름을 바꾸어서 그 판결을 피해가자는 의견도 있었다. 그러나 형은 그렇게 되면 여러 가지 귀찮은 일이 생긴다고 반대했다. 그보다 나은 방안으로 벤저민 프랭클린을 발행인으로 하여 신문을 발행하자는 최종 결정이 내려졌다. 그러나 견습공의 이름으로 계속 신문을 발행하는 것을 의회가 꼬투리 잡아 견책할 수도 있었다. 그 경우를 대비해서 옛날의 고용 계약서 뒷면에 완전해약서를 작성해서 내가 가지고 있다가 조사가 뜨면 보여 주기로 했다. 한편으로는 형이 나를 예전처럼 부려먹을 수 있도록 나는 남은 기간 동안 견습공으로 일한다는 새로운 고용 계약서에 서명해야 했다. 그리고 그것은 비밀에 부쳐졌다. 얄팍한 수법이었지만 즉시 실행되어서 몇 개월 동안 신문은 내 이름으로 발행되었다.

오래지 않아 형과 나는 또다시 충돌했다. 형이 새 계약서를 함부로 꺼내지 못할 거라는 생각에 나는 내 자유를 주장하기 시작했다. 이런 상황을 이용한 것은 옳지 않았고 내 인생의 첫번째 실수라고 인정하겠다. 하지만 그 부당함도 내게는 별 문제가 되지 않았다. 형이 성질 급하게 퍼부어 대는 주먹질에 느낀 분노를 생각하면 그랬다. 하지만 형은 손찌검하는 버릇만 없으면 그리 고약한 사람은 아니었다. 내가 너무 건방지고 도전적이었을지도 모른다.

내가 그만두리라는 것을 눈치 챈 형은 시내 인쇄소의 주인들을 찾아다니며 내게 일자리를 주지 말라고 당부했고 당연히 나는 일자리를 구할 수 없었다. 그래서 인쇄소가 있는 도시로는 가장 가까운 뉴욕 시로 떠나기로 마음 먹었다. 그리고 윗사람들의 눈 밖에 난 데다가 형 사건 때의 의회의 독단적인 행동으로 보아 머지 않아 곤경에 빠질 거라는 생각이 들었다. 남아 있어서 좋을 게 없을 것 같아 보스턴을 떠나고 싶었다. 게다가 내가 종교에 대해서 치밀한 논쟁을 벌이자 신앙심 깊은 사람들은 나를 이단자 혹은 무신론자로 적대시하며 손가락질하기 시작했다. 이래저래 떠나기로 마음을 굳혔지만 아버지는 이번에는 형의 편을 들어 주셨다. 밖으로 일을 벌였다가는 성공하지 못할 것이 뻔했다. 그래서 친구 콜린스가 약간 손을 써주기로 했다. 콜린스는 뉴욕행 배의 선장을 만나 거짓으로 얘기를 만들어 내서 내 행선을 부탁했다. 그가 둘러댄 거짓말은 젊은 친구가 하나 있는데 어쩌다가 행실이 좋지 않은 여자 애를 임신시키는 바람에 그 여자의 친구들이 떠밀어서 억지로 결혼해야 할 판이라 남들 눈에 띄지 않게 떠나야 한다는 것이었다. 나는 책을 팔아서 여비를 마련했고 아무도 모르게 배에 올랐다. 배는 순풍을 만나 사흘 만에 300마일 떨어진 뉴욕에 닿았다. 이리하여 나는 열 일곱이라는 나이에 추천서 한 장 없이 아는 사람 한 명 없는 곳에 돈 몇 푼만 가지고 발을 딛게 되었다.

필라델피아에 도착하여

이때쯤에는 바다에 대한 동경은 완전히 사라졌다. 그렇지 않았다면 그때 내 욕망을 채우기 위해 바다로 떠나 버렸을 것이다. 하지만 이제 기술도 가지고 있고 내 자신이 꽤 괜찮은 일꾼이라고 자부하고 있었기 때문에 그곳에 있는 인쇄소를 찾아가 일자리를 청했다. 브래드퍼드 노인의 인쇄소였는데, 그는 펜실베이니아 주의 최초의 인쇄업자였지만 조지 키드와 싸움을 벌인 뒤 뉴욕으로 옮겨왔다. 그는 일거리가 거의 없는 데다가 일손도 충분해서 일자리는 줄 수 없다고 했다. 하지만 이렇게 덧붙였다. "필라델피아에 내 아들이 있는데 아킬라 로즈라는 직공이 죽어서 일손이 달리고 있다네. 거기에 가면 일자리를 줄 걸세." 필라델피아는 100마일이나 더 떨어진 곳이었다. 하지만 나는 앰보이로 가는 작은 배에 올랐고 짐은 내 뒤의 배 편에 맡겼다.

뉴욕 만을 건너는 도중에 돌풍을 만나 약해 빠진 돛들이 산산이 부서졌고 우리 배는 킬 해협으로 들어가지 못하고 롱아일랜드로 밀려갔다. 그러는 와중에 술에 만취한 네덜란드 선객 하나가 바다로 떨어졌다. 막 가라앉으려고 할 때 내가 팔을 뻗쳐 그의 머리채를 잡아 끌어올려서 배에 다시 태웠다. 물에 처박히고 나서 술이 조금 깬 그는 주머니에서 책을 한 권 꺼내더니 내게 말려 달라고 부탁하고는 잠들어 버렸다. 그 책은 내가 무척이나 좋아했던 버니언의 《천로역정》의 네덜란드어 판으로, 양질의 종이에 정교하게 인쇄되어 있었고 동판 삽화도 들어 있었다. 장정도 내가 그때까지 보았던 어떤 원어 판보다도 더 훌륭했다. 그때서야 나는 이 책이 유럽 대부분의 나라 말로 번역되어 성경책 다음으로 가장 많이 읽혀지는 책이라는 것을 알게 되었다. 내가 아는 한 저자인 버니언은 서술과 대화를 섞어서 글을 쓴 최초의 작가였다. 이 방법은 독자들을 끌어당기는 매력이 있다. 이야기가 한창 흥미진진하게 전개될 때 독자들은 작품 속에 빠져들어 그 인물들과 함께 얘기를 나누는 듯한 느낌을 받게 된다. 디포는 《로빈슨 크루소》, 《몰 플랜더스》, 《신성한 구혼》, 《가정교사》 등의 작품에서 이 기법을 흉내내어 성공했고, 리처드슨(1689~1761 영국의 작가 : 역주)도 《파멜라》 등의 작품에서 같은 기법을 썼다.

점차 섬에 가까워지면서 보니 배를 댈 만한 곳이 전혀 없었다. 바위투성이의 해안에 파도가 너무 거셌다. 그래서 우리는 닻을 내리고 해안 쪽으로 방향을 바꾸어 회전했다. 그때 물가에 몇 사람이 내려와서 우리를 소리쳐 불렀고, 우리도 그렇게 했지만 바람이 너무 심하고 파도소리가 요란해서 서로의 말을 알아듣지 못했다. 해변가에 조그만 통나무배들이 보여서 우리를 데려가 달라고 신호를 보냈지만 못 알아들었는지 아니면 불가능하다고 생각했는지 그냥 가버리고 말았다. 어느덧 밤이 왔다. 우리가 할 수 있는 일이라곤 바람이 잔잔해지기를 기다리는 것밖에 없었다. 뱃사공과 나는 그

동안에 될 수 있으면 잠을 자두기로 했다. 그래서 아직도 젖어 있는 네덜란드인 선객을 데리고 밀치락달치락하며 승강구 안으로 들어갔는데 뱃머리 위를 후려진 물보라가 스며들어서 그 네덜란드인만큼이나 우리도 흠뻑 젖어 버렸다. 이런 식으로 우리는 거의 눈을 붙이지 못하고 밤을 꼬박 지샜다. 그러나 다음날 바람은 잔잔해졌고 우리는 해가 지기 전에 겨우 앰보이에 도착할 수 있었다. 서른 시간을 물 위에서 먹을 것 하나 없이, 지저분한 럼주 한 병에 짜디짠 바닷물로 보낸 것이다.

저녁에는 온몸에 열이 나서 침대로 기어들어갔다. 그런데 찬물을 많이 마시면 열이 가라앉는다고 어디선가 읽은 기억이 나서 그대로 했고 밤새 땀을 엄청 많이 흘렸다. 아침에는 열이 떨어져서 나루터를 건너 벌링턴까지 50마일을 걸어갔다. 그곳에 가면 필라델피아까지 가는 배를 탈 수 있다고 했다.

그날은 종일 비가 심하게 내렸다. 나는 비에 흠뻑 젖었고 한낮에 벌써 지쳐 버렸다. 그래서 일단 멈추고 어느 허름한 여관에서 하룻밤을 보내기로 했다. 그때쯤에는 집을 떠나 온 것을 후회하기 시작했다. 또 너무 초라한 내 행색을 보고 사람들은 이것저것 물었는데, 낌새를 보니 나를 도망친 하인으로 의심하는 눈치였다. 하마터면 그 혐의로 붙잡힐 뻔도 했다. 그러나 나는 다음날도 여행을 계속했고 그날 저녁에는 벌링턴에서 8~10마일 떨어진 여관에 묵었다. 브라운이라는 의사의 여관이었다. 내가 간단히 요기를 하는 동안 그는 내게 말을 걸어 왔다. 내가 글줄이나 꽤 읽었다는 것을 눈치 채자 그는 몹시 다정하고 살갑게 굴었다. 그가 죽을 때까지 나는 그와 연락을 하고 지냈다. 그는 아마도 순회 의사였을 것이다. 왜냐하면 영국의 어느 도시든, 유럽 어느 나라든 자세히 모르는 곳이 한 군데도 없었기 때문이다. 그는 문학적 소양도 꽤 있고 머리도 아주 좋았지만 지독한 불신자였다. 그로부터 몇 년 후에는 코튼(1630~1687 영국의 시인 : 역주)이 버질(70~19 B.C 고대 로마의 유명한 시인 : 역주)의 작품을 가지고 했던 것처럼 성경을 우스꽝스러운 시로 고치려는 심술궂은 일을 벌이기도 했다. 그는 이런 식으로 여러 가지 사실을 말도 안 되는 시각에서 바라보았기 때문에, 만일 그의 글이 세상에 나왔더라면 우유부단한 사람들에게는 해를 끼쳤을 것이다. 다행히도 그의 작품은 출판되지 않았다.

그날 밤은 그의 집에서 보내고 다음날 아침 벌링턴에 도착했지만 정기선은 내가 도착하기 직전에 떠나고 없었다. 그날은 토요일이었는데 다음 편은 화요일에나 있었다. 딱히 갈 곳도 없었던 나는 시내로 다시 들어가서 배에서 먹으려고 산 생강 빵을 팔았던 할머니에게 갔다. 어떻게 하면 좋을지 묻자 할머니는 다음 배 편이 생길 때까지 자기 집에 있어도 좋다고 했고 나는 걷느라고 지쳐 있었기 때문에 그러기로 했다. 내가 인쇄공이라는 얘기를 듣자 할머니는 그 마을에서 자리잡고 가게를 차려 보라고 했지만 인쇄소를 차리는 데 밑천이 얼마나 드는지 모르고 하는 소리였다. 나는 할머니로부터 극진한 대접을 받았다. 할머니는 쇠고기 요리까지 곁들인 근사한 저녁을 차려 주셨는데 나는 답례로 맥주 한 병밖에 드리지 못했다. 나는 화요일까지 그곳에 묵을 생각이었다. 그런데 저녁에 강변을 걷다가 사람 몇을 태우고 필라델피아로 가는 배 한 척을 발견했다. 그 사람들은 나를 태워 주었고 마침 바람이 불지 않아 우리가 계속 노를 저어야 했다. 자정이 되도록 도시가 보이지 않자 몇 사람이 목적지를 지나친 것이 틀림없으니 노를 그만 저어야 한다고 말했다. 나머지는 그곳이 어디인지 몰랐다. 그래서 우리는 해안 쪽으로 뱃머리를 돌리고 수로로 들어가 낡은 울타리 옆에 배를 댔다. 10월의 추운 밤이었기 때문에 울타리의 빗장으로 불을 피우고 동이 틀 때까지 기다렸다. 날이 밝자 일행 중 한 사람이 그곳은 필라델피아에서 약간 더 올라온 쿠퍼의 지류라고 말했다. 이 지류를 벗어나자마자 필라델피아가 보였다. 일요일 아침 8, 9시 무렵에 우리는 마침내 필라델피아에 도착해서 시장 거리의 부두에 내렸다.

지금까지는 필라델피아에 도착하기까지의 여정을 자세히 얘기했다. 이제는 처음 그곳에 도착해서 있었던 일을 역시 자세하게 얘기하려고 한다. 그렇게 초라했던 시작에서 내가 얼마나 큰 것을 이루어 냈는지 알 수 있을 거다.

좋은 옷들은 배 편으로 부쳤기 때문에 나는 작업복 차림을 하고 있었고 오랜 여행으로 몹시 지저분했다. 셔츠와 양말을 마구 쑤셔 넣어 주머니는 불룩했고, 아는 사람도 잘 곳도 없어 막막하기만 했다. 걸어다니느라 노 젓느라 나는 지칠 대로 지쳐 있었고 빨리 누워서 쉬고도 싶고 배도 몹시 고팠다. 주머니 속에 있는 돈이라고는 네덜란드 화 1달러와 1실링짜리 동전 한 닢뿐이었다. 그나마 동전은 뱃사람들에게 배삯으로 주어 버렸다. 그 사람들은 내가 노를 저었으니 괜찮다고 했지만 나는 기어코 돈을 주고 말았다. 사람이란 돈이 있을 때보다 없을 때 더 씀씀이가 후한 법이다. 없는 것이 들킬까 봐 두려우니까.

그러고 나서 나는 길을 따라 걸었다. 그렇게 시장 근처까지 두리번거리며 걷고 있는데 한 아이가 빵을 들고 있었다. 빵으로 끼니를 많이 때웠었던 나는 어디서 빵을 샀는지 물어 보고 아이가 가르쳐 준 2번가에 있는 빵집으로 쏜살같이 달려갔다. 보스턴에서 먹었던 비스킷을 달라고 했지만 필라델피아에는 그런 것이 없었다. 그래서 3페니짜리 빵을 달라고 했더니 그런 것도 없다고 했다. 그 다음에는 3펜스짜리 빵을 달라고 했지만 그런 것도 없다는 것이었다. 그래서 돈 가치의 차이나 그곳의 값싼 물가나 빵 이름도 모르고 별 생각 없이 아무 빵이나 3펜스어치를 골라 달라고 했다. 그랬더니 주인은 커다란 빵 세 덩어리를 내게 안겨 주었다. 나는 그 양에 놀랐지만 받아 들고는 주머니에는 자리가 없어서 양팔에 하나씩 끼고 나머지 하나를 먹으면서 걸었다. 그렇게 하고 시장 거리에서 4번가까지 갔고 후에 내 장인이 될 리드 씨 집 앞을 지나치게 되었다. 마침 미래의 아내인 리드 양이 문께에 서 있다가 그런 나를 보았는데 정말 우습고 이상한 꼴을 하고 있다고 생각했다고 한다. 그럴 만도 했다. 거기에서 나는 방향을 돌려 체스트넛 가와 월넛 가로 내려갔다. 계속 빵을 뜯어 먹으면서 이리저리 돌아다니다 보니 다시 시장 거리의 부두에 와 있었다. 아까 타고 들어왔던 배로 가서 강물을 한 모금 마셨고, 빵 하나로 배가 불러진 나는 같이 배를 타고 온 여자와 그녀의 아이에게 남은 빵 두 개를 주었다. 그 사람들은 더 먼 곳으로 가느라 배를 기다리고 있었다.

이렇게 기운을 차린 나는 다시 거리를 거슬러 올라갔다. 이때쯤에는 말쑥하게 차려 입은 사람들이 거리를 가득 메우고 모두 한 방향을 향하고 있었다. 나도 그들 틈에 끼여서 시장 근처에 있는 퀘이커교도들의 예배당으로 이끌려 들어갔다. 그 사람들 틈에 앉아서 잠깐 주위를 둘러보았지만 아무런 소리도 들리지 않았다(퀘이커교도들은 침묵 속에서 예배를 본다 : 역주). 그때까지 힘들게 돌아다닌 데다가 전날 밤에는 제대로 쉬지도 못해서 졸음이 몰려 왔다. 나는 금새 잠이 들었고 예배가 끝나고 누군가 친절하게 나를 깨워줄 때까지 세상 모르고 계속 잤다. 그래서 그곳은 내가 필라델피아에서 처음으로 들어간 집, 처음으로 잠을 잔 집이 되었다.

다시 강 쪽으로 걸어 내려오면서 이 사람 저 사람 살피다가 인상이 좋은 퀘이커교도 젊은이를 만났다. 그에게 다가가 말을 건네면서 이방인이 머물 만한 곳을 물어 보았다. '세 명의 뱃사람' 이라는 간판이 그 근처에 있었다. "이곳도 타지 사람을 받기는 하지만 평판이 좋지는 않아요. 저를 따라오시면 좀더 나은 곳을 보여 드리지요." 그는 워터 가에 있는 조그만 여관으로 나를 안내했다. 그곳에서 점심을 먹었는데 내가 식사를 하는 동안 사람들이 은근슬쩍 많은 것을 물어 보았다. 그렇게 어린 나이에 그런 행색을 하고 혼자 있으니 어디서 도망 나온 녀석이려니 생각했을 것이다.

점심 식사를 하자 다시 졸음이 쏟아졌고 침실로 가자마자 나는 옷을 입은 채로 잠이 들어 버렸다. 저녁 여섯 시에 저녁을 먹으라고 사람들이 깨울 때까지 계속 잤고, 저녁 식사 후 다시 일찍 잠들어 다음날 아침까지 푹 잤다. 다음날 나는 최대한으로 단정한 옷차림을 하고 앤드류 브래드퍼드 인쇄소를 찾아갔다. 가보니 뉴욕에서 봤던 그의 아버지가 있었다. 말을 타고 온 덕에 나보다 일찍 도착한 것이었다. 노인은 나를 아들에게 소개시켰고, 아들은 정중하게 인사한 후 아침 식사를 대접했다. 그러고는 하는 말이 최근에 사람을 하나 구해서 당장은 일손이 부족하지 않다고 했다. 그러나 최근에 키머라는 사람이 인쇄소를 개업했는데 거기에는 일자리가 있을 거라고 했다. 만약 일자리를 못 찾으면 자기 집에서 하숙하면서 일감이 더 생길 때까지 되는 대로 작은 일들을 할 수 있게 해주겠다고 했다.

그 노신사는 새 인쇄소에 나를 데려다 주었다. 키머를 만나자마자 그는 이렇게 말했다. "이보게, 내가 인쇄 기술이 있는 젊은이를 데리고 왔네. 필요할 것 같아서." 키머는 몇 가지 질문을 하고 내게 식자(植字)용 막대기를 쥐어 주었다. 내가 일하는 모습을 지켜 본 그는 당장은 할 일이 없지만 그래도 고용하겠다고 했다. 그리고는 초면인 브래드퍼드 노인을 그저 마음씨 좋은 마을 사람으로만 생각하고는 지금 자신이 하고 있는 일과 전망에 대해 이야기하기 시작했다. 노인은 자기가 인쇄업자의 아버지라는 사실을 숨긴 채, 머지 않아 인쇄업계의 거물이 될 거라는 키머의 야심찬 계획을 듣고 있었다. 노인은 교묘한 질문을 던지기도 하고 동조하기도 하면서 키머가 자신의 모든 계획을 털어놓게 했다. 키머는 아무것도 모르고 자기의 자금원과 어떤 식으로 사업을 진행시킬 것인지에 관해서 모든 것을 말했다. 나는 그 옆에 서서 그들의 대화를 처음부터 끝까지 들으면서 한 사람은 노련하고 교활한 궤변가이고 다른 한 사람은 순전한 풋내기라는 것을 당장에 알 수 있었다. 브래드퍼드 노인이 가게를 나가고 내가 그의 정체를 알려 주자 키머는 깜짝 놀랐다.

키머의 인쇄소에는 낡은 인쇄기 한 대와 닳아빠진 활자 한 벌밖에 없었다. 그 당시 키머는 그것을 가지고 아킬라 로즈를 추모하는 애도가를 조판하고 있었다. 앞에서도 한 번 얘기한 아킬라 로즈는 인품이 아주 뛰어난 똑똑한 젊은이로 그 마을에서 꽤 인정을 받았다. 그리고 주의회의 서기이자 빼어난 시인이기도 했다. 키머 역시 시를 썼지만 그리 변변치 않았다. 아니, 시를 썼다고도 할 수 없다. 그도 그런 것이 머릿속에 떠오르는 것을 그대로 조판하는 식이었기 때문이다. 따라서 원고 같은 것은 애초에 있을 리가 없었고 활자틀도 달랑 한 벌밖에 없는 데다가 애도가를 찍으려면 모든 활자가 있어야 하기 때문에 그를 도울래야 도울 수가 없었다. 나는 키머의 인쇄기를 정리해서 작동할 수 있게끔 만들어 놓았다(키머는 그때까지 인쇄기를 한 번도 쓰지 않았고 어떻게 사용하는지도 모르고 있었다). 그리고 그의 애도가가 준비되는 대로 다시 와서 인쇄를 끝내 주겠다고 약속하고는 브래드퍼드 인쇄소로 돌아왔다. 브래드퍼드는 당분간 할 수 있는 일거리를 주었고 그래서 나는 그 집에서 숙식을 해결했다. 며칠 뒤에 키머로부터 애도가를 인쇄해 달라는 연락이 왔다. 그간 활자도 한 벌 더 마련했고 재판해야 할 팜플렛 일이 있어서 나는 이 일을 맡았다.

내가 보기에 이 두 인쇄업자는 인쇄업을 하기에 자질이 부족했다. 브래드퍼드는 이 업에 대한 교육을 받지도 않았고, 그야말로 일자무식이었다. 키머는 읽고 쓰는 것은 꽤 했으나, 한낱 식자공일 뿐 인쇄 작업에 대해서는 아무것도 몰랐다. 키머는 한때 '프랑스의 예언자'(영국으로 도망 온 프랑스 신교도의 한 종파. 신의 계시를 받고 무아지경에 빠지기도 함 : 역주)의 신도였었고 그들의 열광적인 몸짓도 할 줄 알았다. 그러나 이제는 어떤 특정 종교에 귀의하지 않고 때에 따라 그들 중 하나를 선택했다. 그는 세상 돌아가는 것에 무심했고, 나중에 안 것인데 성격도 악한 구석이 있었다. 키머는 내가 자신과 일하면서 브래드퍼드의 집에서 사는 것을 못마땅하게 여겼다. 그도 집은 있었으나 가구가 없어서 나를 데리고 살 수가 없었다. 대신에 그는 앞서 말한 리드 씨의 집에서 하숙하도록 주선해 주었다. 리드 씨는 그의 집 주인이었다. 그때쯤 내 짐과 옷

가지들이 도착했고 나는 리드 양에게 그런 대로 흉하지 않은 모습을 보여 줄 수 있었다. 길거리에서 빵을 먹던 내 첫인상보다는 훨씬 나았을 것이다.

얼마 지나지 않아 책 읽기를 좋아하는 그 마을의 젊은이들을 점차 알게 되었다. 나는 저녁 시간을 그들과 함께 즐겁게 보냈다. 또 부지런히 일하고 검소하게 생활한 덕분에 돈도 꽤 모아서 아주 만족스러운 생활을 하고 있었다. 보스턴은 잊어버리려고 노력했고 내가 있는 곳을 그곳에 있는 누구에게도 알리고 싶지 않았다. 하지만 내 비밀을 알고 그것을 지켜 주고 있던 콜린스에게만은 편지로 내 소식을 알렸다. 그런데 뜻밖의 일이 생겨 생각했던 것보다 훨씬 일찍 보스턴에 가게 되었다. 로버트 홈즈라는 자형이 있었는데 그는 보스턴과 델라웨어를 오가는 무역선의 선장이었다. 그는 필라델피아에서 아래로 40마일 떨어진 뉴캐슬에 들렀다가 내 소식을 듣고 편지를 보내 왔다. 보스턴에 있는 친구들이 내가 갑작스레 사라진 것을 걱정하고 있고, 모두들 나를 좋게 생각하고 있으니 돌아가기만 한다면 모든 일이 내가 마음먹은 대로 될 것이라는 내용이었다. 그는 진정으로 간곡하게 나를 타일렀다. 나는 답장에서 그의 충고에 감사했다. 하지만 내가 보스턴을 완전히 떠나려는 이유를 설명하면서, 자형이 생각하는 것처럼 무슨 나쁜 짓을 저질렀기 때문은 절대 아니라고 확실히 말했다.

내 편지를 홈즈 선장이 받았을 때 마침 뉴캐슬에 있던 이 지방의 지사 윌리엄 키드 경이 우연히 홈즈 선장과 함께 있었다. 자형은 내 이야기를 하면서 내 편지를 그에게 보여 주었다. 지사는 그 편지를 읽고 나서 내 나이를 알고는 깜짝 놀랐다고 한다. 그리고 이렇게 말했다고 한다. "이 젊은이는 장래성이 있으니 격려해 줘야겠군. 필라델피아에는 형편없는 인쇄업자들밖에 없으니 이 젊은이가 그곳에 사업을 차리기만 하면 틀림없이 성공할 걸세. 그리 되면 나도 정부 문서에 관련된 일감을 알선해 주고, 힘닿는 데까지 도와주겠네." 나는 이 일을 전혀 모르고 있다가 나중에 보스턴에서 자형으로부터 들었다. 어느 날 키머와 나는 창가에서 일을 하고 있었는데 잘 차려 입은 지사와 또다른 신사(뉴캐슬의 프렌치 대령이라는 것을 나중에 알았다)가 길 건너에서 곧장 우리 인쇄소로 건너오는 것이 보였다. 곧 문을 두드리는 소리가 들렸다.

키머는 자기 손님인 줄 알고 얼른 뛰어나갔지만 지사는 나를 찾았다. 그리고 내게 다가오더니 태어나서 처음 받아 보는 아주 겸손하고 정중한 태도로 칭찬의 말들을 늘어놓았다. 그는 앞으로 나와 잘 지내고 싶다며 이곳에 오자마자 자기를 찾아오지 않은 것을 점잖게 나무랐다. 또 나를 술집에 데려가려 했다. 프렌치 대령과 고급 마데이라를 맛보러 가는 길이라는 것이었다. 나도 적잖이 놀랐으나 키머는 마치 독을 마신 돼지처럼 눈을 휘둥그렇게 떴다. 어쨌든 나는 그들과 함께 3번가에 있는 어느 술집에 갔다. 마데이라를 마시면서 지사는 내게 사업을 시작할 것을 권하면서 성공할 수밖에 없는 이유들을 쭉 열거했다. 자기와 프렌치 대령이 두 주 정부의 문서 인쇄 일을 얻는 데 힘써 줄 것이라고 장담했다. 아버지가 도와 주지 않을 거라고 염려하자 지사는 자기가 아버지에게 편지를 써서 그 이득을 설명하면 분명히 반대는 하지 않을 거라고 했다. 그래서 나는 지사가 아버지께 보내는 추천서를 가지고 첫 배로 보스턴에 다녀오기로 했다. 나는 그런 기색을 전혀 내비치지 않고 여느 때처럼 키머와 일했고 지사는 가끔씩 나를 식사에 초대했다. 나는 그것을 굉장한 영광으로 생각했다. 그는 말할 수 없이 사근사근하고 다정하고 허물 없이 나에게 많은 이야기를 해주었다.

도시생활의 이모저모

1724년 4월 말쯤에 보스턴으로 가는 배 편이 생겼다. 나는 보스턴에 있는 친구들을 보러 간다고 둘러대서 키머의 허락을 받아 냈다. 지사는 아버지께 보내는 두툼한 편지 한 통을 주었다. 온통 나를 치켜세우는 말들로 가득했고, 필라델피아에서 인쇄업을 시작하기만 하면 나는 분명히 출세할 것이라고 강력하게 권했다. 내가 탄 배는 만을 타고 내려가다가 모래톱에 부딪쳐서 물이 새기 시작했다. 바다로 나가서는 계속해서 교대로 물을 퍼내느라 호되게 고생했다. 하지만 2주 만에 안전하게 보스턴에 도착했다. 나는 7개월 만에 돌아온 것이었고 친구들은 내 소식을 전혀 모르고 있었다. 자형이 아직 돌아오지도, 내 얘기를 편지로 쓰지도 않은 탓이었다. 내가 불쑥 나타나자 식구들은 무척 놀란 듯했다. 하지만 모두들 기뻐하며 따뜻하게 나를 맞아 주었다. 형을 빼고는. 나는 형을 만나러 인쇄소를 찾아갔다. 나는 형 밑에 있을 때보다 훨씬 근사하게 차려 입고 있었다. 머리끝에서부터 발끝까지 점잖은 새 양복을 빼입고, 손목 시계까지 차고, 주머니에는 5파운드 정도의 은화가 들어 있었다. 형은 나를 보고도 별다른 말 없이 위아래로 쭈욱 훑어보더니 자기 일을 계속했다.

직공들은 어디에 있었느냐, 그곳은 어떤 곳이냐, 마음에 드느냐 등등 많은 것들을 꼬치꼬치 캐물었다. 나는 필라델피아 자랑을 늘어놓았다. 그곳에서의 삶은 정말 행복하며 꼭 다시 돌아갈 것이라고 떠벌렸다. 그중 한 명이 거기서는 어떤 돈을 사용하느냐고 묻기에 나는 은화를 한 웅큼 꺼내서 그들 앞에 쫙 펼쳐 보였다. 보스턴에서는 지폐만 사용하고 있던 터라 그들에게는 아주 큰 구경거리가 될 만했다. 그리고 이때다 하고 회중 시계도 보여 주었다. 그때까지도 형은 뾰루퉁하게 골이 나 있었다. 마지막으로 나는 그들에게 술을 사먹으라고 스페인 달러를 준 다음 인쇄소를 나왔다. 이 일로 형은 극도로 화가 났다. 얼마 후에 어머니가 형을 불러 나와 화해하라고 하시면서 앞으로도 형제간에 의좋게 지내는 것을 보는 것이 당신의 소원이라고 말씀하시자 형은 내가 자기 직공들 앞에서 자기를 그렇게 모욕했다며 절대로 용서하지도, 잊지도 않을 것이라고 했다. 그때서야 나는 그 일로 형이 화가 났다는 것을 알았다. 그렇지만 그건 형의 오해였다.

아버지는 지사의 편지를 읽고 꽤 놀라신 것 같았지만 한동안 아무 말씀도 없으셨다. 그러다가 홈즈 자형이 돌아오자 아버지는 편지를 보여 주시면서 키드 지사를 알고 있는지, 그가 어떤 사람인지 물어 보셨다. 그리고 성년이 되려면 아직 3년이나 기다려야 하는 어린아이에게 사업을 시작하라고 하다니 별로 신중하지 못한 사람이라고 아버지의 생각을 덧붙이셨다. 자형은 그 계획에 찬성하는 쪽으로 얘기했지만 아버지는 부적절한 일이라고 확신하시고 결국은 그 제안을 딱 잘라 거절하셨다. 그리고 윌리엄 경에게 정중한 편지를 쓰셨다. "제 아들에게 그토록 친절하게 은혜를 베풀어 주시니 감사합니다. 하지만 제 아들은 아직 너무 어려 그렇게 중요하고 밑천이 많이 드는 사업을 맡을 자격이 안 되니, 사업을 시작하는 것을 도울 수 없습니다."

단짝 친구인 콜린스는 우체국에서 일하고 있었는데 내가 들려주는 새로운 땅에 대한 이야기에 반해서 자기도 그곳으로 같이 가겠다고 했다. 내가 아버지의 결정을 기다리고 있는 동안에 그는 나보다 앞서 육로로 로드아일랜드로 출발했다. 콜린스는 수학과 자연 과학 분야의 책을 많이 남겨 두고 떠났는데 내가 그 책들과 내 책들을 가지고 가서 뉴욕에서 그와 만나기로 했다.

아버지는 윌리엄 경의 제안을 거절은 하셨지만 내가 그렇게 유명한 사람에게서 좋은 평을 받았다는 사실에 퍽이나 흡족해 하셨다. 내가 아주 부지런하고 신중하게 처신했기 때문에 그렇게 짧은 시간에 당당히 자립할 수 있었다고 생각하신 것이다. 그래서 형과 내가 화해할 낌새가 전혀 보이지 않자 필라델피아로 돌아가는 것을 허락하셨다. 나를 떠나 보내시면서 여러 가지 충고도 해주셨는데, 이런 것들이었다. 사람들 앞에서 공손히 행동해라, 다른 이들의 존경을 받도록 노력해라, 네가 그런 성향이 있는데 남을 비방하거나 비꼬는 일은 하지 말아라. "착실하게 일하고 검소하게 생활하면 스물한 살이 될 때까지는 사업 밑천을 마련할 수 있을 게다. 그때가 되어서 약간 모자라면 그만큼은 도와 주마"라는 말씀도 잊지 않으셨다. 이것이 내가 부모님에게서 받은 전부였다. 물론 사랑의 징표로 조그만 선물을 하나 주시긴 했지만. 나는 뉴욕행 배에 올랐고, 이번에는 부모님으로부터 허락과 축복을 받으며 떠날 수 있었다.

배가 로드아일랜드의 뉴포트에 닿자 나는 몇 해 전에 결혼해서 그곳에 살고 있는 존 형을 찾아갔다. 형은 나를 아주 따뜻하게 맞아 주었다. 형은 항상 나를 사랑했으니까 말이다. 형의 친구 중에 버논이라는 사람이 내게 부탁을 하나 했다. 펜실베이니아 주에서 받을 돈이 35파운드 정도 있는데 내가 그것을 받아서 보관하고 있다가 자기가 지시를 하면 보내 달라는 것이었다. 그러면서 그 돈의 지불 명령서를 써주었다. 나중에 나는 그 일로 상당한 곤욕을 치렀다.

뉴포트에서 뉴욕으로 가는 승객 몇 명이 더 탔다. 그중에는 친구인 듯한 젊은 여자 두 명과, 시중들을 거느린 점잖고 품위 있어 보이는 퀘이커교도 부인이 있었다. 나는 부인에게 잔심부름을 조금 해주었는데 그것 때문에 나를 좋게 본 모양인지 그녀는 내게 아주 친절하게 대해 주었다. 그때 젊은 여자 두 명이 내게 접근해 왔고 나는 그들과 점점 가까워졌다. 이를 지켜 본 부인이 어느 날 나를 따로 불러 이렇게 일렀다. "젊은이, 지금 젊은이는 옆에 친구도 없고, 보아 하니 세상 물정도 잘 모르고 젊은 사람이 빠지기 쉬운 함정이 있다는 것도 모르는 것 같아 걱정이 돼서 한마디하겠어요. 내 말을 믿으세요. 저 여자들은 질 나쁜 사람들이에요. 행동거지만 봐도 알 수 있어요. 경계하지 않으면 위험에 빠질 수도 있다구요. 처음 보는 사람들이잖아요. 내가 당신을 위해서 좋은 뜻으로 하는 말이니 그 사람들과 가깝게 지내지 말아요." 나는 처음에는 그 여자들이 그렇게까지 나쁜 사람들일 거라는 생각은 하지 못했다. 그러나 부인은 자신이 직접 본 일이나 다른 사람으로부터 들은 것들을 얘기해 주었다. 듣고 보니 내가 미처 눈치채지 못한 것들이었고 부인의 말이 맞는 것 같기도 했다. 그래서 나는 부인의 친절한 충고에 감사하면서 그대로 따르겠다고 약속했다. 뉴욕에 도착하자 그 여자들은 자기네 주소를 주면서 놀러 오라고 초대했다. 그러나 나는 가지 않았고 그것은 아주 잘한 일이었다. 그 다음날 선장은 선실에서 은수저와 다른 물건들이 없어진 것을 알았다. 그 두 여자가 창녀라는 것을 알고 있던 그는 가택 수색 영장을 받아 그녀들의 집을 뒤졌고 도난당한 물건을 찾았다. 그 도둑들은 처벌을 받았다. 항해 도중에 간신히 암초를 피한 일도 있었지만, 내게는 이 여자들을 피한 것이 더 다행스러웠다.

뉴욕에는 콜린스가 며칠 전에 도착해 있었다. 우리는 어렸을 적부터 친했고 책도 같은 것들을 서로 돌려가며 읽었다. 그러나 그 친구는 책을 읽고 공부할 수 있는 시간이 나보다 많았다. 또 수학에 놀랄 정도로 뛰어난 천재성을 가지고 있어서 나는 그 분야에서만큼은 그를 따라잡을 수 없었다. 보스턴에 살았을 때에는 시간이 날 때마다 그와 여러 가지 이야기를 나누었다. 그때만 해도 그는 아주 진실하고 부지런한 좋은 녀석이었다. 목사들이나 어른들도 콜린스의 학식에 혀를 내둘렀고 분명히 출세할 녀석이라고들 했다. 그러나 내가 없는 동안 콜린스는 변해 버렸다. 브랜디에 빠져서 만취하도록 마시는 버릇이 생긴 것이다. 그가 내게 털어놓아서 그리고 다른 사람들로부터 들어서 알게 된 일인데, 뉴욕에 온 뒤로는 하루가 멀다 하고 매일 술에 취해 있었다고 했다. 괴상한 행동까지 보였다는 것이었다. 뿐만 아니라 노름에까지 손을 대서 돈을 탕진했기 때문에 숙소에서 그를 데리고 나올 때 내가 숙박비를 내야 했다. 그리고 필라델피아로 가는 비용이며 그곳에서의 생활비까지 내가 전부 대주어야 했기 때문에 그는 내게 커다란 골칫거리가 되어버렸다.

당시 뉴욕 지사였던 버넷(버넷 주교의 아들)이 우리와 같은 배를 타고 있었다. 그는 선장으로부터 승객 중에 어떤 젊은이가 책을 무척 많이 갖고 있더란 말을 전해 듣고 나를 만나고 싶으니 데리고 오라고 했다. 그래서 나는 그를 만나게 되었다. 콜린스도 데려가야 했겠지만 그는 술에 취해서 제정신이 아니었다. 지사는 아주 정중하게 나를 대했고 자기 서재를 보여 주었다. 굉장히 큰 서재였다. 우리는 책과 작가에 대해 많은 이야기를 나누었다. 그는 영광스럽게도 나를 알아봐 준 두 번째 지사였고 나 같은 가난한 아이에게는 감지덕지한 일이었다.

우리는 계속해서 필라델피아로 갔다. 가는 도중에 버논 씨의 돈을 찾았는데 그 돈이 없었더라면 우리는 목적지에 도착할 수도 없었을 것이다. 콜린스는 회계 사무소에 취직하고 싶어했다. 그런데 입 냄새 때문인지, 기이한 행동 때문인지 사람들은 그의 음주벽을 금새 알아차렸다. 그 탓에 추천서를 가지고도 지원하는 족족 떨어졌다. 그러니 나와 같이 지낼 수밖에 없었고 하숙비도 내가 치렀다. 또 내가 버논 씨의 돈을 갖고 있다는 것을 알고 있었기 때문에 그는 계속 돈을 꾸어 갔다. 취직하는 대로 갚겠다는 약속만 계속하고 있었다. 계속 그렇게 야금야금 가져간 액수가 나중에는 엄청나게 불어났고 나는 버논 씨가 돈을 보내 달라고 할까 봐 한시도 편안하지가 않았다.

콜린스는 계속해서 술을 마셔 댔고 우리는 그것 때문에 가끔씩 다투었다. 그는 술에 취하면 성질이 괴팍해졌다. 언젠가는 다른 친구들과 함께 배를 타고 델라웨어로 가고 있었는데 그는 자기 차례가 되었는데도 노를 안 젓겠다고 했다. 그는 "노를 저어 나를 집까지 모셔라"라고 말했다. "너를 위해 노를 젓진 않을 테다"라고 나는 대꾸했다. 그러자 그는 으름장을 놓았다. "노를 젓든지 밤새 물 위에 있든지 맘대로 하라구." 다른 친구들은 "우리가 젓자. 뭐 대단한 일이라고?" 했지만 나는 평소 그가 하는 짓이 너무 얄미웠기 때문에 계속 안 젓고 버텼다. 그러자 콜린스는 노를 젓지 않으면 나를 물에 던져 버리겠다고 욕을 해댔다. 급기야는 배를 가로질러 내게로 오더니 나를 때리려고 했다. 나는 재빨리 그의 다리 밑으로 손을 넣어 그를 들어 올린 다음 물 속에 거꾸로 처넣었다. 콜린스가 헤엄을 잘 친다는 것을 알고 있었기 때문에 별로 걱정하지 않았다. 그가 배를 잡을라 치면 조금 더 노를 저어서 그를 따돌렸다. 그리고 그가 배 가까이 올 때마다 노를 젓겠느냐고 묻고는 노를 더 저어 그를 피해 갔다. 콜린스는 약이 오를 대로 올라 죽어도 안 저을 거라고 악을 써댔다. 그렇지만 그가 점점 지치기 시작하자 우리는 그를 끌어올려 배에 태웠고 흠뻑 젖어 물이 뚝뚝 흐르는 그를 집으로 데려갔다. 그 뒤로 우리의 대화는 험한 말들로 얼룩졌다.

그렇게 지내고 있는데 서인도 제도에서 온 한 선장이 나타났다. 그는 바베이도스에 사는 한 신사로부터 아들의 가정교사를 구해 달라는 부탁을 받고 적당한 사람을 찾고 있는 중이었다. 우연히 콜린스를 만난 그는 콜린스를 데려가기로 했다. 콜린스는 떠나면서 첫 월급을 받는 대로 내게 빌린 돈을 갚겠다고 약속했으나 그 뒤로는 깜깜 무소식이었다.

버논 씨의 돈을 빼내 쓴 것은 내 생애의 커다란 과오였다. 내가 중요한 사업을 맡기에는 아직 어리다는 아버지의 판단이 크게 틀리지 않았음이 이 일로 분명해진 것이다. 그러나 윌리엄 경은 아버지의 편지를 읽고 아버지가 지나치게 소심한 거라고 했다. 사람마다 개인차가 있기 마련이고, 나이가 많다고 분별력이 있고 어리다고 분별력이 없는 것은 아니라는 것이었다. 그는 이렇게 제안했다. "자네 아버지가 인쇄소를 차려 주지 않겠다면 내가 차려 주겠네. 필요한 물품들의 목록을 적어 주면 내가 영국에 주문을 하지. 그리고 나중에 형편이 되면 그때 갚으라구. 나는 이곳에 좋은 인쇄업자가 있으면 딱 좋겠고, 자네라면 틀림없이 성공할 걸세." 지사가 너무나 진지한 표정으로 말했기 때문에 나는 그의 말을 곧이 곧대로 믿었다. 나는 필라델피아에서 개업하려는 계획을 그때까지 비밀로 하고 있었고 그 후로도 계속 아무에게도 말하지 않았다. 하지만 내가 지사에게 기대고 있다는 사실을 누구라도 알았더라면 그를 잘 아는 사람들이 그를 믿지 말라고 충고해 주었을 것이다. 나중에 알고 보니 지사는 지키지도 않을 약속을 마구 떠벌리는 것으로 유명한 사람이었다. 그러나 내가 부탁하지도 않았는데 그렇게 관대한 제안을 해왔으니 어떻게 그의 말을 거짓이라고 생각할 수가 있었겠는가. 나는 그를 세상에서 가장 좋은 사람으로 굳게 믿고 있었다.

나는 작은 인쇄소를 차리는 데 필요한 물품의 목록을 만들어서 지사에게 주었다. 내 계산으로는 은화 100파운드 정도가 들 것 같았다. 그는 흡족해 했고 영국에 내가 직접 가서 활자도 고르고 그 밖의 물품도 이왕이면 좋은 것으로 고르는 것이 나을 거라고 했다. "그러면 거기 사람들하고 얼굴도 익혀 놓고 서적이나 문방구 쪽 거래처도 뚫을 수 있을 걸세." 나 역시 그렇게 생각했다. "그러면 애니스 호를 타고 떠날 준비를 하게"라고 지사가 말했다. 애니스 호는 그 당시 일 년에 한 번씩 필라델피아와 런던 사이를 오가는 유일한 정기선이었다. 그러나 애니스 호는 몇 달 뒤에야 출항할 예정이었으므로 나는 키머 인쇄소에서 계속 일했다. 콜린스가 빌려간 돈을 받을 수 있을까 안달하고 버논 씨가 돈을 보내 달라고 할까봐 불안해 하면서 하루하루를 보내고 있었다. 하지만 그 뒤로 몇 년 동안 버논 씨는 아무 소리도 하지 않았다.

앞에서 빠뜨리고 안 한 얘기가 하나 있어서 지금 해야겠다. 보스턴에서 처음 떠나올 때 이야기이다. 바람이 없어 내가 탄 배는 블록 아일랜드 근처에서 잠시 묶여 있었다. 그러자 사람들이 대구를 낚기 시작했는데 꽤 많이 잡혔다. 나는 고기를 먹지 않겠다는 결심을 그때까지 쭈욱 지켜 오고 있었다. 존경하는 트라이언 선생과 마찬가지로 물고기를 잡는 것은 아무 이유 없는 살생이라고 생각했다. 왜냐하면 물고기들은 우리에게 죽임을 당할 만큼 우리에게 나쁜 짓을 하지도 않았으며 할 수도 없기 때문이다. 참으로 지당한 말씀이었다. 그러나 나는 예전부터 생선을 엄청 좋아했었고 그날따라 프라이팬에서 막 구워 낸 생선 냄새가 기가 막히게 좋았다. 한참 동안을 원칙과 식욕 사이에서 갈등하다가 갑자기 방금 전에 생선 배를 갈랐을 때 그 뱃속에서 작은 생선이 나왔던 것이 생각났다. 그러자 이런 생각이 들었다. "너희들도 서로 잡아먹는데 나라고 너를 못 먹을 이유가 없지." 그래서 나는 대구를 아주 맛있게 먹었고, 그 뒤로도 채식을 할 때는 해도 다른 사람들과 있을 때는 생선을 먹었다. '합리적인 인간'이 되는 것은 아주 편리한 일이어서 하고 싶은 일이 무엇이든 그에 합당한 이유를 찾아 내거나 만들어 낼 수가 있다.

키머와 나는 문제 없이 잘 지냈고 마음도 꽤 잘 맞았다. 그도 그럴 것이 그는 인쇄소를 차려 독립하려는 내 계획을 전혀 모르고 있었던 것이다. 키머는 이전의 열정을 그대로 지니고 있어서 논쟁하는 것을 즐겼다. 그래서 우리는 자주 논쟁을 벌였다. 나는 소크라테스식 논법으로 키머를 내 마음대로 요리했다. 처음에는 주제와 전혀 상관 없어 보이는 질문으로 시작해서 점점 요점으로 다가가 그를 몰아붙이는 식이었다. 그러면 그는 자기 모순에 빠져 쩔쩔맸다. 계속 그렇게 당하다 보니 그는 우스울 정도로 조심스러워져서 아주 평범한 질문을 던져도 "무슨 대답을 들으려고 하는 거지?"라고 먼저 물어 본 다음 대답을 했다. 어쨌거나 남을 꼼짝 못하게 만드는 내 실력을 높이 산 그는 새로운 종파를 세우려고 하니 동참해 달라고 진지하게 제안해 왔다. 자기가 설교를 맡을 테니 나는 모든 반대자들을 물리쳐 달라는 것이었다. 그리고 그 교리를 내게 설명해 주었는데 내가 찬성할 수 없는 것이 몇 가지 있었다. 나는 내 의견도 넣어 주지 않으면 동참하지 않겠다고 했다.

키머는 턱수염을 길게 기르고 있었다. 이유인즉슨 모세의 율법 어딘가에 '수염 끝을 자르지 말지어다'라는 말이 있기 때문이었다. 그리고 제7일(토요일)을 안식일로 지키고 있었다. 그는 이 두 가지는 절대 양보하지 않으려 했다. 나는 그 두 가지 모두 마음에 들지 않았다. 하지만 육식을 금하는 교리를 끼워 주면 나도 그것들을 인정하겠다고 했다. 키머는 망설였다. “글쎄. 내 체격에 고기를 안 먹고 배겨 낼 수 있을까.” 나는 충분히 가능하며 그 편이 몸에도 더 좋다고 안심시켰다. 키머는 평소에 엄청난 대식가였으니 허기져서 힘들어하는 모습을 지켜보는 것도 그런 대로 재미있을 것 같았다. 그는 내가 같이 한다면 자기도 한번 도전해 보겠다고 했다. 나는 그렇게 하겠다고 했고 우리는 석 달 동안 함께 채식을 했다. 우리의 식사는 이웃에 사는 한 여자가 요리를 해서 가져다 주었다. 나는 마흔 가지 음식을 쭉 적어서 그녀에게 주고 매번 다른 음식으로 준비해 달라고 부탁했다. 생선이나 고기, 닭고기 같은 것은 절대 포함되지 않았다. 이번의 이 일시적인 채식은 내게는 딱 좋은 것이었다. 돈이 싸게 먹혀 일주일에 18펜스를 넘지 않았다. 나는 그 후로 몇 년간 사순절(예수가 40일간 광야에서 금식한 절기 : 역주) 만큼은 엄격하게 지키면서 보통식을 끊고 채식으로 바꾸었다. 그러다가 갑자기 채식을 그만두고 보통식으로 돌아가기도 했다. 그래도 별 어려움이 없었다. 이걸 보면 변화는 느리게 서서히 해나가야 한다는 말도 그리 신통치 않은 것 같다. 나는 즐거운 마음으로 계속 채식을 했지만 불쌍한 키머는 너무나 고통스러워했다. 이 계획에 진저리가 난 그는 마음 놓고 실컷 고기를 먹어 보겠다고 돼지고기 구이를 주문했다. 그리고 나와 여자 친구 두 명을 초대했다.

하지만 요리가 너무 일찍 나오자 그 유혹을 뿌리치지 못하고 결국 우리가 도착하기도 전에 혼자서 통째로 다 먹어 버렸다.

그 무렵에 나는 리드 양과 만나고 있었다. 나는 그녀를 몹시 존중했고 애정도 느끼고 있었다. 그녀 역시 내게 같은 마음을 품고 있었으리라 생각한다. 그러나 나는 긴 여행을 눈앞에 두고 있었고 우리 둘 모두 열여덟을 갓 넘긴 어린 나이였다. 사정이 그렇다 보니 그녀의 어머니는 우리 관계가 더 진전되지 않도록 신경 썼다. 혹 결혼을 한다 해도 내가 돌아와서 완전히 자리를 잡은 뒤라야 가능하다는 것이었다. 나는 내 미래를 확신했지만 그녀는 내가 미덥지 못했던 모양이다.

이때에 주로 만나던 친구들은 찰스 오스본, 조지프 왓슨, 제임스 랠프였다. 모두들 독서광이었다. 앞의 두 사람은 마을에서 유명한 공증인인 찰스 브로그덴 밑에서 서기로 일하고 있었고 랠프는 상점의 점원이었다. 왓슨은 신앙심이 깊고 똑똑했으며 흠 잡을 데 없는 친구였다. 나머지 두 친구는 종교의 규율에 그리 구애받지 않는 편이었는데, 특히 랠프는 콜린스처럼 나 때문에 흔들렸었고 그 때문에 나를 힘들게 했다. 오스본은 재치가 있었고 하고 싶은 말은 거리낌 없이 했다. 친구들에게는 진실하고 상냥하게 굴었지만 문학에 있어서만큼은 남의 글 흠 잡기를 지나치게 좋아했다. 랠프는 영리하고 몸가짐이 점잖았으며 무엇보다도 말을 너무 잘했다. 나는 그 친구만큼 이야기를 재미있게 하는 사람을 본 적이 없다. 오스본과 랠프는 둘 다 시(詩)에 푹 빠져 있었고 이제는 직접 짧은 시를 쓰기도 했다. 우리 넷은 일요일이면 스쿨킬 강 근처의 숲속을 거닐면서 서로 책을 읽어 주기도 하고 그것에 대해 의견을 나누기도 했다.

랠프는 시를 공부하고 싶다고 했다. 언젠가는 유명한 시인이 되어 돈도 많이 벌 거라고 장담했다. 최고의 시인들도 처음 시작할 때는 자기만큼 많은 실수를 했을 거라고 했다. 오스본은 랠프에게 시에 소질이 없는 것 같으니 포기하고 지금 하고 있는 일에나 매달리라고 말렸다. 계속 장사꾼의 길을 걷는다면 자본이 없더라도 부지런하고 꼼꼼하니 대리 경영을 할 수도 있고 차차 자기 명의로 거래를 틀 수도 있을 거라고 설득했다. 나는 가끔씩 시를 쓰면서 즐기고 그래서 언어 실력을 늘리는 것은 좋지만 그 이상은 하지 않는 것이 좋겠다고 충고했다.

이런 이야기를 하다가 우리는 다음 번에 만날 때 각자 시를 하나씩 지어 오기로 했다. 서로를 관찰하고 비평하고 수정하는 능력을 키우자는 취지에서였다. 우리가 염두에 두고 있었던 것은 언어와 표현의 문제였으므로 창작은 배제하기로 했다. 결국 우리의 과제는 하나님의 강림을 묘사한 시편 18편을 개작하는 것으로 결정 났다. 우리가 만날 날이 얼마 남지 않았을 때 랠프가 나를 찾아와서 시를 완성했다고 했다. 나는 그동안 바빴던 데다가 별로 쓰고 싶은 마음도 생기지 않아 쓰지 못했다고 했다. 랠프는 자기 시를 보여주며 의견을 물었다. 내가 보기에도 썩 괜찮았으므로 칭찬을 많이 해주었다. 그러자 랠프는 이렇게 말했다. "헌데, 오스본은 내가 쓴 거라면 무작정 깎아 내리고 오히려 흠을 천 가지는 늘어놓을 거야. 순전히 나를 질투해서지. 너한테는 별로 질투하지 않는 것 같으니까 이걸 네가 쓴 것처럼 해봐. 나는 시간이 없어서 못 쓴 척할 테니까. 그 녀석이 뭐라고 하나 좀 보자구." 나는 찬성했고 내가 직접 쓴 것처럼 보이도록 당장 옮겨 적었다.

우리는 다시 만났다. 처음으로 왓슨이 자신의 작품을 낭독했다. 매력적인 부분도 있었지만 흠 잡을 데도 많았다. 다음에는 오스본의 시가 낭독되었다. 훨씬 나았다. 랠프는 공정한 평을 해주었다. 몇 가지 결점을 지적했으나 잘된 점은 칭찬해 주었다. 랠프 자신은 써오지 않았다고 했다. 다음은 내 차례였다. 나는 망설이는 척했다. 시간이 없어서 제대로 손보지 못했다는 둥 이리저리 둘러대면서 발뺌하는 듯한 모습을 보여 주었다. 하지만 변명은 용납되지 않았고 나는 그 작품을 읽었다. 친구들은 다시 한번 읽어 보라고 했다. 왓슨과 오스본은 두 손 들었다며 이구동성으로 칭찬을 아끼지 않았다. 랠프는 이것저것 잘못된 점을 꼬집으며 고칠 부분을 몇 군데 지적했지만 나는 원문을 고집했다. 그러자 오스본이 랠프를 나무라고 나섰다. 시도 신통치 않은 녀석이 비평도 그 모양이냐는 것이었다. 랠프는 입을 다물었다. 나중에 랠프한테 들은 얘기인데, 그 두 사람이 집으로 함께 돌아갈 때 오스본은 내 작품이라고 생각한 그 글(사실은 랠프의 글)을 침이 마르도록 또 칭찬했다고 한다. 내 앞에서 계속 칭찬하면 내가 아첨이라고 생각할까 봐 계속 참았다고 하면서 말이다. "프랭클린이 그런 글을 쓸 수 있으리라고 누가 상상이나 했겠어. 그 묘사, 그 넘치는 힘, 그 열정을 좀 봐! 원작보다 훨씬 낫잖아. 그 친구 말할 때는 단어 선택도 제대로 못하고 더듬거리고 우물우물하기만 하더니, 세상에! 그 친구가 그런 글을 쓰다니!" 다음 번에 만났을 때 랠프는 우리가 장난친 것을 밝혔고 오스본은 꽤 놀림을 받았다.

이 일은 시인이 되겠다는 랠프의 결심을 더욱 부추겼다. 나는 어떻게 해서든지 그를 말리려고 했지만 그는 계속 시를 끄적거렸다. 포프가 〈바보열전〉에서 따끔하게 그를 혼내 줄 때까지 말이다. 하지만 그는 훌륭한 산문 작가가 되었다. 랠프에 관해서는 나중에도 얘기할 기회가 있을 것이다. 그러나 나머지 두 친구들에 대해서는 이야기할 기회가 더 없을 것 같으니 여기서 잠깐 언급해야겠다. 왓슨은 그로부터 몇 년 후에 내 팔에 안겨 죽었다. 우리 가운데 가장 괜찮은 친구의 죽음은 참으로 안타까운 일이었다. 오스본은 서인도 제도로 가서 변호사로 성공하여 돈도 많이 벌었지만 그 친구 역시 일찍 죽었다. 그 친구와 내가 진지하게 약속한 것이 하나 있었는데 둘 중에 먼저 죽는 사람이 남은 사람에게 저 세상에서 본 것들을 얘기해 주기로 한 것이다. 그러나 그 친구는 약속을 지키지 않았다.

영국으로의 첫번째 여행

지사는 나와 함께 있는 것이 좋았는지 자기 집으로 나를 자주 초대했다. 그리고 자기가 인쇄소를 차려 주는 것을 항상 기정 사실로 이야기했다. 나는 지사의 친구들에게 보여 줄 여러 장의 추천서와 함께 인쇄기, 활자, 종이 등을 구입하는 데 필요한 돈을 빌릴 수 있는 신용장도 가지고 갈 계획이었다. 나는 이 편지들이 완성되는 대로 그때그때 가서 받기로 했다. 하지만 지사는 차일피일 미루기만 했다. 배 역시 계속 출항이 연기되다가 겨우 출발하게 되었는데 그

때까지도 지사는 꾸물거리고 있었다. 출발하기 전에 작별 인사도 하고 편지도 받을 겸 해서 지사에게 들렀더니 비서인 바드 박사가 나와서 하는 말이 지사님은 지금 편지를 쓰느라 몹시 바쁘시다, 그러나 배보다 먼저 뉴캐슬에 도착하실 터이니 거기서 편지를 받으라는 것이었다.

랠프는 결혼해서 아이도 하나 있었지만 이번 여행에 나와 동행하기로 했다. 나는 랠프가 그쪽 사람들과 얼굴을 익혀 두어서 물건을 위탁받아 팔려고 그러는 줄로만 생각했다. 나중에 알고 보니 아내와 사이가 틀어져 그녀 곁을 떠나서 영영 돌아오지 않을 작정이었던 것이다. 나는 친구들에게 작별 인사를 하고 리드 양과는 몇 가지 약속을 주고받은 뒤에 배를 타고 그렇게 필라델피아를 떠났다. 우리는 곧 뉴캐슬에 도착했다. 지사는 그곳에 와 있었다. 그의 숙소를 찾아가자 비서가 나와서 더할 나위 없이 공손한 지사의 말씀을 전해 주었다. "지금 너무 중요한 일을 하고 있는 중이라 만날 수는 없지만 약속한 편지는 배로 보내 주겠네. 진심으로 좋은 여행이 되길 바라며 빨리 돌아와서 볼 수 있었으면 하네." 나는 약간 어리둥절해져서 배로 돌아왔지만 여전히 아무런 의심도 하지 않았다.

내가 탄 배에는 필라델피아의 유명한 변호사 앤드류 해밀턴 씨가 아들과 함께 타고 있었다. 이들과 함께 퀘이커교도 상인인 데넘 씨, 메릴랜드에서 철강업을 같이 운영하는 어니언 씨와 러셀 씨가 아주 넓은 일등선실을 썼다. 그러니 나와 랠프는 삼등선실에 있을 수밖에 없었다. 아는 사람 하나 없어서 일반 손님으로 취급받았다. 그런데 해밀턴 씨가 압류된 선박을 변호해 달라는 의뢰를 받게 되었다. 거액의 사례금이 걸린 일이어서 그는 아들(제임스라는 사람으로 나중에 지사가 되었다)과 함께 뉴캐슬에서 필라델피아로 돌아갔다. 그리고 출항하기 바로 직전에 프렌치 대령이 배에 올랐다. 대령이 내게 깍듯이 대하자 사람들은 나를 눈여겨보기 시작했다. 신사분들이 마침 일등선실에 자리가 났으니 그리로 오라고 청했고 랠프와 나는 일등선실로 옮겼다.

나는 당연히 프렌치 대령이 지사의 편지를 갖고 탔으리라 생각했다. 그래서 선장에게 내가 맡아야 할 편지들이 있으니 찾아 달라고 부탁했다. 선장은 모든 편지들이 우편 가방에 들어가 있기 때문에 당장은 찾기가 곤란하지만 영국에 도착해서 내리기 직전에 꺼낼 수 있을 거라고 했다. 그래서 나는 별 걱정 없이 즐겁게 여행을 계속했다. 우리는 일등선실에서 붙임성 좋은 여러 사람들을 사귀었다. 게다가 해밀턴 씨가 두고 간 음식들이 아주 많아서 호화롭게 지낼 수 있었다. 이때 데넘 씨와 맺은 우정은 그가 죽을 때까지 변치 않았다. 하지만 내내 날씨가 나빠서 항해 자체는 그리 즐거운 것이 못 되었다.

배가 영국 해협에 들어설 즈음 선장은 약속을 지켜서 우편 가방을 뒤져 내 편지를 찾아 보라고 했다. 그러나 내 이름이 적힌 봉투는 하나도 없었다. 그래서 필체를 보고 약속된 편지라고 생각되는 것을 예닐곱 개 골랐다. 특히 그중 하나는 왕실의 인쇄업자인 배스킷이 수취인으로 되어 있었고 다른 하나는 서적 상인으로 되어 있었다. 1724년 12월 24일 우리는 드디어 런던에 도착했다. 나는 먼저 서적상을 찾아가 키드 지사가 주는 거라며 편지를 전했다. 그러자 그는 "그런 사람은 모르는데"라고 말하면서 편지를 뜯어 보더니 "아니, 리들스덴이 보낸 거로군. 나도 최근에 안 일인데 이 작자는 아주 몹쓸 악당이더군요. 나는 그 사람과 볼일이 없으니 편지도 받지 않겠어요"라고 말했다. 그러면서 내 손에 편지를 도로 쥐어주더니 등을 획 돌리고는 다른 손님들을 상대하는 것이었다. 그 편지가 지사가 쓴 것이 아니라니, 나는 깜짝 놀랐다. 그때서야 여러 정황들을 곰곰이 생각해 보고 따져 본 나는 그의 진실성이 의심스러워지기 시작했다. 나는 친구 데넘 씨를 찾아가서 모든 것을 털어놓았다. 데넘 씨는 지사의 인간성을 얘기해 주면서 그가 나를 위해 편지를 써주었을 리 만무하다고 했다. 그를 아는 사람이라면 그를 눈곱만큼도 믿지 않는다는 것이었다. 신용이라고는 전혀 없는 사람이 신용장을 써준다고, 하면서 그는 기막혀 했다. 내가 앞으로의 일을 걱정하자 그는 인쇄업 방면으로 일자리를 얻어 보라고 충고했다. "이곳 인쇄업자들 틈에서 일하다 보면 실력도 많이 늘 테고, 미국으로 돌아가 개업할 때 훨씬 유리할 걸세."

우리 두 사람도 아까의 그 서적상이 말한 것처럼 리들스덴이라는 변호사가 아주 질 나쁜 악한이라는 것을 우연히 알게 되었다. 그는 리드 양의 아버지에게 동업하자고 꼬드겨서 그를 거의 파산 지경에까지 이르게 했던 사람이었다. 그 편지를 보아 하니 우리와 함께 오기로 했었던 해밀턴 씨에게 손해를 입히려는 은밀한 계략이 진행되고 있는 것 같았다. 리들스덴과 함께 키드도 이 일에 관련되어 있었다. 해밀턴 씨의 친구인 데넘 씨는 그에게 이 일을 알려 주어야 한다고 생각했다. 그리고 곧 해밀턴 씨가 영국에 도착했다. 나는 얼마큼은 지사와 리들스덴에 대한 분노로, 얼마큼은 해밀턴 씨에 대한 호의로 그 편지를 보여 주었다. 해밀턴 씨는 아주 중요한 정보를 일러 주었다며 정중하게 감사의 뜻을 표했다. 그때부터 그는 내 친구가 되었고 후에 내게 많은 도움을 주었다.

그건 그렇고 어떻게 지사라는 사람이 그런 말도 안 되는 장난을 치고 아무것도 모르는 풋내기 아이를 그렇게 능글맞게 속일 수 있는지! 그것은 그의 버릇이었다. 모든 사람을 기쁘게 해주고 싶다,

하지만 줄 것은 없다, 그러니 기대감이나 심어 주겠다, 뭐 이런 식이었다. 그 나쁜 버릇만 빼면 그는 머리도 좋고 분별력도 있고 글도 잘 쓰는 괜찮은 사람이었다. 그리고 시민들에게는 좋은 지사이기도 했다. 종종 훈령을 무시해서 영주들의 애를 먹이기도 했지만. 어쨌든 그는 우리 주의 훌륭한 법안들을 많이 입안해서 자신의 임기 중에 통과시켰다.

랠프와 나는 둘도 없는 친구가 되었다. 우리는 리틀브리튼에 있는 하숙집에서 일주일에 3실링 6펜스를 내고 함께 지냈다. 당시로써는 그 정도 집밖에 구할 수 없었다. 랠프는 영국에 친척들이 몇 있었지만 모두 가난해서 우리를 도울 형편이 못 되었다. 랠프는 그때서야 런던에 계속 남아 있을 생각이라고 털어놓았다. 필라델피아로는 절대로 다시 돌아가지 않겠다고 했다. 그는 무일푼이었다. 그나마 조금 갖고 있던 돈은 모두 배삯으로 써버렸다. 나는 금화 열다섯 닢이 있었고 랠프는 일자리를 찾는 동안 가끔씩 내게 돈을 빌려갔다. 랠프가 처음에 생각한 직업은 배우였다. 그는 자기에게 배우 소질이 있다고 믿고 있었고 그래서 극단에 들어가려고 했다. 그러나 윌크스라는 배우는 랠프의 연기를 본 후 랠프에게 배우로 성공할 가망성이 없으니 포기하는 것이 좋겠다는 진심 어린 충고를 해주었다. 다음에는 페이터노스터 로의 출판업자인 로버츠 씨를 찾아가 《스펙테이터》 같은 주간지에 글을 쓰게 해달라며 몇 가지 조건을 제시했지만 거절당했다. 그러자 그는 법률 학교 근처의 출판업자들과 변호사들 밑에서 잡문서 쓰는 일을 구하려고 했지만 빈 자리가 없었다.

나는 그 당시 바살러뮤 클로스에서 유명했던 파머 씨의 인쇄소에서 금방 일자리를 얻었고 1년 정도 그곳에서 일했다. 정말 부지런히 일했지만 돈을 받는 족족 랠프와 연극 구경을 가거나 여기저기 놀러 다니느라 다 새어 나가 버렸다. 이제는 내 금화도 다 바닥났고 그야말로 입에 풀칠만 하고 있었다. 랠프는 아내와 아이를 잊은 지 이미 오래인 것 같았고 나도 리드 양과의 약속이 점점 희미해져 갔다. 리드 양에게는 달랑 편지 한 통밖에 보내지 않았는데 그나마도 빨리 돌아갈 수 없을 것 같다는 내용이었다. 이것도 내 인생의 크나큰 실수였다. 다시 한번 더 살 수만 있다면 절대 그런 짓은 하지 않을 텐데. 사실 돈을 너무 헤프게 써대는 바람에 우리는 돌아갈 여비조차 없었던 것이다.

파머 인쇄소에서 월라스턴(1660~1724 영국의 논리학자 : 역주)의 《자연의 종교》 재판을 내는 데 내가 식자 일을 맡게 되었다. 그런데 그의 논거 중에 석연치 않은 부분이 몇몇 보였다. 나는 그 점들을 논하는 추상적인 논문을 써서 〈자유와 필연, 쾌락과 고통에 대하여 논함〉이라는 제목을 붙였다. 그리고 랠프에게 바친다는 말을 덧붙여서 몇 부를 인쇄했다. 파머 씨는 내 논리 중 불쾌한 부분들을 따끔하게 꼬집어 냈지만 나를 꽤 영리한 젊은이로 보기 시작했다. 그러나 내가 이 팸플릿을 인쇄한 것은 또다른 실수였다. 리틀 브리튼에서 하숙하는 동안 그 옆에서 책가게를 하고 있던 윌콕스를 알게 되었다. 그의 책방에는 헌책들이 엄청나게 많이 쌓여 있었다. 그 당시에는 대출 도서관이 없었다. 그래서 나는 그와 어떤 합당한 조건으로 계약을 맺었다. 어떤 조건이었는지는 기억나지 않지만 어쨌든 나는 그 계약 덕분에 그의 모든 책들을 빌려서 읽을 수 있게 되었다. 나는 아주 유리한 이 계약을 최대한으로 이용했다.

내가 쓴 팸플릿이 어찌어찌 하여 《인간 판단의 정확성》을 쓴 외과 의사 라이언스의 손에 들어갔다. 이것이 인연이 되어 우리는 서로 알게 되었다. 그는 나를 아주 높이 평가했고 종종 찾아와서 비슷한 주제를 가지고 이야기하거나 치프사이드 가에 있는 혼즈라는 허름한 술집으로 나를 데려갔다. 거기서 《벌들의 이야기》를 쓴 맨드빌 박사를 소개받았다. 그는 농담 잘하고 아주 재미있는 사람으로 그 술집에서 클럽을 가지고 대장 노릇을 하고 있었다. 라이언스는 또 뱃슨의 커피 숍에서 펨버튼 박사에게도 인사시켜 주었다. 펨버튼 박사는 조만간에 아이작 뉴턴(1643~1727 영국의 물리학자. 만유인력의 원리를 발견함 : 역주) 경을 만나게 해주겠다고 했다. 나는 그날만을 손꼽아 기다렸지만 그런 날은 오지 않았다.

나는 영국으로 건너가면서 몇 가지 진기한 물건들을 가지고 갔었다. 그중에 으뜸은 불에 대면 빛이 나는 석면으로 만든 지갑이었다. 한스 슬로안 경(당시의 유명한 의사로 그가 수집한 골동품이 토대가 되어 대영 박물관이 생겼다 : 역주)이 그 이야기를 듣고 찾아와 블룸스베리 광장에 있는 자기 집으로 나를 초대했다. 초대에 응해 갔더니 그는 자기가 수집한 온갖 신기한 물건들을 보여 주면서 내 석면 지갑도 끼워 넣고 싶다고 했다. 나는 그 대가를 섭섭지 않게 받았다.

우리 하숙집에는 클로이스터에서 모자 가게를 하는 젊은 여자도 있었다. 가정 교육도 잘 받았고 사려 깊고 명랑한 데다가 무엇보다도 대화가 잘 통했다. 랠프는 저녁마다 그녀에게 희곡을 읽어 주었다. 그들은 점점 더 가까워지더니 그녀가 하숙집을 옮기자 그도 같이 나가 버렸다. 둘은 한동안 같이 살았다. 하지만 랠프는 여전히 직업이 없었고 그녀의 보잘것없는 수입으로는 그녀에게 딸린 아이까지 세 사람이 살기가 힘들었다. 그래서 랠프는 런던을 떠나 시골에서 학교를 열기로 했다. 글도 잘 쓰고 수학과 셈에도 능하니 자신에게 딱 맞는 일이라고 생각했던 것이다. 그러나 그는 이 업을 자신의 수준에 못 미치는 비천한 일로 여겼고 나중에는 더 내세울 만한 일을 할 거라고 자신하고 있었다. 그래서 한때 초라한 일을 했었다는 것이 알려지면 곤란할 거라고 생각했던지 이름을 바꾸었는데 영광스럽게도 내 이름을 빌려다가 썼다. 떠난 지 얼마 후에 그는 편지를 보내 왔다. 어떤 작은 마을(아마 버크셔였을 것이다)에 자리를 잡아서 10~12명의 아이들에게 한 사람당 일주일에 6펜스를 받고 읽기와 쓰기를 가르치고 있다고 했다. 또 T부인을 잘 돌봐 달라고 부탁했고 자기에게 편지를 보내려면 어디어디의 선생, 프랭클린 씨 앞으로 보내라고 했다.

랠프의 편지는 계속되었고 지금 쓰고 있는 작품이라며 한 서사시의 긴 견본도 같이 보내 왔다. 그러면서 나더러 비평이나 수정을 해달라고 했다. 나는 이따금씩 평을 써보내기도 했지만 그보다는 시 쓰는 것을 그만두게 하려고 애썼다. 그때 마침 영(1683~1765, 영국 시인 : 역주)의 풍자시가 출판되었다. 나는 그 시의 대부분을 옮겨 적어 그에게 보냈다. 뮤즈(학예, 시, 음악, 무용을 관장하는 아홉 여신들 : 역주)의 덕으로 출세하기를 바라면서 뮤즈의 뒤를 쫓아다니는 이들의 어리석음을 강하게 비판한 시였다. 그러나 나의 모든 노력은 허사로 돌아가고 시가 적힌 종이들은 계속 날라왔다. 그러는 동안 랠프 때문에 친구도 일도 잃어버린 T부인은 생활이 어려워져 내게 돈을 빌려가곤 했다. 나는 그녀와 함께 있는 것이 점점 더 좋아졌다. 그때에는 특별히 어떤 한 종교에 속했던 것도 아니니 걸릴 것이 없었고, 또 그녀는 내가 없으면 당장 굶을 형편이었으니 이를 빌미로 그녀와 성적인 관계를 맺어 보려고 했다. (나의 또다른 실수.) 그녀는 당연히 화를 내며 펄펄 뛰었고 랠프에게 이 일을 일렀다. 이 일로 우리 두 사람 사이에는 금이 갔다. 랠프는 런던으로 냉큼 달려와서는 내가 자초한 일이라며 이것으로 자기와 나 사이의 모든 채무 관계는 취소되었다고 알렸다. 그렇다고 해서 크게 달라질 것은 없었다. 어차피 랠프는 그 돈을 다 갚지 못할 테니까. 그리하여 나는 그에게 빌려 주었거나 미리 빼내 준 돈을 한 푼도 못 받게 되었다. 그와의 우정을 잃은 것은 오히려 무거운 짐을 벗은 것처럼 홀가분했다. 나는 이제 돈을 조금씩 모으기로 마음먹었다. 그리고 좀더 나은 일을 하고 싶기도 해서 파머 인쇄소를 그만두고 링컨스 인 필드 부근에 있는 와츠 인쇄소로 옮겼다. 그곳은 규모가 훨씬 더 큰 인쇄소였고 런던을 떠날 때까지 계속 그곳에서 일했다.

이 인쇄소에서 내가 처음으로 맡은 일은 인쇄였다. 영국은 미국과는 달리 식자와 인쇄 일이 구분되어 있었다. 그래서 식자 일만 하면 너무 몸을 안 움직여 체력이 약해질 것 같아 인쇄 일을 택했던 것이다. 나는 물만 마셨는데 거의 50명에 이르는 다른 직공들은 맥주를 무섭게 마셔 댔다. 나는 가끔씩 커다란 활자판을 양손에 하나씩 들고 위아래 층을 오르내리기도 했는데 다른 사람들은 두 손으로 겨우 한 개만 날랐다. 인쇄공들은 진한 맥주를 마시는 자기들보다 '물 먹는 아메리카인' (그들은 나를 이렇게 불렀다)이 훨씬 더 힘을 잘 쓰자 이상하다는 듯이 나를 쳐다보았다. 인쇄소에는 맥주집 점원 아이가 늘 대기하고 있다가 직공들이 시키기만 하면 맥주를 가져다 주었다. 같이 인쇄 일을 하던 동료 하나는 맥주를 아침 식사 전에 1파인트, 점심 식사 때 1파인트, 오후 6시쯤에 1파인트 그리고 하루 일을 끝내고 나서 또 1파인트를 마셨다. 하루라도 걸르는 날이 없었다. 아주 나쁜 습관이었다. 하지만 그의 생각은 힘든 일을 배겨 내려면 그만큼 진한 맥주를 마셔 줘야 한다는 것이었다. 실제로 맥주를 마셔서 얻을 수 있는 힘은 맥주 안에 녹아 있는 보리 알갱이나 가루의 양만큼뿐이라는 사실을 그에게 납득시키려고 애썼다. 그렇게 따지면 빵 1페니어치에 들어 있는 밀의 양이 더 많다. 그러니 맥주 1쿼터(=2파인트)를 마시는 것보다 차라리 빵을 물 1파인트와 먹는 것이 훨씬 더 기운을 낼 수 있다. 내가 이렇게 자세히 설명해 주었는데도 그는 아랑곳하지 않고 계속해서 술을 마셔 댔고 토요일 저녁마다 임금에서 4, 5실링을 술값으로 날려 버렸다. 나는 그럴 필요가 없었다. 이 불쌍한 작자들은 그렇게 가난에서 헤어나지 못했다.

몇 주가 지났을 때 와츠는 내가 식자실에서 일해 주기를 바랐고 나는 인쇄공들과 헤어졌다. 식자공들은 나를 환영하는 술자리를 가져야 하니 5실링을 내라고 했다. 나는 인쇄공들에게도 같은 명목으로 돈을 냈었기 때문에 부당하다는 생각이 들었고 주인도 내지 말라고 했다. 나는 2, 3주 동안 돈을 내지 않고 버텼는데 그것 때문에 따돌림을 당했다. 그들은 내가 잠시라도 자리를 비우면 조판해 놓은 활자나 페이지를 마구 뒤섞어 놓거나 부셔 놓는 등 온갖 못된 짓을 했다. 그러고 나서는 이 모든 짓을 인쇄소 유령 탓으로 돌렸다. 정식으로 들어오지 않은 인쇄공에게는 인쇄소 유령이 붙어 다닌다는 어처구니없는 얘기였다. 주인이 나를 봐주고 있었지만 앞으로 계속 같이 지내야 할 사람들과 이렇게 편치 않아서는 안되겠다는 생각이 들었다. 그래서 나는 그들의 요구대로 돈을 내기로 했다.

그 후로는 그들과 아무 문제가 없었고 얼마 지나지 않아 나는 상당한 영향력을 행사하게 되었다. 나는 예배당(직공들은 인쇄소를 예배당이라고 부른다)의 규칙을 현실에 맞게 뜯어고치자는 의견을 내고 모든 반대를 무릅쓰고 실행시켰다. 또 나를 본받아서 많은 직공들이 빵과 치즈, 맥주로 뒤범벅된 아침 식사를 그만두었다. 그 대신에 나처럼 이웃집에 부탁해서 빵가루와 후추가 뿌려지고 버터가 약간 들어간 뜨끈한 죽 한 그릇을 받아 먹었다. 맥주 한 파인트 값인 1페니 반 정도로도 거뜬해서 더 싸게 먹힐 뿐 아니라 뱃속도 편안하고 머리도 더 맑아졌다. 반면에 여전히 하루 종일 맥주를 퍼마시는 직공들은 너무 잦은 외상으로 더 이상 술집에 가지 못하게 되자 내게 이자를 쳐줄 테니 돈을 빌려 달라고 했다. 그들의 말을 빌리자면 '그들의 불이 꺼졌다'는 것이다. 토요일 밤이 되면 나는 경리 책상을 지키고 앉아 있다가 빌려 준 돈을 받아 냈는데 어떤 때는 자그마치 30실링 가까이 된 적도 있었다. 게다가 다들 나를 익살스럽게 말 잘하는 풍자꾼이라며 대단하게 여겼기 때문에 인쇄소에서 내 입지는 더욱 든든해졌다. 또 소위 월요병을 앓지 않고 하루도 빠짐없이 출근해서 주인의 호감을 샀다. 그리고 내 식자 속도에는 누구도 당하지 못해서 급한 일이 들어오면 주로 내 차지가 되었고 그런 경우에는 돈도 더 많이 받았다. 그렇게 나는 하루하루를 즐겁게 보내고 있었다.

리틀브리튼의 하숙집은 인쇄소에서 너무 멀어서 듀크 가의 로마 성당 맞은편으로 옮겼다. 이태리 식료품점의 3층 뒤편이 내 방이었다. 미망인이 그 집의 주인이었고 그녀에게는 딸과 하녀 하나 그리고 아래층 상점을 관리하는 점원이 있었다. 점원은 다른 집에서 살았다. 주인은 먼저 살던 집에서 내가 어떤 사람인가를 알아보고 난 후에 먼저 집에서처럼 일주일에 3실링 6펜스를 내라고 했다. 집에 남자가 있으면 든든하기 때문에 싸게 받는다는 것이었다. 그녀는 나이가 지긋한 미망인이었다. 개신교 목사의 딸로 자랐지만 남편을 따라 가톨릭으로 개종했다고 했다. 그녀는 남편과의 추억을 성스럽게 간직하고 있었다. 전에는 여러 유명 인사들 사이에서 살았기 때문에 찰스 2세 때까지 거슬러 올라가 그들에 얽힌 이야기들을 많이 알고 있었다. 신경통으로 다리를 절어서 좀처럼 방 밖으로 나가지 않았기 때문에 가끔씩은 말동무를 원했다. 그녀의 이야기는 아주 재미있었기 때문에 나는 그녀가 원하기만 하면 기꺼이 그녀와 함께 저녁을 보냈다. 저녁 식사라고 해봤자 멸치젓 반 접시, 아주 조그만 버터 바른 빵 한 조각 그리고 둘이 나눠 먹는 맥주 반 파인트가 전부였다. 하지만 뭐니 뭐니 해도 제일가는 성찬은 그녀가 들려 주는 이야기였다. 나는 언제나 시간을 잘 지키고 말썽을 일으키지도 않았기 때문에 그녀는 나를 계속 곁에 두고 싶어했다. 한번은 내가 인쇄소에서 더 가깝고 일주일에 2실링 하는 하숙집으로 옮기겠다고 하자 하숙비 때문이라는 것을 알아챈 주인은 일주일에 2실링을 깎아 줄 테니 그 일은 없었던 걸로 해달라고 했다. 그래서 런던에 있는 동안 나는 1실링 6펜스로 그 집에서 계속 살았다.

그 집의 다락방에는 결혼하지 않은 칠십 노파가 있었다. 그 할머니는 거의 세상과 연을 끊고 살고 있었다. 주인 얘기로는 그녀는 가톨릭 신자로 어렸을 적에 다른 나라로 나가 수녀가 되기 위해 수녀원에서 살았다. 그러나 그 나라의 풍토가 맞지 않아 영국으로 돌아왔는데 영국에는 수녀원이 없었으므로 그녀 나름대로 주어진 상황에서 거의 수녀에 가까운 생활을 하기로 맹세했다는 것이다. 그래서 가진 재산을 자선 기관에 몽땅 기부하고 자기 몫으로는 1년에 12파운드만을 남겨 놓았다. 이 생활비도 거의 대부분은 어려운 사람들에게 베푸는 데 썼다. 그녀 자신은 죽 한 그릇으로 연명했고 불도 죽을 끓이는 데에만 사용했다. 그녀는 그 다락방에서 이미 수년을 살았었다. 운 좋게도 그 집의 주인들은 항상 가톨릭 신자였고 그래서 그런 분을 곁에 두는 것을 축복으로 여겨 집세를 받지 않았기 때문이다. 한 신부가 매일 들러 그녀의 고해를 들었다. 주인이 "그렇게 사시는 분이 무슨 회개하실 일이 있으십니까?" 하고 물었더니 그 할머니는 "아휴, 하루 종일 들락거리는 잡생각을 피할 수가 없다네"라고 대답했다고 한다. 나는 딱 한 번 할머니의 방에 들어갈 기회가 있었다. 그녀는 밝고 정중했으며 이야기도 재미있게 잘했다. 방은 깨끗이 정돈되어 있었고 가구라고는 침대, 십자가상과 성경책이 놓여진 테이블 하나, 내게 앉으라고 내어 놓은 나무 의자 하나 그리고 난로 위에 걸려 있는 성 베로니카가 손수건을 펼쳐 들고 있는 그림이 전부였다. 할머니가 아주 진지하게 설명해 준 바에 따르면 그 손수건 위에는 불가사의하게도 예수의 피 흘리시는 얼굴 모습이 나타난다고 했다. 그녀는 창백했으나 아프지는 않았다. 할머니는 아주 적은 수입으로도 삶과 건강을 제대로 유지할 수 있다는 것을 알게 해준 분이다.

와츠 인쇄소에서 와이게이트라는 아주 똑똑한 젊은이와 사귀게 되었다. 그는 잘 사는 친척 덕분에 다른 직공들보다 더 많이 배웠다. 라틴어도 꽤 잘했고 불어도 할 줄 알았으며 책 읽는 것을 좋아했다. 나는 와이게이트와 그의 친구에게 수영을 가르쳐 주었는데 두 번째로 강에 데리고 갔을 때 그들은 벌써 수영을 능숙하게 잘했다. 그 두 친구가 시골에서 온 신사 몇 분을 소개해 주었다. 그들은 대학과 돈 살테로의 소장품을 구경하려고 배를 타고 첼시에 온 사람들이었다. 돌아오는 길에 와이게이트가 떠벌리는 말에 호기심이 동한 그들이 부탁해서 나는 옷을 벗고 물속으로 뛰어들었다. 첼시에서 블랙프라이어까지 헤엄쳐 가면서 물 위로 물 아래로 넘나들며 갖가지 묘기를 보여 주었다. 그들에게는 무척이나 신기했는지

눈이 휘둥그래져서 모두들 즐거워했다.

나는 어렸을 적부터 헤엄치기를 좋아해서 데브노(1620~1692, 수영으로 유명한 프랑스인 : 역주)의 모든 동작과 자세를 배우고 연습했었다. 거기에다가 유용하면서도 우아하고 쉬운 나만의 동작을 가미시켰다. 나는 이참에 이 모든 것들을 사람들에게 선보였고 그들의 칭찬에 상당히 으쓱해졌다. 공부하는 것도 나와 비슷하고 이 묘기들을 숙달하고 싶었던 와이게이트는 나와 점점 더 가까워졌다. 급기야는 각지의 인쇄소에서 일을 해서 여비를 조달하면서 유럽 전역을 다녀보자는 제안을 해왔다. 나도 그 얘기에 솔깃해져서 시간이 날 때마다 만나곤 했던 데넘 씨에게 의견을 물어 보았다. 데넘 씨는 그 생각을 접으라고 했다. 딴 생각 말고 펜실베이니아로 돌아갈 생각만 하라며 자신도 곧 돌아갈 거라고 했다.

여기서 이 호인의 성격을 잘 보여 주는 얘기를 하나 해야겠다. 그는 전에 브리스톨에서 장사를 했었다. 그런데 실패해서 빚더미에 앉았고 채권자들과 얘기가 잘 되어 빚을 해결한 뒤 미국으로 건너갔다. 그곳에서 장사에만 전념한 끝에 이삼 년 만에 큰 재산을 모았다. 나와 같은 배를 타고 영국으로 돌아온 데넘 씨는 채권자들을 불러 접대했다. 그렇게 쉽게 자신의 빚을 탕감해 준 데 대해서 감사함을 표시했다. 채권자들은 그날 식사 외에는 아무런 기대도 하지 않았다. 하지만 첫번째 요리가 치워졌을 때 밀렸던 빚에 이자까지 더한 액수의 수표가 접시 밑에 있었다.

데넘 씨는 곧 필라델피아로 돌아갈 것이고 그곳에서 가게를 차리기 위해 물건을 잔뜩 실어가야 한다고 말했다. 그리고 나를 점원으로 고용해서 장부를 기입하고(그가 가르쳐 주겠다고 했다) 문서들을 복사하고 가게를 관리하는 일을 시켰으면 한다고 했다. 내가 장사에 익숙해지는 대로 밀가루나 빵 같은 화물과 함께 서인도로 보내 줄 것이고 돈벌이가 될 만한 위탁 판매도 주선해 주겠다고 했다. 내가 잘만 한다면 번듯하니 독립시켜 주겠다고도 했다. 마음에 쏙 드는 제안이었다. 런던에 막 싫증이 나려던 참이었고, 또 펜실베이니아에서 보낸 행복했던 날들이 생각나서 다시 가보고 싶기도 했다. 그래서 펜실베이니아 돈으로 1년에 50파운드를 받는 조건으로 그 자리에서 찬성했다. 물론 그 당시의 식자공 수입보다는 적지만 미래를 생각하면 훨씬 더 나은 일이었다.

이제 인쇄업과는 영영 이별인 듯싶었다. 새 사업에 뛰어든 나는 매일같이 데넘 씨와 함께 상인들 사이를 헤집고 다니며 물품을 사들였다. 그리고 그것들을 적재하고, 심부름을 하고, 일꾼들을 시켜서 문서를 발송하는 등 여러 가지 일을 했다. 짐을 모두 배에 싣고 나니 이삼 일 정도 여유가 있었다. 그런데 어느 날 뜻밖의 일이 생졌다. 이름만 알고 있던 유명 인사 윌리엄 윈덤 경이 연락을 해와서 그를 만나게 된 것이다. 윈덤 경은 내가 첼시에서 블랙프라이어까지 헤엄친 일이며 와이게이트와 그 친구에게 몇 시간 만에 수영을 가르친 일을 어떻게 들었던 모양이었다. 자기의 아들 둘이 여행을 곧 떠나는데 수영을 가르쳐 달라며 사례는 섭섭지 않게 하겠다고 했다. 아들들은 아직 그곳에 오지 않았고 나 또한 며칠이나 더 있을지 알 수 없어 그 일을 맡지 못했다. 그러나 만약 영국에 남아서 수영 학교를 열면 꽤 큰 돈을 벌지도 모른다는 생각이 들었다. 그런 생각이 너무 강했기 때문에 그 제의가 좀더 빨리 들어오기만 했어도 그렇게 빨리 미국으로 돌아가지는 않았을 것이다. 하지만 윈덤 경과의 인연은 이것이 끝이 아니었다. 수년 후에 그의 아들 중 하나(후에 에그레몬트 백작이 된다)와 좀더 중요한 관계를 맺게 되는데 나중에 자세하게 이야기하겠다.

그렇게 나는 18개월을 런던에서 보냈다. 대부분의 시간은 열심히 일을 했고, 연극을 보거나 책을 읽는 것 외에 나 자신을 위한 시간은 별로 없었다. 친구 랠프 덕분에 나는 가난뱅이가 되었다. 그는 27파운드 정도를 빌려갔고 그 돈을 돌려 받기는 이제 틀린 것 같았다. 내 보잘것없는 수입을 생각하면 어마어마한 그 돈을 말이다! 그렇지만 나는 그 친구를 사랑했다. 사랑스러운 면도 많은 녀석이었다. 나는 런던에서 큰 돈을 벌지는 못했지만 아주 똑똑한 친구들도 여럿 사귀었고 그들과 나눈 대화는 큰 도움이 되었다. 그리고 책도 엄청나게 많이 읽었다.

사업을 시작하다

1726년 7월 23일 우리는 그레이브센드 항을 출발했다. 이 여행 중에 있었던 일에 대해서는 내 일기를 읽어 보아라. 거기에 아주 상세하게 기록되어 있을 게다. 일기 중에 가장 중요한 부분이라면 '계획서' 이다. 배 안에서 생각한 것으로 앞으로 어떻게 살아갈지 정리해 놓은 것이다. 그렇게 어려서 세운 계획을 이 나이가 될 때까지 충실히 지켜 온 것을 생각하면 참 기특한 일이다.

10월 11일 우리는 필라델피아에 도착했다. 많은 것들이 변해 있었다. 키드는 지사 직에서 물러나고 고든 소령이 그 자리에 있었다. 나는 평범한 시민이 되어 길을 걷고 있는 키드 지사를 만났다. 나를 보고는 약간 겸연쩍어 하더니 아무 말 없이 그냥 지나쳤다. 나도 리드 양을 보면 그랬을 것이다. 만약 그녀의 친구들이 내 편지를 보고 내가 돌아오기는 틀렸다며 내가 없는 사이에 그녀를 로저스라는 도공과 결혼시키지 않았더라면 말이다. 하지만 결혼 생활은 불행했고 그녀는 곧 그와 헤어졌다. 그에게 또다른 아내가 있다는 소리를 듣고는 그와 함께 사는 것도, 그의 성을 따르는 것도 거절했다. 로저스는 훌륭한 기술자였기 때문에 그녀의 친구들도 탐을 냈었지만 별 볼일 없는 작자여서 빚을 많이 지고 1727년인가 1728년인가에 서인도 제도로 줄행랑 쳐서 그곳에서 죽었다. 키머는 더 큰 건물로 옮겨서 문방구와 새 활자도 많이 들여 놓고 별로 쓸 만하지는 않지만 직공들도 많이 두고 있었다. 사업이 잘 되는 모양이었다.

데넘 씨는 워터 가에 가게를 얻었고 우리는 그곳에 물건들을 풀었다. 나는 부지런히 일했고 계산을 배웠으며 머지 않아 물건 파는 일에도 능숙해졌다. 우리는 같은 집에서 먹고 잤다. 그는 나를 진심으로 걱정해 주며 아버지처럼 이끌어 주었다. 나도 그를 존경하고 사랑했다. 우리 둘이서 그렇게 행복하게 계속 지냈으면 좋았을 텐데. 하지만 1727년 2월, 내가 스물한 살을 갓 넘겼을 때 우리 둘 모두 몹시 앓았다. 내 병은 늑막염이었는데 꼭 죽는 줄 알았다. 너무 심하게 앓아서 속으로는 어느 정도 체념하고 있던 터라 회복되기 시작했을 때는 다시 일어나서 그 싫은 일들을 또 해야 한다는 생각에 실망스럽기까지 했다. 데넘 씨의 병이 무엇이었는지는 기억 나지 않는다. 아무튼 그 병은 지지리도 오래 그를 괴롭히다가 끝내는 목숨을 앗아갔다. 그는 구두로 남긴 유언에서 내게 약간의 유산을 남겨 주었다. 나에 대한 애정의 표시였다. 이렇게 해서 나는 다시 한번 이 넓은 세상에 홀로 남겨졌다. 가게는 유언 집행인의 손으로 넘어갔고 나의 고용 계약은 끝났다.

그 무렵 필라델피아에 있던 홈즈 자형은 원래 내 일로 돌아가라고 충고했다. 키머는 거액의 연봉으로 나를 꾀었다. 내가 인쇄소를 맡아 관리를 해주면 자기는 문방구 쪽으로 힘을 쓰겠다고 했다. 나는 런던에 있을 때 키머의 부인과 부인 친구들로부터 그의 못된 성격에 대해 들은 것이 있어서 그와 더 이상 엮이고 싶지 않았다. 그래서 상점의 점원 자리를 알아보았으나 여의치가 않았고, 결국은 다시 키머와 일을 하게 되었다. 그의 인쇄소에는 이런 사람들이 일하고 있었다. 휴 메레디스는 웨일스 계 펜실베이니아 사람으로 나이는 서른이었다. 농사일을 배웠으며 정직하고 섬세하고 생각하는 것도 건전했다. 책도 좀 읽는 편이었으나 술을 많이 마셨다. 스티븐 포츠는 갓 성년이 된 시골 사람으로 메레디스처럼 농사일을 배웠으며 보기 드문 체격에 재치와 유머 감각도 뛰어났지만 약간 게을렀다. 이 두 사람은 기술이 느는 대로 석 달에 1실링씩 올려 준다는 조건 아래 아주 낮은 급료로 계약을 맺고 있었다. 키머는 언젠가는 아주 많은 급료를 받을 수 있다는 기대감을 심어 주어 그들을 꼬드긴 것이다. 메레디스는 인쇄 일을, 포츠는 제본 일을 하고 있었다. 계약 상으로는 키머가 그들에게 일을 가르치기로 되어 있었지만 그는 인쇄도 제본도 전혀 할 줄 몰랐다. 존 아무개라는 사람은 아일랜드인으로 특별한 기술도 없고 성질이 난폭했다. 키머가 어느 배의 선장에게서 4년 계약으로 사온 사람으로 역시 인쇄 일을 하기로 되어 있었다. 또 옥스퍼드의 학생인 조지 웹이 있었는데 그 역시 존처럼 4년 계약으로 팔려 왔으며 식자공으로 쓰일 예정이었다. 이 사람에 대해서는 나중에 더 이야기하겠다. 그리고 시골에서 올라온 견습공 데이비드 해리가 있었다.

나는 키머가 전례없는 비싼 연봉으로 나를 고용한 속내를 곧 알아챘다. 이 아무것도 모르는 값싼 직공들을 내가 맡아서 기술을 가르쳐 놓으면 그들은 모두 계약으로 그에게 묶인 사람들이니 내가 없어도 인쇄소는 아무 문제 없이 잘 굴러갈 터였다. 하지만 나는 정력적으로 일을 추진하여 혼란투성이의 인쇄소에 질서를 잡아갔다. 견습공들도 점차 자신들의 일에 신경을 쓰면서 잘 해나갔다.

옥스퍼드의 학생이 견습공으로 팔려 온 것은 참 이상한 일이었다. 많아야 열여덟 살쯤 되어 보이는 그가 내게 들려 준 이야기는 이랬다. 그는 글루체스터 출신으로 그곳에서 중등학교를 다녔고 학교 연극에서 자신의 역할을 눈에 띄게 잘 소화해 내서 주목을 받았다. 또 위티 클럽에도 가입하여 산문이나 시를 썼고 그 글들은 글루체스터 신문에 실리기도 했다. 그리고 옥스퍼드에 진학하여 1년을 다녔는데 별로 재미를 붙이지 못하고 그저 런던에 가서 배우가 되고 싶은 생각뿐이었다. 그래서 4분기 학비 15기니를 받자 그는 빚도 갚지 않고 그 도시를 무작정 떠났다. 교복은 가시덤불 밑에 버리고 런던까지 걸어갔다. 그러나 조언해 줄 친구 하나 없는 그곳에서 나쁜 무리의 꾀임에 빠져서 가지고 있던 돈을 금방 탕진해 버렸다. 배우들에게 소개받을 길도 막막했고 점점 돈만 떨어져 옷을 전당포에 잡혔고 빵 살 돈도 없었다. 고픈 배를 움켜쥐고 하릴없이 길을 걷고 있다가 유괴 알선업자의 삐라를 우연히 보게 되었다. 미국에서 도제 살이를 할 사람들에게 당장 음식과 원조금을 제공한다는 내용이었다. 그는 곧장 그리로 가서 계약서에 서명했고 배에 실려 미국으로 왔다. 어디로 가는지 친구들에게 한 줄도 알리지 않은 채 말이다. 그는 발랄하고 재치 있고 성격도 좋아서 같이 지내기는 좋았으나 게으르고 생각이 짧았으며 경솔하기가 그지없었다.

아일랜드 사람 존은 곧 도망을 갔고, 나머지 사람들과 나는 아주 사이좋게 지냈다. 그들은 키머가 가르칠 만한 실력이 없고 내게는 그래도 매일 무언가를 배울 수 있다는 것을 알게 되면서 나를 더욱 존중했다. 키머의 안식일인 토요일에는 일을 하지 않았고 나는 그 이틀 동안 책을 읽었다. 나는 그 마을의 똑똑한 친구들을 더 많이 알게 되었다. 키머는 나를 신사적으로 대해 주고 또 겉으로는 내 생각을 많이 해주는 척했기 때문에 불편한 것은 없었다. 다만 여전히 갚을 길 없는 버논 씨의 빚은 나를 괴롭혔다. 고맙게도 그는 독촉을 하지 않았다.

인쇄소에서는 종종 활자가 모자랐다. 당시 미국에는 활자를 주조하는 곳이 없었다. 나는 런던에 있을 때 제임스의 인쇄소에서 활자를 주물로 뜨는 것을 본 적이 있었다. 그렇게 눈여겨보지는 않았지만 그래도 기억을 더듬어 활자를 만들어 보았다. 먼저 틀을 만들었고 우리가 가지고 있는 활자들을 각인기로 찍어서 납을 부어 모형(母型)을 만들었다. 아주 고생스럽기는 했지만 그런 대로 부족한 것을 메워 나갔다. 그리고 필요할 때마다 각조(刻調)를 하기도 하고 잉크를 만들기도 하고 창고지기까지 했다. 이것저것 안 한 일이 없었다. 그야말로 팔방미인 노릇을 한 것이다.

그러나 내가 아무리 일을 잘한다 해도 다른 직공들도 어느 정도 일이 손에 익으면서 내가 할 일은 아무래도 점점 더 줄어들었다. 아니나 다를까, 키머는 두 번째 4분기 월급을 주면서 이렇게 많이 주고는 운영이 어려우니 내 몫을 줄여야겠다고 으름장을 놓았다. 그는 점점 더 나를 막 대했고, 주인 행세를 하려고 들었으며, 틈만 나면 꼬투리를 잡아 말꼬리를 잡고 늘어졌다. 정말이지 나랑 대판 싸움이라도 하고 싶어 안달 난 사람 같았다. 그렇지만 나는 키머의 형편이 좋지 않아서 그러나 보다 하면서 참을성 있게 잘도 버텼다. 그러나 얼마 지나지 않아 사소한 일로 우리 두 사람의 관계는 완전히 틀어졌다. 어느 날 일을 하다가 재판소 쪽에서 시끄러운 소리가 들려 오길래 나는 무슨 일인지 보려고 창문 밖으로 머리를 내밀었다. 그때 마침 밖에 있던 키머가 나를 보고는 버럭 소리를 지르며 일이나 하라고 윽박지르면서 험한 욕설까지 했다. 그렇게 이웃 사람들이 모두 지켜보는 데서 공개적으로 망신을 당하자 나는 더 화가 치밀어 올랐다. 키머는 곧바로 인쇄소로 들어와서는 계속 내게 따지고 들었고 우리 둘은 서로 언성을 높였다. 키머는 해고하기 3개월 전에 통고한다는 계약 조건에 따라 지금부터 3개월 후에 나를 해고하겠다고 하면서 그렇게 긴 통고 기간을 정한 것이 후회스럽다고 야단이었다. 나는 그런 걱정할 필요 없이 지금 당장 그만두겠다고 하고는 모자를 집어 들고 인쇄소 문을 박차고 나와 버렸다. 내 물건은 아래층에 있던 메레디스가 챙겨서 가져다 주겠거니 했다.

역시나 그날 저녁에 메레디스가 내 짐을 들고 찾아왔다. 우리는 나의 앞날에 대해 얘기를 나누었다. 그는 나를 대단한 사람으로 생각하고 있었고 자기가 인쇄소에 있는 동안에 나도 같이 있어 주기를 원했다. 나는 고향으로 돌아갈까도 생각했는데 그는 키머의 현재 사정을 얘기하며 나를 말렸다. 키머의 인쇄소에 있는 모든 시설은 빚을 내어 구입한 것들인데 돈을 빌려 준 사람들이 모두 불안해하고 있다, 현금이 필요하면 밑지는 장사도 불사하는가 하면 외상을 주면서 기입도 하지 않는 등 가게 살림을 아주 엉망으로 하고 있다, 그러니 이대로 가면 곧 망할 것이고 그러면 내가 설 자리가 생길 것이다, 대충 이런 얘기였다. 내게 그럴 만한 자금이 어디 있는가. 그러자 메레디스는 자기 아버지가 나를 아주 좋게 생각하고 있다며, 언젠가 아버지와 얘기한 적이 있는데 내가 동업하는 조건이라면 가게는 아버지가 차려 줄 것 같다고 했다. "봄이면 내 계약기간이 끝나고 그때쯤이면 런던에서 인쇄기와 활자들을 들여올 수 있을 거야. 내가 일꾼은 못 된다는 걸 알아. 자네만 좋다면 자네는 기술을 대고 나는 자본을 대서 이익을 공평하게 나누자구."

마음에 드는 제안이어서 나는 찬성했다. 마침 그곳에 있던 그의 아버지도 우리의 계획을 듣고는 승낙했다. 그렇게 쉽게 허락해 준 것은 자신의 아들이 내 말이라면 뭐든 잘 들어서 오랫동안 술을 끊는 것을 보았기 때문이다. 둘이 늘 같이 붙어 있으면 그 못된 술버릇을 아주 뿌리 뽑을 수 있을 거라고 믿었던 것이다. 나는 필요한 품목을 적어서 그에게 주었고 그는 그것을 한 상인에게 넘겨 주었다. 그렇게 물품들을 주문하고는 그것들이 배달될 때까지 비밀에 부치기로 했다. 그동안에 나는 다른 인쇄소에서 일거리를 찾아 보기로 했다. 하지만 마땅한 일자리가 없어서 며칠을 빈둥거리고 있었다. 그러고 있는데 키머의 아주 정중한 편지가 날라왔다. 오랜 친구는 화가 나서 순간적으로 내뱉은 몇 마디 말 때문에 갈라서는 법이 아니다, 다시 돌아와 일해 주었으면 한다는 내용이었다. 그때 키머는 뉴저지 주로부터 지폐 인쇄 주문을 받을 예정이었는데 그 지폐는 여러 가지 문양과 글자체를 집어 넣어야 했고 나밖에는 그런 일을 할 만한 사람이 없었다. 혹 브래드퍼드가 나를 고용해서 그 일을 빼앗을지도 모른다는 생각에 그런 편지를 보내 온 것이다. 메레디스는 그리 되면 매일 나한테 하나라도 더 배울 수 있을 것이라며 그 말을 따르라고 권했다. 그래서 나는 다시 돌아갔고 우리는 전보다는 원만하게 잘 지냈다. 우리는 뉴저지 일감을 따냈고 나는 거기에 맞추어 동판틀을 짰는데 그 나라에서는 최초로 선보이는 것이었다. 또 지폐에 집어 넣을 몇 가지 문양과 표지들도 조각했다. 우리는 벌링턴 시로 함께 갔고 나는 모든 일을 착착 잘 해냈다.

덕분에 키머는 거금을 손에 쥐었으며 한동안 빚을 지지 않고 살 수 있었다.

벌링턴에서 나는 그 지방 유지들과 친분을 맺게 되었다. 대부분은 주의회의 명령을 받고 인쇄 현장에 나와서 법이 정하는 이상의 지폐를 찍어 내는지 감시하는 사람들이었다. 그들은 차례로 돌아가며 우리와 늘 함께 있어야 했고 자기 차례가 돌아온 사람은 한두 명의 친구들을 더 데려왔다. 나는 책을 많이 읽은 덕분에 키머보다 생각이 훨씬 더 깊었다. 내 얘기가 더 존중받은 것은 그 때문이었을 것이다. 그들은 나를 집으로 초대해서 자기 친구들을 소개해 주었고 아주 공손하게 나를 대했다. 키머는 주인이면서도 약간 따돌림을 받았는데 정말이지 그는 괴짜 같은 구석이 있었다. 남들처럼 평범하게 살지 못하고 일반적인 의견에는 무작정 반기를 들었고 일도 엉성하고 지저분하게 했으며 종교의 어떤 관점에 광적으로 집착했다. 거기에다가 심술도 이만저만이 아니었다.

우리는 그곳에서 거의 석 달을 지냈고 나는 그동안에 앨런 판사, 주(州)장관인 새뮤얼 버스틸, 아이작 피어슨, 조지프 쿠퍼 그리고 주의회 의원인 스미스 가 사람들, 또 측량감독관 아이작 디코를 알게 되었다. 디코는 아주 날카롭고 빈틈 없는 노인이었다. 그는 나에게 자신의 인생 얘기를 들려 주었다. 그는 어렸을 때 벽돌 공장에서 진흙을 나르는 일부터 시작해서 성년이 되어서야 글을 배웠고 측량 기사들 밑에서 측쇄를 나르며 측량 기술을 열심히 배워 지금은 재산을 꽤 모았다고 했다. 그는 내게 이런 말을 해주었다. "내가 보기엔 머지 않아 자네가 주인을 제치고 필라델피아에서 한 재산 모을 것 같군 그래." 필라델피아든 다른 어느 곳에서든 사업을 시작하려는 내 생각을 그로서는 전혀 모르고 있을 때였다. 내가 그들에게 도움을 주기도 했지만 이 친구들은 후일에 내게 큰 도움이 되었다. 그들 모두 평생 동안 나를 아껴 주었다.

내가 정식으로 사업을 시작한 이야기를 하기 전에 당시의 내 마음 상태나 생활 신조, 도덕관에 대해 얘기해 두는 것도 좋을 듯하다. 그때 내가 품었던 생각들이 그 후의 내 삶에 얼마나 큰 영향을 미쳤는지 알 수 있을 테니 말이다. 부모님은 일찍부터 종교적인 생활을 내게 보여 주면서 어린 나를 비국교도로 이끄셨다. 하지만 열다섯 살이나 되었을까, 나는 이미 여러 교리들에 의문을 가졌다. 그것에 대해 논한 여러 책들을 읽고 나서는 성경 그 자체가 의심스러워지기 시작했다. 어느 날은 이신론(理神論)을 논박하는 책 몇 권이 우연히 내 손에 들어왔다. 그 책들은 보일 기념 강연에서 강의된 내용을 기록한 것이었다. 그런데 나는 그 책들을 읽고 오히려 철저한 이신론자가 되어 버렸다. 반박하기 위해 인용된 이신론의 내용이 그 반론보다 훨씬 더 그럴듯해 보였던 것이다. 나의 이러한 생각은 몇몇 사람들을 나쁜 길로 빠뜨렸는데, 특히 콜린스와 랠프가 그랬다. 이 둘은 후에 내게 크나큰 잘못을 저질러 놓고도 뻔뻔스럽게 굴었다. 그리고 또다른 자유사상가인 키드가 내게 한 짓이나 내가 버논 씨나 리드 양에게 한 짓(나는 이 때문에 가끔씩 몹시 괴로웠다)을 생각하면 이 교의도 그리 완벽하지만은 않은 것 같았다. 진실인지는 몰라도 그리 유익하지는 않았다. 1725년에 내가 런던에서 쓴 작은 논문에는 드라이든(1631~1700 영국의 시인 : 역주)의 싯구가 제사로 실려 있다.

> 존재하는 것은 진실이다. 그러나 우둔한 인간들은
> 큰 사슬의 가장 가까이에 있는 한 고리만을 볼 뿐,
> 모든 것을 균형 잡고 있는 평평한 저울대가 있으나
> 인간의 눈은 그에 미치지 못한다.

그 논문은 신의 무궁무진한 지혜와 선하심, 권능으로부터 이런 결론을 내렸다. 이 세상 어떤 것도 나쁠 수 없으며 선과 악을 구분하는 것은 공허한 짓으로 그러한 것들이 아예 존재조차 하지 않기 때문이다. 그 당시에는 참 잘 썼다고 느꼈던 이 논문은 이제 보니 그런 것 같지도 않았다. 형이상학적 추론들이 흔히 그렇듯이 혹시

어떤 오류가 내 지론에 몰래 숨어들어와 그 뒤의 모든 것을 망쳐 놓은 것은 아닌가 하는 생각이 들었다.

나는 행복한 삶에서 가장 중요한 것은 진실함, 성실함, 완전함으로 맺어진 인간 관계에 있다는 것을 점점 더 확신하게 되었다. 그래서 그에 대한 내 결심을 적어 놓았고 평생 실천하기로 했다. 그 글은 아직도 내 일기에 남아 있다. 성경은 내게 그다지 중요하지 않았다. 하지만 이런 생각을 하게 되었다. 성경이 금한다고 해서 악한 행동이고 성경이 명한다고 해서 선한 행동인 것은 아니다. 어떤 행동이 금해진 것은 우리에게 해롭기 때문이고, 하도록 명해진 것은 우리에게 이롭기 때문이다. 이러한 결정은 그 행동 자체의 본질과 주변의 모든 상황에 따라 이루어진다. 그리고 이런 신념은 위험할 수도 있었던 내 젊은 시절을 잘 지켜 주었다. 하나님의 은총이나 수호 천사 덕분이었을지도 모르고, 아니면 운 좋게도 주변 상황이나 형편이 순조로웠을지도 모르고, 아니면 이 모든 것 덕분이었을 수도 있다. 아버지와 멀리 떨어져 있어 보살핌과 조언도 받지 못하는 처지에 낯선 사람들 틈에서 지내면서도 종교도 없이 고의로 부도덕하거나 부정한 일을 저지르지 않고 용케도 잘 버텼다. 내가 고의적이라고 말을 하는 것은 앞에서 얘기한 내 과오들은 내가 나이가 어리고 경험이 없어서, 그리고 다른 이들의 꼬임에 넘어가서 '어쩔 수 없이' 저지른 것들이기 때문이다. 이렇게 해서 나는 원만한 성격을 갖고 세상살이를 시작할 수 있었다. 나는 그 점을 가치 있게 여겼고, 끝까지 지키키로 결심했다.

필라델피아에 돌아오고 나서 얼마 후에 런던에서 활자가 왔다. 우리는 키머에게 그만둘 뜻을 밝혔고, 그가 소문을 듣기 전에 그의 승낙을 받고 인쇄소를 나왔다. 우리는 세 들어 살 집을 시장 근처에서 찾아 계약했다. 집세가 처음에는 1년에 24파운드였는데 나중에 70파운드로 올랐다. 집세를 줄이기 위해 우리는 유리장이인 토머스 고드프리 가족을 들였다. 그들은 집세의 상당 부분을 냈고 우리의 식사까지 챙겨 주었다. 우리가 활자를 이제 겨우 풀어 놓고 인쇄기를 막 설치하려고 할 때 조지 하우스라는 친구가 길에서 인쇄소를 찾고 있던 시골 사람 한 명을 데리고 왔다. 자질구레한 물품들을 사들이느라 우리의 자금은 바닥 나 있었기 때문에 우리의 첫 수입인 그 시골 사람의 5실링은 가뭄의 단비와 같았고 그 후에 벌었던 어떤 돈보다도 큰 돈이었다. 하우스에게 무척 고마웠던 나는 그 후부터 젊은 나이에 사업을 시작하는 사람들을 망설이지 않고 기꺼이 도와 주게 되었다.

첫번째 성공의 조짐

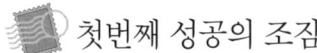

어느 곳에나 비관론자는 있게 마련이어서 늘 파멸만을 이야기한다. 필라델피아에도 그런 사람이 하나 있었다. 꽤 유명한 노인으로 인자한 모습에 말투도 아주 정중한 새뮤얼 믹클이라는 사람이었다. 하루는 이 노신사가 잘 알지도 못하는 나를 찾아와서 최근에 인쇄소를 개업했다는 그 젊은이가 맞느냐고 물었다. 그렇다고 대답하자 그가 대뜸 한다는 말이 참으로 딱한 일이다, 돈이 많이 들어가는 사업인데 그 돈을 몽땅 다 잃게 생겼다는 것이었다. 필라델피아는 기울어 가는 도시라 이미 반은 파산을 했고 나머지는 거의 파산 직전이다, 빌딩도 점점 더 늘어나고 집세도 올라 겉으로 보기에는 발전 가도를 달리고 있는 것처럼 보이지만 모두 헛일이다, 왜냐고 하니 바로 그것들이 우리를 파멸시킬 것이기 때문이다, 그리고 현재 일어나고 있거나 곧 일어날 재앙에 대해서 너무나 자세하게 쭈욱 열거했기 때문에 그것을 듣고 있던 나는 거의 우울증에 빠질 뻔했다. 내가 이 사업을 시작하기 전에 그를 알았더라면 아예 시작할 엄두도 못 냈을 것이다. 이 남자는 이 쓰러져 가는 도시에 계속 살면서 열변을 토하고 다녔고 모든 것이 파멸할 것이므로 집도 사지 않았다. 그러다가 결국 그는 불길한 소리를 하고 다닐 때보다

다섯 배나 비싼 값을 치르고 집을 샀다. 내심 참 고소한 일이었다.

벌써 얘기를 했어야 하는데, 나는 그 전 해 가을에 내가 아는 재능 있는 사람들을 모아 서로의 발전을 꾀하기 위한 클럽을 만들었다. 이름을 전토(Junto, 비밀 결사의 뜻 : 역주)라 하고 금요일 저녁마다 모였다. 내가 작성한 규칙에 따라 회원은 자기 차례가 되면 도덕이나 정치나 자연 철학에 관계된 한두 가지 논제를 찾아 왔다. 그러면 우리는 그 주제를 가지고 토론을 벌였다. 또 석 달에 한 번씩 어떤 주제로든 에세이를 하나씩 써 와서 발표했다. 토론은 회장의 지휘 아래 이루어졌고 논쟁을 위한 논쟁에 빠지거나 상대편을 이기려고 하지 않고 진실을 추구한다는 진실한 마음으로 임하기로 했다. 그리고 서로 얼굴 붉히는 일을 막기 위해 독단적인 의견 표현이나 직접적인 반박 같은 것은 금했고 어길 경우에는 약간의 벌금을 내기로 했다.

클럽의 초창기 회원은 이들이었다.

조지프 브린트널은 공증인 밑에서 필경사(筆耕士)로 일했다. 성격이 좋고 다정다감한 중년 남자였다. 시를 무척 좋아했고 닥치는 대로 책을 읽었으며 그런 대로 괜찮은 글도 몇 개 썼다. 자잘한 장신구를 잘 만들었고 얘기를 재치 있게 잘했다.

토머스 고드프리는 독학으로 수학자가 된 사람으로, 그 방면에서는 대가였다. 후에 해들리의 사분의(四分儀)라는 것을 발명했다. 수학 외에는 아는 것이 거의 없었고 그리 유쾌한 친구는 아니었다. 내가 아는 대부분의 위대한 수학자들처럼 이 사람도 보편적인 정확성이 있는 말만 해야 한다고 생각하고 있었다. 계속 부정만 하거나 하찮은 일까지 꼬치꼬치 따지고 들어서 모든 대화를 망쳐 놓았다. 그는 곧 클럽에서 나갔다.

니콜라스 스컬은 측량사로 후에 측량 감독관이 되었다. 책을 좋아했으며 시를 쓰기도 했다.

윌리엄 파슨스는 구두 수선공이었지만 책 읽기를 좋아했고 수학에 아주 능했다. 처음에는 점성술 때문에 수학을 배웠다가 나중에는 점성술을 비웃었다. 그 역시 후에 측량 감독관이 되었다.

윌리엄 모그리지는 가구장이로 정말 최고의 기술자였으며 건실하고 재치가 있었다.

휴 메레디스, 스티븐 포츠, 조지 웹은 앞서 얘기했었다.

로버트 그레이스는 재산이 꽤 있는 젊은 신사였는데 인심 좋고 발랄하고 익살맞았다. 말장난과 친구를 좋아했다.

그리고 내 나이 또래의 상점 점원인 윌리엄 콜먼이 있었다. 그렇게 냉철하고 명석한 두뇌, 그렇게 따뜻한 마음, 그렇게 엄격한 몸가짐을 모두 갖춘 사람은 본 적이 없었다. 그는 나중에 가장 힘 있는 상인이자 우리 주의 판사가 되었다. 우리의 우정은 흔들림 없이 그가 죽을 때까지 40년 이상 지속되었다. 우리 클럽도 그만큼 장수했고 철학과 도덕, 정치에 관한 한 그 지방에서 으뜸가는 수련장이었다. 토론하기 일주일 전에 논제가 발표되면 우리는 그 논제에 관한 책들을 중점적으로 읽었고 그래서 토론 때는 좀더 논지에 맞는 이야기를 할 수 있었다. 그러는 가운데 우리의 대화 습관도 훨씬 나아졌다. 서로를 불쾌하게 하는 일을 막기 위해 만든 규칙 안에서 모든 연구가 이루어졌다. 이런 것들이 이 클럽이 오래갈 수 있었던 이유인데 앞으로도 자주 이야기하게 될 것이다.

그러나 내가 여기서 클럽 이야기를 하는 이유는 그로부터 얻은 것이 많기 때문이다. 회원들 모두 내게 일감을 찾아 주려고 두팔 걷어 붙이고 뛰어다녔다. 특히 브린트널은 퀘이커교도들의 교회 역사서 중 40장을 내가 인쇄할 수 있도록 주선해 주었다. 나머지는 키머가 맡았다. 가격이 아주 낮았기 때문에 우리는 엄청 열심히 일을 했다. 그것은 2절지판으로 프로 파트리아 크기에 활자는 파이카(인쇄할 때 쓰는 단위 12포인트 : 역주), 주석의 활자는 소프리머(10포인트 : 역주)였다. 나는 하루에 한 장씩 활자를 짰고 메레디스가 그것을 인쇄했다. 그 다음날 할 작업을 위해 활판을 풀어 놓고 나면 대개는 밤 11시였고 더 늦을 때도 있었다. 다른 친구들이 때때로 가져다 주는 이런저런 일감들도 챙겨야 했기 때문이다. 나는 무슨 일이 있어도 하루에 한 장씩은 꼭 뜨기로 마음 먹고 있었다. 어느 날 밤에는 판을 다 짜놓고 일을 끝냈다고 생각하고 있는데 갑자기 판 하나가 부러지는 바람에 두 장이 뒤죽박죽되어 버렸다. 나는 즉시 그것을 풀어 헤쳐서 다시 짜 맞춘 다음에야 잠이 들었다. 이렇게 열심히 일하는 모습이 마을 사람들의 눈에도 비쳐졌고 우리는 이 바닥에서 좋은 평판과 신용을 얻기 시작했다. 나는 이런 이야기도 들었다. 상인들이 매일 저녁 모이는 클럽에서 새 인쇄소가 생긴다는 얘기가 나왔는데 그곳에는 이미 키머와 브래드퍼드의 인쇄소가 있기 때문에 실패할 거라고 다들 얘기했다고 한다. 그러나 베어드 박사(수년 후에 그분의 고향인 스코틀랜드의 세인트앤드루스에서 너와 함께 만나 본 분 말이다)는 다른 의견을 내놓았다. "프랭클린처럼 열심히 일하는 사람을 본 적이 없어요. 그 사람은 내가 클럽에서 집으로 돌아갈 때도 일을 하고 있고, 또 사람들이 일어나기도 전에 일을 시작하지요." 이 얘기를 새겨 들은 한 사람이 우리 인쇄소에 문방구를 대겠다고 나섰다. 그러나 우리는 아직 소매업 쪽으로는 신경 쓰지 않기로 했다.

내가 부지런히 일했다는 얘기를 이렇게 강조해서 장황하게 늘어놓은 것은 내 자랑을 하기 위해서가 아니다. 내 후손들이 이 글을 읽고 부지런함의 미덕이 얼마나 유익한가를 깨닫고 또 그 덕을 지니기를 바라기 때문이다.

조지 웹은 그동안에 여자 친구를 사귀었다. 그 여자 친구가 돈을 빌려 주어 키머에게 남은 계약 기간을 해약한 그는 우리에게 와서 직공으로 일을 하겠다고 했다. 그 당시 형편으로는 사람을 쓸 처지가 못 되었다. 그런데 나는 바보처럼 곧 신문을 발행할 거라는 비밀을 말해 주고 그때가 되면 그를 쓰겠다고 했다. 그리고 이 일이 꼭 성공할 것이라고 장담하면서 그 이유를 설명해 주었다. 그때 그 지방에 신문이라고는 브래드퍼드가 발행하는 것 하나뿐이었는데 그것도 아주 형편없었다. 관리도 엉망이고 재미도 없었다. 그런데도 꽤 흑자를 내고 있었다. 그러니 괜찮은 신문 하나가 나오기만 하면 실패할 리 만무했다. 아무한테도 얘기하지 말라고 그렇게도 신신당부했는데도 웹은 키머에게 알렸다. 키머는 선수 쳐서 당장에 신문 발행 계획을 공표하고 웹을 고용했다. 나는 화가 치밀어 올랐다. 그들을 어떻게 골탕 먹일까 고민하다가 내 신문은 아직 없었으므로 브래드퍼드의 신문에 〈수다장이〉라는 제목 아래 재미있는 글들을 몇 개 실었다. 그 후로는 브린트널이 이어서 여러 달 동안 썼다. 이 칼럼 덕으로 사람들은 이 신문에 재미를 들였고 우리가 키머의 신문 발행을 조롱하고 우습게 말하자 아무도 키머에게 눈길을 주지 않았다. 어쨌든 키머는 신문을 내기 시작했는데 아홉 달이 지나서도 구독자 수는 겨우 90명 정도였다. 그러자 키머는 내게 싼값으로 넘기겠다고 제안했고 나는 이미 얼마 전부터 인수할 준비를 하고 있었기 때문에 당장에 그 제의를 받아들였다. 그리고 이삼 년 만에 그 신문은 큰 돈벌이가 되었다.

'내가' 라고 계속 쓰고 있는 이유는 여전히 동업은 동업이었지만 사실상 모든 일을 내가 다 떠맡다시피 했기 때문이다. 메레디스는 식자는 아예 못했고 인쇄 솜씨도 그저 그런 데다가 취해 있을 때가 더 많았다. 친구들은 내가 메레디스와 관계를 맺고 있는 것을 딱하게 생각했으나 나는 최선을 다했다.

우리의 첫 신문은 그전에 나온 신문들과 아주 다른 모습을 하고 있었다. 활자체도 좋았고 인쇄 상태도 좋았다. 하지만 우리 신문이 좋게 알려지기 시작한 것은 당시 버넷 지사와 매사추세츠 의회 간에 벌어지고 있던 논쟁에 관한 내 글을 실으면서였다. 내 글의 용기 있는 발언이 인사들 사이에 큰 화젯거리가 되어서 우리 신문과 발행인이 온통 떠들썩하니 알려졌고, 몇 주 만에 이들이 몽땅 우리 구독자가 되었다.

유명 인사들이 우리 신문을 보자 다른 일반인들도 그 뒤를 따라 우리 신문의 구독자가 되었고 신문의 발행 부수는 계속 늘었다. 내가 글을 좀 쓸 줄 아는 덕을 본 일이었다. 또 한 가지, 지도층에 있는 사람들은 펜을 놀릴 줄 아는 내가 펴내는 신문을 잘 봐주고 도와 주는 것이 더 낫다고 생각했다는 점이다. 브래드퍼드는 투표 용지나 법률 문서, 공무에 관련된 것을 여전히 인쇄하고 있었는데, 한번은 주의회가 지사에게 보내는 청원서를 성의 없이 아무렇게나 인쇄한 적이 있었다. 우리는 그것을 품위 있고 정확하게 다시 인쇄해서 의원 모두에게 한 부씩 돌렸다. 의원들은 확실한 차이를 느꼈고, 의회에 있는 친구들은 힘을 얻어 인쇄소를 바꾸자고 건의했고 그 다음해부터 우리 인쇄소가 주의회의 일을 맡게 되었다.

주의회의 친구들 중에 앞에서도 한 번 얘기했던 해밀턴 씨를 잊을 수가 없다. 해밀턴 씨는 영국에서 돌아와 의석을 갖고 있었다. 그는 주의회 일을 맡는 데 큰 힘을 써주었고 그 후에도 여러 번 나를 도와 주었으며 죽을 때까지 내 뒤를 봐주었다.

이때쯤 버논 씨는 내가 빚이 있다는 것을 넌지시 얘기했으나 독촉은 하지 않았다. 나는 솔직하게 편지를 써서 잊지 않고 있으니 조금만 더 참아 주십사 하고 간곡하게 부탁했다. 버논 씨는 그렇게 해주었고, 나는 형편이 되자마자 원금과 이자를 계산해서 무수한 감사의 말과 함께 빚을 갚았다. 이로써 커다란 실수 하나는 그런대로 바로잡아졌다.

그러나 나로서는 전혀 예기치 않았던 곤경이 닥쳤다. 우리 인쇄소를 사주기로 했던 메레디스의 아버지는 현찰로 100파운드밖에 지불하지 못했고 나머지 100파운드는 나중에 갚기로 되어 있었다. 기다리다 지친 상인은 우리 모두를 고소했다. 우리는 일단 보석금으로 풀려 나오기는 했지만 기한 내에 돈을 마련하지 못하면 소송이 진행되어서 곧 판결이 나고 집행될 것이 뻔했다. 인쇄기와 활자는 강제 매매될 것이고, 아마 반값밖에 못 받을 터였다. 그리 되면 우리의 희망은 우리와 함께 끝장 나버리는 것이었다.

이 일로 힘들어 하고 있을 때 친구 두 명이 나를 찾아왔다. 나는 진정한 이 친구들의 친절을 아직도 기억하고 있으며 내가 살아 있는 한 절대로 잊을 수 없다. 그 둘은 따로따로 찾아와서 가능하면 나 혼자 사업을 인수하는 데 필요한 돈을 전부 빌려 주겠다고 했다. 내가 도움을 청한 것도 아닌데 서로 의논 없이 각자 그렇게 제안을 해준 것이다. 하지만 그들은 내가 메레디스와의 동업 관계를 끊기를 바랐다. 메레디스가 취해서 돌아다니는 것을 여러 번 보았고 술집에서 도박까지 하더라면서 그 때문에 우리 인쇄소의 신용이 많이 떨어졌다고 했다. 이 두 친구는 바로 윌리엄 콜먼과 로버트 그레이스였다. 나는 내가 먼저 결별을 얘기할 수는 없다고 말했다. 메레디스 부자가 우리의 계약을 이행하려고 하는 한 그럴 수는 없는 일이었다. 나는 그들이 내게 해주었던 일에 큰 고마움을 느끼고 있었다. 할 수만 있다면 그들은 내게 더 큰 일도 해주었을 것이다. 하지만 그들이 결국 계약을 이행하지 못해서 동업을 끝내야 할 때가 온다면 그때에는 친구들의 도움을 받는 것을 생각해 보겠다고 했다.

그렇게 흐지부지한 상태로 며칠을 보내고 있다가 어느 날 나는 메레디스에게 말했다. "어쩌면 당신 아버지께서 우리가 동업하는 것이 싫어서 아들 혼자 하는 일 같았으면 충분히 밀어 주실 일을 안 해주시는지도 몰라요. 만약에 그렇다면 내게 말해 주세요. 이 인쇄소를 당신에게 넘기고 나는 내 일을 찾겠어요." 메레디스는 이렇게 대답했다. "그런 것이 아니야. 아버지는 정말 낙담하신 거야. 실제로 우리를 도와 줄 능력도 없으시고. 더 이상 그분을 괴롭히고 싶지 않아. 인쇄소 일은 내게 맞지 않는 것 같아. 농사 일을 배웠으면서 나이 서른에 다른 기술을 배워 보겠다고 도시로 나온 게 잘못이지. 우리 웰시 사람들이 땅 값이 싼 노스캐롤라이나에 많이들 정착하고 있어. 나도 거기로 가서 원래 내 일로 돌아갈 거야. 자네는 도와 줄 친구가 있을 테지. 자네가 인쇄소 부채를 떠맡고, 우리 아버지가 융통해 준 100파운드를 돌려 주고, 내 빚을 갚아 주고, 내게 30파운드와 새 말안장을 마련해 준다면 동업 관계를 포기하고 모든 것을 자네에게 넘기겠어." 나는 찬성했고 즉시 서류를 작성해서 서명하고 봉인했다. 나는 메레디스가 원하는 대로 해주었고 메레디스는 곧 노스캐롤라이나로 떠났다. 다음해에 그로부터 아주 긴 편지 두 통이 왔다. 그곳의 기후, 토양, 농경 등을 설명한 것이었는데 아주 쉽게 잘 쓴 글이었다. 그런 것에 관한 한 메레디스는 전문가였다. 나는 그 편지들을 신문에 실었고 큰 호응을 얻었다.

메레디스가 떠나자마자 나는 두 친구를 찾아갔다. 둘 중 한 명이라도 기분 상하지 않게 하기 위해 두 사람 모두에게 제의받은 돈의 반씩을 빌렸다. 그 돈으로 인쇄소의 부채를 갚고, 동업이 해체되었음을 광고한 뒤에 나 혼자 계속 꾸려 나갔다. 이때가 아마 1729년이나 그 전후였을 것이다.

이 무렵 지폐를 더 발행해야 한다는 사람들의 원성이 높았다. 그 당시 식민지에는 겨우 1만 5천 파운드가 돌고 있었고 그나마도 곧 줄어들 예정이었다. 잘 사는 사람들은 지폐를 더 찍는 것을 반대했다. 뉴잉글랜드에서 그 선례를 보았듯이 지폐가 많이 유통되면 그만큼 가치가 하락해 모든 채권자들이 손해를 보게 된다는 것이었다. 전토 클럽에서도 이 문제를 토론했고 나는 지폐를 더 찍어야 한다는 쪽에 손을 들었다. 1723년에 소액 화폐가 처음 발행되었을 때 교역과 고용이 증대되고 지역 주민이 늘어났었다. 이제는 비어 있는 집이 없고 새 집들이 계속 들어서고 있었다. 내가 필라델피아에 처음 와서 빵을 먹으며 걸어다닐 때만 해도 1번, 2번가 사이에 있는 월넛 가의 집들에는 '세입자 구함' 이라는 쪽지가 거의 다 붙어 있었다. 체스트넛 가나 다른 거리들도 마찬가지여서 그때는 주민들이 하나둘씩 그곳을 버리고 떠나는 것 같았다.

토론 뒤에 이 문제에 완전히 사로잡힌 나는 〈지폐의 성격과 그 필요성〉이라는 작은 논문을 써서 익명으로 신문에 실었다. 대부분의 일반인들은 환영했지만 부자들은 싫어했다. 내 글은 지폐를 더 발행해야 한다는 아우성에 힘을 실어 준 반면에 그들 중에는 거기에 대응해 글을 쓸 만한 사람이 없어서 그들의 반대 주장이 기운을 잃었기 때문이다. 마침내 그 안건은 의회에서 다수결로 통과되었다. 주의회의 친구들은 내 공로를 어느 정도 인정하고 내게 지폐 발행을 맡겨서 그에 보답하려고 했다. 이문이 많은 일이어서 내게 큰 도움이 되었다. 이 역시 글을 쓸 줄 아는 덕을 본 일이었다.

시간이 지나면서 그리고 경험 상으로 지폐가 실용적이라는 것이 분명해지자 군소리들은 사라졌다. 그래서 곧 5만 5천 파운드로 지폐 량이 늘었고 1739년에는 8만 파운드가 되었다. 그 후 전쟁 중에는 35만 파운드 이상으로 부쩍 늘었고, 교역과 빌딩, 인구 모두 늘어났다. 하지만 지금은 지폐의 양이 정도를 넘어서면 해가 된다고 생각하고 있다.

얼마 지나지 않아 친구 해밀턴 씨를 통해 뉴캐슬의 지폐를 찍는 일을 맡았다. 이 역시 그 당시의 나로서는 큰 일이었다. 가진 것이 적은 사람에게는 아주 작은 일도 대단해 보이는 법이다. 이런 작은 일들로 큰 용기를 얻었으니 내게는 다른 무엇보다도 큰 일이었다. 해밀턴 씨는 정부(현재의 델라웨어 주로 당시에는 뉴캐슬, 켄트, 서섹스, 델라웨어 군으로 구성되어 있었다 : 역주)의 법률 서류나 투표 용지의 인쇄도 맡아다 주었고 내가 인쇄소를 하는 동안은 언제나 내게 일을 맡겼다.

이제 나는 작은 문방구점도 하나 열었다. 모든 종류의 서식 용지를 다 갖추고 있었으며 브린트널 덕분에 그곳에서 가장 정확했다. 그리고 종이, 양피지, 행상용 책 등도 구비했다. 런던에서 알고 지내던 화이트매시라는 솜씨 좋은 식자공이 찾아와서 그를 고용했는데 그는 아주 꾸준하고 부지런히 일했다. 또 아킬라 로즈의 아들을 견습공으로 데리고 있었다.

인쇄소를 차릴 때 진 빚을 이제는 조금씩 갚기 시작했다. 상인으로서의 신용과 평판을 생각해서 실제로도 부지런하고 검소하게 생활했고 또 그렇게 보이도록 외양에도 신경을 썼다. 옷을 수수하게 입고 한가하게 즐길 수 있는 곳에는 아예 가지 않았다. 낚시나 사냥도 하지 않았다. 가끔씩 책을 읽느라 일을 접어 두기도 했지만 그것도 아주 드문 일이었고 남의 눈에 띄지 않게 조심했기 때문에 구설에 오를 염려는 없었다. 또 인쇄소 일이라면 뭐든지 한다는 것을 보여 주기 위하여 가게에서 산 종이 뭉치를 손수레에 싣고 골목길을 끌면서 집으로 오기도 했다. 이렇게 해서 부지런하고 성공할 만한 젊은이라는 평판을 얻었으며, 물건 값은 꼭 제때에 지불했기 때문에 문방구를 수입해 오는 상인들은 앞다투어 나를 단골로 삼으려고 했다. 어떤 상인들은 책을 대주겠다고도 했다. 모든 일이 술술 잘 풀렸다. 한편 키머의 신용과 돈벌이는 나날이 떨어져만 갔고 급기야는 빚 때문에 인쇄소를 팔아야 할 지경에 이르렀다. 그는 바바도스 섬으로 가서 아주 어렵게 몇 년을 살았다.

내가 키머 밑에서 일할 때 가르쳤었던 견습공 데이비드 해리가 키머의 시설을 사들여서 필라델피아에 인쇄소를 차렸다. 나는 그가 강력한 경쟁 상대가 되리라고 짐작했다. 그의 주위에는 능력 있는 친구들이 많았고 연줄도 꽤 있었기 때문이다. 그래서 그에게 동업을 제의해 보았더니 그는 코웃음치며 거절했다. 내게는 다행스러운 일이었다. 해리는 오만했고 옷을 번지르르하게 입고 다녔으며, 값비싼 것만 찾았고, 노는 것을 좋아해서 밖으로 나돌아다녔다. 그러다 보니 자연히 일은 뒷전이 되었고 느는 것은 빚뿐이었다. 곧 주문이 끊겨 할 일이 없어진 해리는 키머가 있는 바바도스 섬으로 가서 인쇄소를 차렸다. 그곳에서 예전의 견습공은 예전의 주인을 직공으로 고용했고 이 둘은 늘 싸움질을 했다. 해리는 그곳에서도 늘 빚에 시달렸고 결국에는 활자를 다 팔아치우고 펜실베이니아로 돌아와 농사를 지었다. 그의 활자를 사들인 사람이 키머를 고용했으나 몇 해 지나지 않아 키머는 죽고 말았다.

이렇게 해서 필라델피아 시에서 브래드퍼드 노인 외에 나의 경쟁 상대는 없었다. 돈 많고 태평스러운 브래드퍼드는 가끔씩 엉성하게나마 인쇄를 하기도 했지만 사업에는 그리 신경을 쓰지 않았다. 그러나 사람들은 그가 우체국을 가지고 있어서 새로운 소식을 더 잘 입수할 것이고 신문 배달도 잘 되어서 광고 효과가 좋을 거라고 생각하고 있었다. 그래서 그의 신문은 내 것보다 광고가 훨씬 많았다. 이는 그에게는 이익이 되고 내게는 불리한 일이었다. 사실은 나도 우체국을 통해서 신문을 받고 보내고 했는데 사람들은 그렇게 생각하지 않았다. 내가 할 수 있는 일은 은밀하게 배달원에게 뇌물을 주는 것이었다. 그러나 브래드퍼드 노인은 심술궂게 그 일마저 못하게 했고 나로서는 원망스러운 처사였다. 너무 치사한 짓이라는 생각이 들어서 후에 내가 그의 입장이 되었을 때는 그러지 않았다.

이때까지도 나는 고드프리와 한집에 있었다. 그는 내 집의 한 켠에서 아내와 자식들을 데리고 살았으며 가게 한 쪽에서 유리장이 일을 했다. 그러나 일은 거의 하지 않고 수학에만 심취해 있었다. 고드프리 부인은 친척의 딸 하나를 나와 맺어 주려고 둘이 만나는 자리를 자주 만들었다. 상당히 괜찮은 여자였다. 얼마 후에는 내 쪽에서 진지하게 청혼하게 되었다. 그녀의 부모는 나를 저녁 식사에 계속 초대해서 우리 둘만 있을 수 있게 자리를 비켜 주었다. 그러면 나는 아주 늦은 시간까지 그녀와 얘기를 나누다가 돌아왔다. 결혼 이야기가 오가게 되자 고드프리 부인이 중간에서 일을 봐주었다. 나는 그들의 딸이 인쇄소의 남은 빚을 갚을 만큼 지참금을 가져왔으면 한다고 부인을 통해 전했다. 지금 기억으로 100파운드가 넘지 않았었다. 부인은 그들에게 그만한 돈이 없다는 답을 가져왔다. 나는 집을 저당 잡히면 될 거라고 말했다. 며칠 후에 그쪽에서 보내 온 답은 이 결혼을 승낙할 수 없다는 것이었다. 브래드퍼드에게 물어 봤더니 인쇄업이 돈벌이가 시원찮은 장사라고 했다는 것이었다. 활자가 금방 낡아서 새것을 계속 사야 하니까 말이다. 그래서 키머와 해리가 차례로 망했고 나도 머지 않아 그렇게 될 거라고 하면서 자기 집에 오지도 말고 딸을 만나지도 말라고 했다.

정말로 그들의 마음이 바뀐 것인지, 아니면 우리의 애정이 너무 깊어져서 헤어지지 못할 것 같으니까 우리끼리 몰래 결혼해 버리면 지참금 없이도 어떻게 되지 않을까 하는 꿍꿍이속인지 알 길이 없었다. 나는 후자일 거라고 추측했고 너무 괘씸해서 다시는 그 집에 가지 않았다. 고드프리 부인은 나중에 그들이 그렇게 나쁜 사람들은 아니라며 그럴 듯한 변명을 늘어놓으면서 다시 나를 끌어들이려고 했다. 하지만 나는 다시는 그쪽 집안과 상종을 않겠다고 못박았다. 고드프리 식구는 섭섭해 했다. 우리는 말다툼을 했고 그들은 나가 버렸다. 큰 집에 덩그러니 혼자 남았지만 나는 더 이상 세를 놓지 않기로 했다.

그러나 이 일을 겪고 나서 결혼에 대한 생각이 바뀌었다. 주위도 둘러 보고 다른 곳의 친구들에게 부탁도 해보았지만 대부분의 사람들은 인쇄업을 가난한 직업으로 생각하고 있었기 때문에 신부에게 지참금까지 바랄 수는 없다는 것을 깨달았다. 어쩌다가 지참금을 가져오겠다는 여자가 있어도 막상 내 마음에는 들지 않았다. 이런 동안에도 그 젊은 나이에 참기 어려운 육체적 욕구가 생길 때마다 아무 여자나 사서 관계를 가졌는데 돈도 돈이지만 몹시 꺼림칙했다. 무엇보다도 병에 걸리지나 않을까 겁이 났는데 정말 운 좋게도 그런 일은 없었다.

나와 리드 씨 가족은 이웃으로 오랜 친구로 끈끈한 관계를 계속 유지하고 있었다. 그들 모두 내가 처음 그 집에 하숙하던 때부터 나를 너무나 잘 보살펴 주었다. 나는 그들에게 일이 있을 때마다 찾아가서 의논 상대가 되어 주고 일을 해결해 주기도 했다. 리드 양의 처지는 참으로 딱했다. 그녀는 늘 풀이 죽어 있었고 웃는 얼굴을 보기가 힘들었으며 사람 만나기를 싫어했다. 나는 내가 그녀를 불행하게 만들었다고 생각했다. 런던에 가서 그렇게 경솔하고 변덕스럽게 행동하지 않았더라면 하는 후회가 많았다. 그러나 리드 양의 어머니는 내가 런던으로 떠나기 전에 우리 둘을 맺어 주는 것에 반대했고 내가 없는 동안에 결혼하라고 강요했었기 때문에 자기 책임이 더 크다고 생각했다. 서로를 향한 우리의 감정은 점차 되살아났다. 그러나 우리의 결합에는 큰 장애물이 있었다. 먼젓번의 결혼은 남자의 본처가 영국에 살고 있다고 했으니까 무효라고 할 수 있었지만 워낙 먼 곳이라 이것을 확인하기가 쉽지 않았다. 남자가 죽었다는 소문도 있었지만 이것 역시 불확실했다. 또 그것이 사실이라 해도 만약의 경우에 그가 많은 빚을 남기고 죽었다면 그의 뒤를 이은 남편이 그 빚을 갚아야 했다. 이 모든 어려움 속에서도 우리는 모험을 감행했고 1730년 9월 1일 나는 리드 양을 아내로 맞았다.

우리가 우려했던 나쁜 일은 하나도 일어나지 않았다. 그녀는 훌륭하고 믿음직한 동반자였으며 가게에 나와서 내 일을 많이 도와주었다. 우리는 함께 성공의 길을 걸었으며, 서로를 행복하게 해주려고 노력했다. 이로써 내가 저지른 커다란 실수를 할 수 있는 만큼 바로잡은 셈이었다.

이때쯤 우리 클럽은 선술집이 아니라 그레이스 씨 집의 작은 방에서 모였다. 그 방은 우리 모임을 위해서 따로 마련된 방이었다. 어느 날 나는 한 가지 제안을 내놓았다. 회원들의 책들을 모아 공동 서재를 만들자는 것이었다. 논제에 관해서 연구하기 위해 서로 책을 빌려 보는 경우가 많았는데 책을 모아 두면 필요할 때 금방 찾아 볼 수 있어 편할 것이었다. 그리고 각각은 다른 모든 회원들의 책을 볼 수 있으므로 그 책 모두를 소유하는 거나 마찬가지이니 이익이었다. 모두가 좋다며 찬성했고 방 한쪽 구석에 우리 모두 내놓을 수 있는 만큼의 책들을 모아 두었다. 기대했던 만큼 많지는 않았으나 아주 유용했다. 그러나 관리가 제대로 되지 않아 성가신 일들이 자꾸 생기자 1년 후쯤에 공동 서재는 해체되었고 각자 자기 책들을 도로 가져갔다.

이제 나는 공적인 성격을 띤 일에 처음으로 발을 내딛었다. 그것은 바로 회원제 대출 도서관을 만드는 일이었다. 내가 계획안을 짰고 유명한 공증인 브록덴이 형식에 맞춰 그것을 다듬었다. 그리고 전토 클럽 친구들의 도움으로 50명의 회원을 확보했다. 회원들은 가입비로 40실링을 내고 그 후 50년간(이 정도는 오래 갈 테니까) 1년에 10실링씩 내야 했다. 이 회사는 후에 법인 단체가 되었고 회원은 100명으로 불어났다. 지금 북미에서 흔히 볼 수 있는 회원제 도서관의 모태는 바로 우리 도서관이다. 우리 도서관 자체도 커졌고 다른 도서관들도 계속 생겨났다. 이 도서관들 덕에 미국인들의 대화의 질이 높아졌고 평범한 상인이나 농부들이 다른 어떤 나라의 지식인들과도 맞먹을 만한 지성을 갖추게 되었다. 그리고 식민지 주민들이 자신들의 권리를 부르짖으며 일어섰던 것도 어느 정도는 이 도서관 덕분이었을 것이다.

메모: 여기까지는 처음에 밝힌 의도로 쓴 것이다. 그래서 남들에게는 별로 중요하지 않은 여러 가지 자잘한 가족 이야기들이 들어 있다. 이 뒤의 글은 여러 해 뒤에 쓴 것으로 다음 편지들의 요청에 따라 대중을 염두에 두고 쓴 것이다. 중간에 중단된 이유는 독립 전쟁이 발발했기 때문이다.

에이블 제임스 씨가 보낸 편지와 내 자서전의 비망록
(파리에서 받음)

친애하고 존경하는 친구에게

당신에게 편지를 써야지 써야지 하면서도 선뜻 그렇게 하지 못했습니다. 혹시라도 내 편지가 영국인의 손에 들어가서 인쇄업자나 남의 말 하기 좋아하는 사람들이 편지의 일부 내용을 퍼뜨려 당신에게 누를 끼치고 내가 책망받을까 두려웠기 때문입니다.

얼마 전에 당신의 자필 원고 스물세 장 정도를 우연히 손에 넣었습니다. 얼마나 기뻤던지요. 아들을 위해서 쓰신 당신의 가문 이야기와 인생 이야기가 들어 있었습니다. 그런데 1730년에서 끝나 버렸더군요. 당신 자필의 비망록도 있길래 한 부 복사해서 보내 드립니다. 계속해서 뒷부분을 쓰실 생각이시라면 앞뒤를 연결하는 데 도움이 될 테니까요. 혹 아직도 시작하지 않으셨다면 서둘러서 펜을 드시기 바랍니다. 목사들이 말하듯이 인생은 덧없는 것입니다. 인정 많고 인간적이며 자애로운 우리의 벤저민 프랭클린이 그의 친구들과 세상 사람들에게 그렇게 재미있고 유익한 이야기를 들을 수 있는 기회를 주지 않는다면 세상은 뭐라고 할까요? 두세 사람이 아니라 몇 백만 명이 즐기고 새길 수 있는 그런 이야기를 말입니다. 높은 자리에 있는 사람의 글이 젊은이들에게 주는 영향은 그야말로 대단한 것이지요. 그리고 우리 모두의 친구인 당신의 글만큼 확실한 것도 없습니다. 당신의 글이 젊은이들에게 스며들어 그들은 자신도 모르게 당신만큼 유명한 사람이 되고자 열망하게 될 것입니다. 당신의 자서전이 세상에 나온다면—틀림없이 그렇게 되리라고 생각합니다만—젊은이들은 당신이 젊었을 때만큼이나 성실하고 절제 있는 생활을 할 수 있게 될 겁니다. 이 얼마나 축복된 일입니까? 미국 젊은이들에게 근면, 검소, 절제라는 위대한 정신을 불어 넣어 주고 사업에 빨리 눈뜨게 해주는 데 당신만큼 큰 힘을 발휘할 사람은 없습니다. 현시대의 그 누구도, 여러 명이 뭉친다 해도 당신을 당할 수는 없습니다. 당신의 글이 그 밖에는 아무 쓸모가 없다는 뜻이 아닙니다. 다만 이 점이 다른 어떤 것과도 비교할 수 없을 만큼 중요하다는 것을 말씀드리고 싶은 겁니다.

위의 편지와 거기에 동봉된 내 비망록을 한 친구가 보고 내게 다음과 같은 편지를 보냈다.

벤저민 보건 씨가 보낸 편지(1783년 1월 31일 파리에서)

친애하는 선생님께

퀘이커교도 친구분(에이블 제임스)이 선생님께 찾아 주신 선생님의 인생 이야기가 담긴 원고를 읽고 제 의견을 편지로 보내겠다고 말씀드렸었지요. 어째서 그 글을 끝내셔야 하는지, 어째서 친구분이 바라시는 대로 그 글이 세상에 알려져야 하는지 말입니다. 그간 여러 사정 때문에 편지를 쓰지 못했는데 제 편지가 얼마나 쓸모가 있을지도 모르겠습니다. 그런데 마침 시간이 좀 있으니 이 편지를 쓰면서 제 자신이나마 즐기고 배우려 합니다. 그러나 제가 사용할 단어들이 선생님 같은 분에게는 실례가 될지 모르겠습니다. 그러니 선생님만큼이나 훌륭하고 위대하지만 선생님보다는 덜 소심한 가상의 인물에게 말한다고 생각하고 쓰겠습니다. 나는 그에게 이렇게 말하겠습니다.

선생님, 선생님의 인생 이야기를 들어 보았으면 하는 이유는 이렇습니다. 선생님의 인생은 참 놀라운 것이어서 선생님 자신이 아니더라도 다른 누군가가 반드시 써보려고 할 것입니다. 하지만 선생님의 손을 타는 것보다는 훨씬 못하겠지요. 선생님이 직접 쓰셔야만 선생님 나라의 내부 사정이 더 잘 그려져서 고결하고 용감한 마음을 지닌 사람들이 선생님 나라로 이주하고 싶어할 겁니다. 많은 사람들이 그곳에 대해 알고 싶어하는 지금 선생님의 명성을 감안할 때 선생님의 자서전만큼 효과적인 광고가 또 있을까요. 또한 선생님이 겪으신 모든 일들을 통해 한참 일어서고 있는 새 나라 사람들의 사고 방식이나 입장을 세세하게 알 수 있겠지요. 이런 관점에서 볼 때, 인간 본성과 사회를 똑바로 인식하는 데 시저나 타키투스(로마의 역사가 : 역주)의 글이 선생님 자서전보다 더 낫다고는 할 수 없습니다.

선생님, 그러나 이런 것들은 작은 이유에 불과합니다. 선생님의 인생이 훗날의 훌륭한 인물을 길러낼 수 있다는 점에 비하면 말입니다. 선생님의 《덕의 기술》(선생님이 출판하려고 하시는 책)과 함께 자서전은 개인의 인격을 감화하고, 따라서 사회나 가정의 행복을 촉진시킬 것입니다. 이 두 책은 특히 독학하는 사람들에게 아주 귀한 지침서와 본보기가 되겠지요. 학교나 다른 교육 기관은 계속 잘못된 원칙들을 고수하면서 잘못된 목표에 맞춰진 엉뚱한 방법을 사용합니다. 하지만 선생님의 방법은 단순 명확하고 목표는 진실됩니다. 부모나 젊은이들이 삶의 합리적인 진로를 평가하고 준비할 다른 정당한 수단을 찾지 못해 헤매고 있을 때, 모든 일에 있어서 중요한 것은 인간의 개인적인 힘이라는 선생님의 말씀은 말할 수 없이 귀한 가르침이 될 것입니다. 나이를 먹을 대로 먹은 사람을 바꾸기란 아주 힘들고 그럴 수 있다 해도 그 변화는 아주 미미하지요. 기본적인 습관이나 선입견 같은 건 젊은 나이에 생기는 거니까요. 직업, 목표, 결혼을 결정하는 것 또한 젊은 시절입니다. 따라서 젊은 시절은 인생의 전환기입니다. 교육을 받을 수 있는 것도 그 시절이고 이는 다음 세대에까지 이어집니다. 그리고 사적이고 공적인 성격이 결정되는 것도 이때입니다. 인생은 다름아닌 젊음으로부터 시작되는 것이니 젊은 시기부터 시작이 잘 되어야 합니다. 특히 주된 목표들을 잡기 전에 말입니다. 하지만 선생님의 자서전이 스스로 배우는 법만을 가르치는 것은 아닙니다. 지혜로운 사람이 되는 길도 제시해 줄 겁니다. 지혜롭다고 하는 사람들도 다른 지혜로운 이의 처신을 보고 영감을 받아 더 큰 지혜를 얻을 수 있습니다. 아주 오래 세월 동안 표지판 하나 없는 어둠 속에서 헤어나지 못하고 있는 사람들을 보고도 나 몰라라 할 수는 없지 않습니까. 선생님, 자식들과 부모들에게 얼마나 할 일이 많은지 보여주십시오. 지혜로운 이들에게는 선생님처럼 되는 방법을, 어리석은 이들에게는 지혜를 가르쳐 주십시오. 우리는 정치가나 군인들이 인간에게 얼마나 잔인할 수 있는지, 유명세 있는 사람들이 주위 사람들에게 얼마나 어리석은 짓을 할 수 있는지 보고 있습니다. 그럴 때에 그보다 훨씬 더 평화스럽고 순응할 만한 방법들이 있다는 것을 알게 된다면 교훈이 될 것입니다. 그리고 어떻게 큰 일을 하면서 가정적일 수 있고, 부러운 위치에 있으면서도 상냥할 수 있는지 보는 것도 도움이 됩니다.

선생님이 얘기해 주실 사소한 개인적인 일들 또한 우리에게는 엄청난 도움이 될 겁니다. 선생님이 이런 사소한 일들에 어떻게 대처하셨는지 보는 것은 꽤 재미있는 일이기도 합니다. 사람들에게 앞으로 누구나 당할 수 있는 일들을 보여 주고 미리 생각해 보게 함으로써 지혜롭게 대처할 수 있도록 해주겠지요. 그러니까 인생의 열쇠 같은 것 말입니다. 다른 사람의 삶을 흥미로운 모습으로 만들어서 앞에 놓고 보는 것은 직접 경험하는 거나 마찬가지입니다. 선생님의 펜만이 할 수 있는 일입니다. 우리가 겪는 일이나 그 일을 처리하는 방법은 단순해 보일 수도 있고 중요해 보일 수도 있습니다. 어느것이든 우리 마음을 울리는 것은 틀림없지요. 선생님께서는 세상만사를 선생님만의 처세술로 해결하셨을 거라고 확신합니다. 정치나 철학을 논하실 때처럼 말입니다. 그 중요성과 실수를 생각해 봤을 때 인생살이만큼 실험할 만하고 체계를 바로잡을 가치가 있는 것이 어디 또 있겠습니까? 강직하면서도 무모하고, 생각이 깊으면서도 기괴하며, 영리하면서도 사악한 마음을 품은 사람들이 있습니다. 제가 확신하건대, 선생님은 현명하면서도 실제적이고 선한 것만을 우리에게 보여 주실 겁니다. 또 선생님 자신에 대한 이야기는 (프랭클린 박사님과 비슷한 이분은 성격뿐만 아니라 생애 또한 박사님과 유사합니다) 선생님께서 자신의 출신을 절대 수치스러워하지 않음을 보여 줄 것입니다. 이 점이 무엇보다도 중요합니다. 행복, 미덕, 위대함을 얻는 데에 출신은 아무 상관 없다는 것을 증명하신 거니까 말입니다. 수단 없이는 목적을 이룰 수 없는 법입니다. 우리는 선생님 같은 분도 계획을 세워 치열하게 지킨 끝에 그렇게 훌륭한 분이 되셨다는 것을 깨닫게 될 것입니다. 결과가 아주 크고 대단한 것이라도 그 수단은 지혜로 짜낼 수 있을 만큼 단순하다는 것 또한 알게 될 겁니다. 그러니까 성격, 미덕, 사고와 습관에 달려 있다는 것이지요. 또 한 가지는 세상이라는 무대에 오를 적당한 때를 기다려야 한다는 것입니다. 우리의 감정은 지금 순간에만 매달리지요. 첫 순간 뒤에는 수많은 순간들이 따른다는 것, 그래서 행동 하나하나를 인생 전체를 생각해서 해야 한다는 것을 쉽게 잊고 삽니다. 선생님은 자신의 기질을 인생에 잘 맞추신 것 같습니다. 어리석은 조바심이나 후회로 괴로워하지 않고 순간순간을 만족하면서 즐겁고 활기차게 살아오셨겠지요. 인내심이 특히 많은 여러 위대한 인물들을 본받아 미덕과 자신을 닦는 이들은 이런 행동을 쉽게 따를 수 있을 겁니다. 선생님의 퀘이커교도 친구분은 선생님(다시 한번 프랭클린 박사님과 아주 흡사한 분이라고 말씀드립니다)의 검소, 근면, 절제를 칭송하시면서 모든 젊은이들에게 본보기가 될 거라고 하셨습니다. 그런데 그분은 선생님의 겸손함과 공평 무사함을 빼놓으셨더군요. 이것이 없었다면 선생님은 출세하실 때까지 기다리지도 못하셨을 것이고 그동안 누려 오신 편안한 위치에 계시지도 못하셨을 겁니다. 명예란 헛된 것이고 마음을 다스리는 것이 중요하다는 것을 강하게 일깨워 주지요. 이 편지를 받는 분이 프랭클린 박사님의 명성을 저만큼 알고 계시다면 아마도 이렇게 말씀하셨을 겁니다. "당신의 옛 글들과 태도를 지켜본 사람들은 《자서전》과 《덕의 기술》에 주목할 것이고, 이번에는 거꾸로 《자서전》과 《덕의 기술》을 읽은 사람들이 당신의 글들과 태도에 관심을 가질 겁니다." 바로 이것이 다양한 성격을 두루 갖춘 사람의 이점이죠. 그 성격들을 한데 모아 더 큰 일을 할 수 있으니까요. 그리고 자서전은 정신이나 인품을 닦고 싶은 사람들에게 더 유용합니다. 시간이나 뜻이 없어서가 아니라 그 방법을 몰라 망설이는 사람이 더 많으니 말입니다.

마지막으로 한 말씀만 더 드리자면 선생님께서 인생을 사시는 방법 자체가 한 권의 자서전이라는 것입니다. 자서전류의 글은 약간 유행이 지난 것 같지만 아주 유익합니다. 선생님 것이라면 특히 그럴 겁니다. 악명 높은 흉악범, 음모가, 부조리한 자학적인 수도사 또는 잘난 체하는 뜨내기 작가들의 인생과 좋은 대조를 이룰 것입니다. 선생님의 자서전으로 자서전들이 더 많이 나오게 되고 그래서 사람들이 자서전에 실릴 만한 삶을 살고자 노력한다면 그것은 《플루타르크 영웅전》을 모두 합친 것만한 값어치가 있겠지요. 이 세상에서 오직 한 사람만이 가진 모든 특징을 갖춘 어떤 가상의 인물을 혼자 상상하는 것이 이제 슬슬 지겨워집니다. 그분을 직접 칭찬해 드릴 수도 없으니 말입니다. 그래서 내 편지는 여기서 그만 두고 프랭클린 박사님 자신께 직접 쓰겠습니다.

선생님. 제가 진심으로 바라는 것은 선생님의 귀한 인품을 선생님 스스로가 세상에 알리시는 겁니다. 그렇지 않으면 내란이 선생님의 인품을 숨길 수도 중상할 수도 있습니다. 선생님의 연세로 보나, 신중한 성품으로 보나, 독특한 사고 방식으로 보나 선생님 자신말고는 어떤 사람도 선생님의 생애에 일어났던 일들이나 선생님께서 마음속에 품었던 뜻을 충분히 헤아릴 수 없습니다. 그리고 이 극심한 변혁의 시대는 자연스럽게 우리가 그 주인공에게 관심을 쏟게 할 것입니다. 선생님께서 변혁 속의 도덕적인 원칙들을 주장하셨으니 그것들이 정말 영향력 있음을 보여 주는 것도 아주 중요합니다. 선생님 자신의 인격이 가장 큰 관심의 초점이니만큼 마땅히 영원한 존경을 받아야 합니다. 영국과 유럽뿐 아니라 지금 일어서고 있는 광대한 선생님 나라에도 그 힘이 뻗을 테니까요. 인간의 행복을 지속시키기 위해서는 지금 이 시대에도 인간은 악하고 증오스러운 동물이 아니며, 잘만 다듬으면 나아질 수 있다는 것을 증명해야 합니다. 같은 이유로, 인간 중에 아주 괜찮은 사람들이 있다는 것을 알려야 한다고 생각합니다. 이 세상 모든 사람들이 부도덕하다고 한다면 선한 사람들도 희망 없는 노력을 그만둘 것이고, 이 각박한 세상에서 자기 몫을 챙기려고 애쓰거나 자기만 편하면 그만이라고 생각하게 될 겁니다.

그러니 친애하는 선생님, 하루 빨리 펜을 드십시오. 선생님께서 선하신 만큼 선함을 보이시고 절제하신 만큼 절제를 보이십시오. 무엇보다도 어려서부터 정의와 자유와 화합을 사랑하셨고 그것이 자연스럽고 변함 없이 선생님의 모든 행동을 이끌어 왔다는 것을 증명해 주십시오. 저희는 지난 17년간 선생님이 어떻게 움직이시는지 지켜보았습니다. 영국 사람들이 선생님을 존경할 뿐 아니라 사랑하게 만드십시오. 그들이 선생님 나라의 한 사람을 좋게 생각한다면 선생님 나라를 더 가깝고 친근하게 느끼게 될 것입니다. 영국 사람들에게 좋은 이미지로 비쳐지고 있다는 것을 알게 되면 선생님 나라 사람들 역시 영국을 가깝고 친근하게 여길 겁니다. 생각을 더 크게 가져 보십시오. 영어권 사람들만 상대할 것이 아니라 자연이나 정치에 대한 관점들이 정리된 다음에는 인류 전체의 개선을 생각해 주십시오. 제가 선생님의 자서전을 읽은 것도 아니고, 선생님의 인품만을 아는 처지라 조심스럽기는 합니다. 그러나 《자서전》과 《덕의 기술》은 분명히 제 기대에 어긋나지 않을 거라고 믿습니다. 그리고 위에 기술한 여러 가지 관점에 맞추어 쓰신다면 그 이상이 될 것입니다. 선생님을 몹시 따르는 이들을 모두 만족시킬 수는 없겠지요. 하지만 적어도 인간의 마음을 끌 만한 글을 내놓으실 겁니다. 사람들에게 순수한 즐거움을 줄 수 있는 사람이라면 누구나 걱정과 고통으로 얼룩진 삶에 빛을 뿌릴 수 있습니다. 그러니 선생님께서는 제 청원에 귀 기울여 주십시오.

선생님께 다시 한번 간곡히 부탁드립니다.

벤저민 보건

bearskins, broad cloths, womens petticoats of fur-
rets, worsted caps double and single, womens wor-
ole, mens superfine rolling ditto, mens cotton and
ditto, mens scarlet knit breeches, red and black
shagg, womens scarlet and cloth coloured short
, mens silk caps, writing paper, Scotch linnen, co-
handkerchiefs, ditto white with blue borders, half
d. black and white persian, mohair and buttons,
ed threads, Scotch white thread, damask and diaper
oths, Cumberland handkerchiefs, spotted bandanoes,
handkerchiefs, blue long cloths, broad camblets,
street, callimancoes, worsted damasks, green and
rtains for beds, hair grazets, knee garters, red
, red and blue strip'd ditto, white ditto, cambricks,
long lawns, yd. wd. garlix, mens and womens
, silk lace, nonsopretties, pins, snuff-boxes, brass
ets, buck spring knives, French flag cutters, flag
ives, with scales, buck handled knives and forks,
ditto, steel and brass knee and shoe buckles, decan-
king glasses, 20d, 10d, 8d, and 3d nails, best En-
steel, A C, and I C, No. 3, wool cards, square
ditto, gimblets, Anderson's Scotch pills, and a
many other things, too tedious to mention.

(p. 70. 63. Tbett.)

r BARBADOS directly,

The SHIP
INDUSTRY,
William Rankin,
Commander;
Will sail with all expedition.

For freight or passage, apply to said commander on board, or John Erwin, in ...berry-Alley.

To be sold by
…RISTOPHER MARSHALL,
…e oil and colour shop, the sign of the Golden Ball, …osite Strawberry alley, near the Three Tun Ta…o, in Chesnut-street, viz.

…Armine, cochineal, native cinnaber, vermi…lion, drop-lake, sundry sorts red lead, Venetian & …sh brown, flake white, Spanish whiting, white lead, …, Prussia blue sundry sorts, blue bise & verditer, …ng and calcin'd smalts, Fr. & Eng. verdigreaze, di… ditto, sap green, stone and powder oker, Turpeth …ino's minerals, Naples & king's yellow, white & …r masticott, London glue, Tripoli, sandiver, borax, … stone, pink, aquafortis, aqua regia, blue galls, …and white copperas, Roman vitriol, spirits & oil of …, spirits of wine, ditto camphorated, cream tartar, …tartar, oil tartar, roach & common allom, epsom …glauber salts, saltpetre, ditto with antimony, spirits …urch, sal Jovis, sal Martis, sal febrifug. tartar eme…, sal amber, salt hartshorn, diascordium, Venice …, mithridate, confection alchermes, rad. jallop, di…powder, epicacuana, ditto in powder, Turkey rhu…zedoary, galengal, glass antimony, birthwort, sen… …ardamoms, cubebs, antimony, aloes hepatic, succo… …ditto, Regulus's antimony, golden and plain spirits …ey grass, oil amber, oil mace, oil nutmegs, oil a…, oil petrol, oil roses, oil juniper, oil oragen, oil … oil cloves, oil almonds, oil lavender, oil olive, lin…il, spirits hartshorn, spirits sal volatile, spirits mun… …pirits lavender compound, spirits castor, gutta gam… …m mastick, gum myrrh, assafetida, Arabeck, gum …e, gum amoniac, gum animae, gum elemi, shell & …cc, camphyr, dragon's blood, copal, fine and roll …tone, bole amoniac, terra Japan, gentian, lapis ca…lamin, tutty, oil tutty, liquorish ball, liquorish stick, …in powder, sugar of lead, red, white and yellow wax, … bezoar, ambergrease, musk, lapis contrayerva, …ttle, opium, English saffron, colycinth, quick sil… …ointment of ditto, mercurius dulcis, red, white and …precipitate, anniseed, coriander seed, juniper berries, …ersiri, jesuit's bark, powder ditto, cinnamon, cloves …ace, Anderson's true Scotch pills, Hooper's female … ditto cochiae, Matthew's ditto, ditto ex duobus, …Daffy's elixir, Stoughton's ditto, Turlington's large …small bottles balsam of life, Bateman's drops, British …quire's grand elixir, Godfrey's cordial, balsamick …re, Hungary water, Bannister's drops, Barbados …spermacety, palm oil, spirits turpentine, Balsam ca… balm Gilead, locatelis balsam, balsam sulphur, bal… …Peru, crabs eyes prepared, variety of ointments and …ers, sundry syrups and tinctures, an assortment of …w glass most sizes, best crown glass for clocks or pic… …, small bar, pig and sheet lead, madder, litharge, gold …ilver leaves, Dutch ditto, gold & silver shells, Dutch …lampblack, ivory and flory ditto, most sorts of paints, …n and mixed, an assortment of painting brushes and … slates and pencils, with variety of other sorts of …oils, medicines, dye-stuffs, varnishes, lackers, &c. …ious to mention, to be had at the lowest rates.

Also surveying, gauging, great-arch-tilling, and astronomy; all those are carefully taught and diligently attended at Mr. Byles's house, near the middle of Pewter-platter-alley, by ANDREW LAMB.

N. B. At the same house there is to be sold, mens wearing apparel ready made, viz. great coats, red and blue, and full trimm'd coats of various colours, waist-coats, red, blue and black, and shag breeches, red and black; there is good choice of each sort, sold cheap for ready money, &c. Tbett.

PUrsuant to an order of the court of common pleas of Philadelphia county, whereby we are appointed auditors upon an attachment issued against John Norwood, we, in pursuance of the said order, and of the act of assembly in such case provided, do hereby give publick notice, that on Tuesday, the 23d day of January inst. at the widow Roberts's coffee house, at two a clock in the afternoon, will be sold by us, a messuage and lot of ground in Front-street, the corner of Pewter platter alley, the breadth in Front-street, fourteen and a half foot, more or less, and in length forty-eight foot, bounded northward with Joseph Knight's brick house, and remainder of his lot, eastward with the said Front-street, southward with an alley, westward with a piece of Griffith Jones's lot, be it more or less. The said premises being part of the estate of the said John Norwood, attached by the sheriff according to law, for the satisfaction of his creditors; dated the 7th day of December 1749.

PETER BARD,
HENRY PLUMB,
JAMES BENNETT.

For LONDON directly,

The SHIP
BROTHERS,
William Muir,
Commander,
Will sail with all convenient speed.

For freight or passage, agree with Charles and Alexander Stedman, or the said master, now lying at Fishbourn's wharff; she hath good accommodations for passengers.

For LONDON directly,

The SNOW
AMPHITRITE,
James Young,
Commander;
Will sail with the utmost expedition.

For freight or passage, apply to said commander, or Levy and Franks. N. B. A great variety of European and India goods, to be sold cheap for ready money, or short credit, by said Levy and Franks.

To be SOLD,

A Very good plantation in Mansfield, about five miles from Burlington, containing 150 acres of land, with a good dwelling-house and barn thereon; also a young orchard, containing about 200 grafted trees, about 50 acres of the upland cleared, and about 12 acres of good meadow, and a considerable deal more may be made; it is well timber'd and water'd, and the clear'd land in good fence. The title is indisputable. Any person inclining to purchase the same, may apply to William Clayton at Trenton, or to George Nicholson at Crosswicks.

For LONDON directly,

The SHIP
CROWN,
Michael James
Commander;

Great part of her cargo being now engaged, will certainly sail by the last of this month, weather permitting. For freight or passage apply to Isaac Greenleafe, at Israel Pemberton's, or the commander on board, near Chesnut-street wharff.

N. B. She has extraordinary accommodations for passengers, and it is determined she shall be dispatched by the time fix'd.

VEry good Jesuit's Bark to be sold by John Inglis, at his store, on Hamilton's Wharff.

vant or not; and if he is, to pay charges … away. He talks a little French, but is …

N. B. Any other person that has had … way from him lately, is also desired to co… above person, in case he should not prove t… minton's. MARTIN RENAUD

ALl persons indebted to the es… Linton, late of this city harnessm… are hereby desired to discharge the sam… who have any demands against the said es… wise requested to bring in their accounts, … be adjusted by Martha Linton, Executrix

N. B. Said Martha Linton carries on … ness as her husband did, where all persons … plied as usual.

To be sold very cheap, for ready money, or …
JOSEPH SI…
At his store, below the Drawb…
A Variety of European good… lasses, rum, sugar and salt.

A Quantity of choice Midling B…
sold by
JOSIAH DAVEN…
Baker in Gray's Alley.

JOHN WALL…
Having removed his store from Front-st… street, opposite to Richard Sewell's, I… ported from London by the Dove, Capt… the Swimmer, Captain Rice, and sells … ready money, or three months credit,

BRoadcloths, bearskins, coat… kerseys, halfthicks, shalloons, stri… and other colour'd plushes, haircloths, buck… colour'd thread, and hair-cord, 10 qr. 9 … qr. rose blankets, mottell'd and marted … womens worsted hose, striped and plain … and cotton caps, felt hats, broad and narro… tiberets, single and double damasks, cali… flarrets, corded poplins and masslinets, … peens, 3 qr. yard, yard and 3 eighths, and … linnen checks, linnen and cotton handker… tandems, garlix, double and single silesi… clear and pistol lawns, cambricks in pie… spotted, flower'd and strip'd lawns, cal… linnens, 6 qr. 5 qr. and yard wide musl… spotted and border'd bandanoes, longee c… and yard wide sheeting, 3 crown, and 3 … sail-duck, taffeties, mantuas, half-ell … persians, velvets, duckfoys and striped gin… ken and bed-bunts, ribbons, black lace, … capes, gartering, sewing silk, crewels, fl… was, Scots thread, Scots osnabrigs, laces, p… womens gloves and mittens, silk caps, … black pepper, pistol-cap'd and cutteau kn… and bone knives and forks, buckles and … variety of cutlery, Manchester, and othe…

TO BE LET
A Large, commodious hous… Draw-bridge; enquire of Mr. Ro… Ebenezer Tomlinson.

Also a lot of land, below Wiccacoe, ver… a ship carpenter, to be lett for a term of … Nicholis, Samuel Rhoads, or Ebenezer T…

ALl persons indebted to the es… mas Kroten, late of Oxford tow… phia county, are desired to come and pay … debts; and those that have any demand… state, are desired to bring in their acco… may be settled by Thomas and William … tors.

Just imported in the Swimmer, Capt. …
sold by
GEORGE SM…
At his store, between Norris's and Gray… assortment of European and East Ind…

COARSE and fine super… broad cloths, in pieces and suits … colour'd and scarlet cloaks, buttons and … and boys felt hats, coarse and fine camb… shalloons, tammies, flarrets, sinettas, … mens and womens coarse and fine worsted … sted and cotton caps, womens white a… leather gloves, English duck, best oznab… Irish sheeting, Irish linnens, tandems, … damask table cloths, yd. wd. ell wd. an… long lawns, broad lawns, and pistol lawn… pieces and patches, black velvet, Englis… paduasoys, damasks, and sattins, china … red bandanoes, ungers, silk and cotton … printed cottons and linnens, variety of p… callicoes, yd. wd. ell wd. and 6 qr. cott…

내 인생 이야기의 계속

1784년 파리 근교 파시에서

제2부

THE AUTOBIOGRAPHY OF BENJAMIN FRANKLIN

worsted caps double and single, womens worsted ... mens cotton and ... mens scarlet knit breeches, red and black ... womens scarlet and cloth coloured short ... fish caps, writing paper, Scotch linnen, ... handkerchiefs, ditto white with blue borders, half ... and white persian, mohair and buttons, ... Scotch white thread, damask and diaper ... Cumberland handkerchiefs, spotted bandanoes, ... handkerchiefs, blue long cloths, broad camblets, ... callimancoes, worsted damasks, green and ... for beds, hair grazets, knee garters, red and blue strip'd ditto, white ditto, cambricks, ... lawns, yd. wd. garlix, mens and womens ... lace, ... snuff-boxes, brass ... buck spring knives, French flag cutters, flag ... with scales, buck handled knives and forks, ... steel and brass knee and shoe buckles, ... glasses, 20d, 10d, 8d, and 3d nails, best ... A C, and I C, No. 3, wool cards, square ... gimblets, Anderson's Scotch pills, and a ... other things, too tedious to mention. (p. 7. 63. Theef.)

BARBADOS directly, The SHIP INDUSTRY, *William Rankin*, Commander; Will sail with all expedition. For freight or passage, apply to said commander on board, or John Erwin, ... -Alley.

To be sold by ... ISTOPHER MARSHALL, ... and colour shop, the sign of the Golden Ball, ... Strawberry alley, near the Three Tun Tavern ... Chesnut-street, viz.

... mine, cochineal, native cinnabar, vermilion, ... drop-lake, sundry sorts red-lead, Venetian & ... brown, flake white, Spanish whiting, white lead, ... Prussian blue sundry sorts, blue bise & verditer, ... and calcin'd smalts, Fr. & Eng. verdigrease, di... to, sap green, stone and powder oker, Turpeth ... minerals, Naples & king's yellow, white & ... London glue, Tripoli, sandiver, borax, ... zink, aquafortis, aqua regia, blue galls, ... white copperas, Roman vitriol, spirits & oil of ... spirits of wine, ditto camphorated, cream tartar, ... oil tartar, roach & common allom, epsom ... salts, saltpetre, ditto with antimony, spirits ... sal Jovis, sal Martis, sal febrifug, tartar emetic ... amber, salt hartshorn, diascordium, Venice ... mithridate, confection alchermis, rad. jallop, ... epicacuana, ditto in powder, Turkey rhubarb, ... galengal, glass antimony, birthwort, ... cubebs, antimony, aloes hepatic, succo... Regulus's antimony, gilded and plain ... oil amber, oil mace, oil nutmegs, oil ab...

... tended at Mr. Byles's house, near the middle of Pewter-platter-alley, by ANDREW LAND.

N. B. At the same house there is to be sold, mens wearing apparel ready made, viz. great coats, red and blue, and full trimm'd coats of various colours, waistcoats, red, blue and black, and shag breeches, red and black; there is good choice of each sort, sold cheap for ready money, &c. Theef.

PUrsuant to an order of the court of common pleas of Philadelphia county, whereby we are appointed auditors upon an attachment issued against John Norwood, we, in pursuance of the said order, and of the act of assembly in such case provided, do hereby give publick notice, that on Tuesday, the 23d day of January inst. at the widow Roberts's coffee house, at two a clock in the afternoon, will be sold by us, a messuage and lot of ground in Front-street, the corner of Pewter platter alley, the breadth in Front-street, fourteen and a half foot, more or less, and in length forty-eight foot, bounded northward with Joseph Knight's brick house, and remainder of his lot, eastward with the said Front-street, southward with an alley, westward with a piece of Griffith Jones's lot, be it more or less. The said premises being part of the estate of the said John Norwood, attached by the sheriff according to law, for the satisfaction of his creditors; dated the 7th day of December 1749.

PETER BARD,
HENRY LEVEL,
JAMES BENEZET.

For LONDON directly, The SHIP BROTHERS, *William Muir*, Commander, Will sail with all convenient speed. For freight or passage, agree with Charles and Alexander Stedman, or the said master, now lying at Fishbourn's wharff; she hath good accommodations for passengers.

For LONDON directly, The SNOW AMPHITRITE, *James Young*, Commander; Will sail with the utmost expedition. For freight or passage, apply to said commander, or Levy and Franks. N. B. A great variety of European and India goods, to be sold cheap for ready money, or short credit, by said Levy and Franks.

To be SOLD,

A Very good plantation in Mansfield, about five miles from Burlington, containing 150 acres of land, with a good dwelling-house and barn thereon; also a young orchard, containing about 200 grafted trees, about 50 acres of the upland cleared, and about 12 acres of good meadow, and a considerable deal more may be made; it is well timber'd and water'd, and the clear'd land in good fence. The title is indisputable. Any person inclining to purchase the same, may apply to William Clayton at Trenton, or to George Nicholson at Crosswicks.

For LONDON directly, The SHIP CROWN, *Michael James* Commander; Great part of her cargo being now engaged, will certainly sail by the last of this month, weather permitting. For freight or passage apply to Isaac Greenleafe, at Israel Pemberton's, or the commander on board, near Chestnut-street wharff.

N. B. She has extraordinary accommodations for passengers, and it is determined she shall be dispatched by the time fix'd.

VEry good Jesuit's Bark to be sold by John Inglis, at his store, on Hamilton's Wharff.

Just imported, and to be sold by BENJAMIN BAWLE...

PHILADELPHIA MAR 1 9 AM 1960 PA.

FIRST DAY OF ...

JOSEPH SIM...

At his store, below the Drawbridge, ...

A Variety of European goods; ... lasses, rum, sugar and salt.

A Quantity of choice Middling Bisc... sold by JOSIAH DAVENPO... Baker in Gray's Alley.

JOHN WALLA...

Having removed his store from Front-street ... street, opposite to Richard Sewell's, Esq; ... parted from London by the Dove, Capt. ... the Swimmer, Captain Rice, and sells ... ready money, or three months credit,

BRoadcloths, bearskins, coating ... kerseys, halfthicks, shaloons, ... and other colour'd plushes, haircloths, buckrams ... colour's thread, and hair-cord. 10 qr. 9 qr. ... qr. rose blankets, ... womens worsted hose, striped and plain flannel ... and cotton caps, felt hats, broad and narrow ... tiberetts, single and double damasks, callimancoes ... starrets, corded poplins and marinetts, ... peens, 3 qr. yard, yard and 3 eights, and 6 qr. ... linnen checks, linnen and cotton handkerchiefs ... tandems, garlix, double and single silesia, ... clear and pistol lawns, cambricks in pieces ... spotted, flower'd and strip'd lawns, calicoes, ... linnens, 6 qr. 5 qr. and yard wide muslins, ... spotted and border'd bandanoes, longee romals ... and yard wide sheeting, 3 crown, and 3 ... sail-duck, taffeties, mancuas, half-ell ... persians, velvets, ducksoys and striped ... keen and bed-bunts, ribbons, black lace, ... tapes, gartering, sewing silk, ... Scots thread, Stone canteen, laces, ... womens gloves and mittens, silk caps, ... black pepper, pistol-caps, and cotton ... and bone knives and forks, buckles and ... variety of cutlery, Manchester, and other ...

TO BE LETT, ...

A Large, commodious house, ... Draw-bridge; enquire of Mr. Robert ... Ebenezer Tomlinson.

Also a lot of land, below Wicacoe, very ... a ship carpenter, to be lett for a term of ... Nicholls, Samuel Rhoads, or Ebenezer Tom...

ALl persons indebted to the estate ... Kenton, late of Oxford township ... county, are desired to come and pay the ... debts; and those that have any demands ... estate, are desired to bring in their accounts ... may be settled by Thomas and William Ke...

Just imported in the Swimmer, Capt. Ri... sold by GEORGE SMI...

At his store, between Norris's and Gray's ... assortment of European and East India ...

COARSE and fine super ... broad cloths, in pieces and suits, ... colour'd and scarlet cloaks, buttons and ... and boys felt hats, coarse and fine camblets ... shaloons, tammies, starrets, ... mens and womens ... and fine worsted ... and cotton caps, womens white and ... leather gloves, English duck, best oznabrigs ... Irish sheeting, Irish linnens, tandems, garlix ... damask table cloths, yd. wd. ell wd. and ... long lawns, broad lawns, and pistol lawns, ... pieces and patches, black velvet, English ... paduasoys, damasks, and satins, china ... red bandanoes, longees, silk and cotton ... printed cottons and linnens, variety of ... calicoes, yd. wd. ell wd. and 6 qr. cotton ... cottons, likewise good bohea, fine green, ... teas, pepper, nutmegs, ...

The American Masonic Credo

That there is one God, who made all things.
That He governs the world by His providence.
That He ought to be worshipped by adoration, prayer and thanksgiving.

Benj. Franklin

SPONSORED BY MASONIC STAMP CLUB OF NEW YORK

파시에서

앞의 두 편지를 받은 지는 꽤 되었지만 그동안 너무 바빠서 엄두를 못 내고 있었다. 집에 있었으면 훨씬 나았을 것이다. 자료들이 있어서 기억에도 도움이 되고 날짜도 정확하게 알 수 있으니 말이다. 하지만 언제 집으로 돌아가게 될지 아직도 알 수 없다. 마침 여유가 생겨서 기억할 수 있는 데까지 써보기로 했다. 살아서 집에 돌아가게 된다면 그때 다시 교정하고 다듬을 생각이다.

앞에 썼던 원고가 없어서 필라델피아 공립 도서관을 세우기 위해 썼던 방법을 얘기했었는지 알 수 없다. 그 도서관은 시작은 미미했으나 지금은 무시 못할 정도로 커졌다. 이 언저리(1730)까지 썼던 걸로 기억하니 도서관 얘기로 시작해야겠다. 벌써 썼던 거라면 삭제하면 될 것이다.

내가 펜실베이니아에 자리를 잡았을 때만 해도 보스턴 남쪽의 식민지에는 괜찮은 책방이 하나도 없었다. 뉴욕과 필라델피아의 인쇄공들은 사실상 문방구상이나 마찬가지였다. 그들이 파는 거라고는 종이, 달력, 민요집이나 교과서가 고작이었다. 그래서 읽고 싶은 책이 있어도 영국에 따로 주문해야 했지만 우리 전토 클럽 회원들은 각자 어느 정도 책을 갖고 있었다. 우리는 처음에는 술집에서 만나다가 나중에는 방을 하나 빌렸다. 나는 우리의 책들을 그 방에 모아 두자고 제안했다. 토론 때 언제든지 참고하고 집에서 읽고 싶으면 자유롭게 빌려 갈 수 있어 모두에게 이로웠다. 우리는 얼마 동안은 만족스럽게 이 공동 서재를 유지했다.

이 작은 서재가 꽤 쓸 만하자 나는 보다 많은 사람들이 그런 이익을 누릴 수 있게 해주자고 제안했다. 즉, 회원제 공공 도서관을 만들자는 것이었다. 내가 필요한 계획과 규칙의 초안을 짰고, 관록 있는 공증인 찰스 브록덴이 그 초안을 토대로 회원 가입의 동의 조항을 만들었다. 이에 따라 각 회원은 처음 책을 구입하는 데 필요한 일정량의 돈을 내고, 책을 더 살 수 있도록 해마다 회비를 내야 했다. 당시 필라델피아에는 책을 읽는 사람이 그리 많지 않았고 사람들은 아주 가난했다. 사정이 그러하니 발에 땀이 날 정도로 돌아다녀도 겨우 50명밖에 모을 수 없었다. 대부분이 젊은 상인들이었고 그들은 처음에 40실링을 내고 해마다 10실링씩 내기로 했다. 이 작은 기금으로 우리는 출발했다. 책들은 해외에서 사들였다. 도서관은 일주일에 한 번씩 문을 열고 회원에게 책을 빌려 주었다. 회원들은 약정에 따라 기한 내에 책을 반납하지 않으면 책 값의 두 배를 물어야 했다. 이 공공 도서관이 꽤 유용하다는 것이 알려지면서 다른 도시들과 식민지에서 우리 흉내를 내기 시작했다. 도서관들은 기증받은 책들로 꽉 찼고 독서 바람이 불었다. 별다른 오락거리가 없었던 때라 사람들은 쉽게 책과 친해졌다. 몇 해 지나지 않아 이 나라 사람들은 다른 나라의 비슷한 위치에 있는 사람들보다 훨씬 아는 것이 많고 지적이라는 평가를 받게 되었다.

우리가 위의 회칙에 서명하려고 할 때였다. 그 회칙은 우리와 우리 후계자들이 50년 동안 지켜야 하는 것이었는데 공증인 브록덴은 이렇게 말했다. "여러분들이 지금은 젊지만 이 기간이 끝날 때까지 몇 명이나 살아 있을 것 같소." 그러나 아직도 우리 중 많은 사람이 살아 있다. 어쨌든 그로부터 몇 년 후에 도서관은 법인체가 되어서 영속하게 되었기 때문에 그 증서들은 소용 없어졌다.

그때 회원들을 모으려고 참 많이도 돌아다녔었는데, 대부분의 사람들이 아예 거절하거나 그렇지 않더라도 싫은 기색을 보였다.

이런 수모를 당하면서 절실하게 느낀 점은 아무리 유익한 계획이라도 자신을 주인공으로 내세워서는 안 된다는 것이었다. 그 계획을 성공시키기 위해서는 이웃들의 도움을 받아야 하는데 그들은 그가 자신들보다 약간이라도 더 유명해질까 봐 돕는 것을 꺼린다. 그래서 나는 방법을 바꾸었다. 가능한 한 나 자신을 숨기고, 이 계획은 '몇몇 친구들'의 계획인데 그들이 당신은 분명히 책을 좋아할 거라고 해서 찾아왔다고 말했다. 이 방법은 잘 먹혀 들어갔고 나중에도 모금을 할 일이 있으면 이 방법을 썼다. 이 방법으로 실패한 적이 거의 없기 때문에 진심으로 추천하고 싶다. 잘난 체하지 않고 당장에는 조금만 참으면 나중에 더 큰 보상을 받게 된다. 누가 이런 좋은 일을 했는지 얼마 동안 묻혀 있으면 누군가 허영심 많은 사람이 나설 수도 있다. 하지만 그렇게 되면 당신을 시기하는 사람이라도 가짜를 폭로하고 당신의 진가를 세상에 알릴 것이다.

이 도서관 덕택에 나는 내 자신의 발전을 꾀할 수 있었다. 매일 한두 시간씩은 꼭 책을 읽었고 그래서 옛날에 아버지가 해주시려다 못 해주신 교육을 어느 정도 보충했다. 독서는 나 자신에게 허락한 유일한 오락이었다. 나는 술집에 가지 않았고 노름 같은 어떤 놀이에도 끼지 않았다. 그러면서 인쇄소를 꾸준히 부지런하게 꾸려 나갔다. 인쇄소는 빚을 지고 있었고, 곧 학교에 보내야 할 어린 자식들이 있었으며 앞서 자리잡은 두 인쇄소와 경쟁해야 했다. 하지만 내 형편은 점차 나아졌다. 나는 천성적으로 검소했는데 어렸을 적부터 아버지에게 숱하게 들었던 말씀이 있다. "네가 자기 사업에 근실한 사람을 보았느냐 이러한 사람은 왕 앞에 설 것이요 천한자 앞에 서지 아니하리라"(잠언 22:29)라는 솔로몬의 잠언이다. 이 때문에 나는 어려서부터 열심히 일하는 것이 부귀영화를 차지하는 길이라는 신념을 갖고 있었고 이 말씀은 내게 늘 힘이 되었다. 하지만 "왕 앞에 서리라"는 말은 곧이 곧대로 믿지 않았다. 그러나 실제로 그런 일이 일어났다. 나는 다섯 왕 앞에 섰고, 그중의 한 분인 덴마크왕과는 저녁을 함께 하는 영광까지 누렸다.

영국 속담에 "성공하려면 아내를 잘 두어야 한다"라는 말이 있다. 나만큼이나 부지런하고 검소한 여자를 아내로 맞은 것은 정말 행운이었다. 아내는 즐겁게 가게 일을 도왔다. 팸플릿을 접거나 제본하고, 가게를 보기도 하고, 종이 재료로 쓸 넝마를 사들이는 등 가리지 않고 일을 했다. 우리는 꼭 필요한 하인만 두었고 식사도 검소하고 간단하게 했으며 가구는 값싼 것만 들였다. 예를 들어 나의 아침은 오랫동안 빵과 우유였고(차는 마시지 않았다) 그것을 값싼 2페니짜리 토기에 담아서 백랍수저로 먹었다. 그러나 엄격한 원칙에도 불구하고 어느 사이엔가 사치가 집안으로 스며들어와 퍼졌다. 어느 날 아침 상에 좋은 도자기 그릇에 은수저가 놓여 있었다. 아내가 내게 알리지도 않고 23실링이라는 거금을 주고 산 것이었다. 아내는 아무런 변명도 사과도 하지 않았다. 자기 남편도 이웃들처럼 좋은 도자기 그릇과 은수저를 쓸 자격이 충분히 있다고 생각한 것이다. 이것이 우리 집안에 최초로 등장한 도자기 접시였으며 해마다 재산이 불어나면서 이런 것들이 수백 파운드어치에 이르게 되었다.

나는 장로교 교육을 받았었다. 나는 그 교파의 교리 중에 신의 영원한 의지, 선민 사상, 영벌(永罰) 같은 것들을 이해하기 힘들었고 의심스러운 것도 많았다. 일요일은 공부하는 날로 정했기 때문에 일찍부터 예배에 빠졌다. 그렇다고 해서 종교적인 원칙들을 아예 다 거부한 것은 아니었다. 예를 들어 신이 존재한다는 것, 신이 세상을 창조했고 섭리로 주관하고 있다는 것, 신이 가장 기뻐하는 봉사는 사람들에게 선을 베푸는 일이라는 것, 우리의 영혼은 불멸하며 모든 악은 단죄받고야 만다는 것, 덕행은 이 세상에서든 저 세상에서든 꼭 보답을 받는다는 것 등은 한 번도 의심해 본 적이 없다. 나는 이러한 것들이 모든 종교의 필수적인 요소라고 생각한다. 그리고 우리나라의 종교들은 모두 그러한 요소들을 가지고 있었기 때문에 나는 모든 종교들을 존중했다. 하지만 종교마다 그 존중의 정도는 달랐다. 어떤 종교는 그 요소들에 다른 교리들이 뒤섞여서 인간의 도덕성을 고무하고, 촉진시키고, 강화시키기는커녕 우리를 갈라 놓고 서로 악의를 품게만 했기 때문이다. 나는 아무리 나쁜 종교라도 좋은 점은 있기 마련이라는 생각으로 모든 종교를 존중했기 때문에 다른 사람이 가지고 있는 자신의 종교에 대한 경외심을 건드릴 만한 논쟁을 피하게 되었다. 우리 지방의 인구가 계속 늘어나면서 새로운 예배당이 필요하게 되었고 대부분은 자발적인 기부금으로 세워졌다. 나는 그런 목적을 위해서라면 교파를 가리지 않고 적은 금액이라도 기부를 했다.

예배에는 거의 나가지 않았지만 바르게만 이루어진다면 예배도 유용하고 괜찮은 것이라는 생각을 갖고 있었다. 그래서 필라델피아에 있던 유일한 장로 교회의 목사와 그 집회를 후원하는 기부금을 해마다 보냈다. 그 목사는 친구로 가끔 나를 찾아와서 집회에 나오라고 타일렀다. 그의 권고에 마음이 움직여 가끔씩 나갔으며 5주 동안 계속 참석한 적도 있었다. 그 목사의 설교가 마음에 들었다면 일요일에 공부하는 것을 제쳐놓고라도 계속 나갔을 것이다. 그러나 그 목사의 설교는 주로 신학적인 논쟁이나 우리 교파만의 교리에 대한 설명들뿐이어서 아주 무미건조하고 지루했으며 얻을 것도 없었다. 도덕적인 원칙은 눈곱만큼도 가르치거나 역설하지 않았다. 마치 우리를 좋은 시민보다는 장로교 신자로 만들려고 하는 것 같았다.

어느 날은 빌립보서 4장의 어느 한 절을 설교했다. "마지막으로 형제들아 무엇에든지 참되며 무엇에든지 경건하며 무엇에든지 옳으며 무엇에든지 정결하며 무엇에든지 사랑할 만하며 무엇에든지 칭찬할 만하며 무슨 덕이 있든지 무슨 기림이 있든지 이것들을 생각하라." 이런 내용을 설교하려면 무언가 도덕적인 얘기가 응당 나오겠지 했다. 그러나 목사는 사도들이 말하려고 했던 내용이라며 다섯 가지 점만 짚고 넘어갔다. 첫째, 안식일을 경건하게 지킬 것. 둘째, 성경을 읽을 것. 셋째, 예배에 꼭 참석할 것. 넷째, 성찬식에 참석할 것. 다섯째, 하나님의 사절인 목사들에게 마땅한 존경을 표할 것. 다 좋은 말이지만 내가 그 구절에서 기대했던 말은 이것이 아니었다. 내가 바라는 것들을 얻지 못할 것 같아 절망스러워진 나는 넌더리가 나서 다시는 그의 설교를 들으러 가지 않았다. 나는 그 몇 해 전부터 작은 기도서라고 해야 할까, 기도문 비슷한 것을 혼자 만들어서 쓰고 있었다(아마 1728년 정도였을 것이다). 내 기도서의 제목은 '신앙 조항과 종교 의식'이었다. 나는 다시 그것을 사용하기로 하고 예배에는 더 이상 나가지 않았다. 내 행동이 비난받을 수도 있지만 구태여 변명하지 않겠다. 사실을 이야기하려는 것뿐이지 뉘우치려는 것이 아니다.

완전한 인격체가 되기 위해

이때쯤 나는 도덕적으로 완벽해지고자 하는 무모하고도 어려운 계획을 마음에 품고 있었다. 한치의 잘못도 없는 완전한 삶을 살고 싶었다. 원래부터 타고난 것뿐만 아니라 친구들의 영향으로 빠져들 수 있는 성향이나 습관 모두를 정복하고 싶었다. 나는 무엇이 옳고 무엇이 그른가를 확실하게 알고 있었다, 아니 그렇다고 믿었다. 그래서 그른 것을 피하고 옳은 것만 행하는 것이 쉽게만 보였다. 그러나 곧 이것이 내가 상상했던 것보다 훨씬 어려운 일이라는 것을 알게 되었다. 한 가지 잘못을 저지르지 않으려고 그것에만 온통 신경 쓰고 있는 사이에 불쑥 다른 잘못을 저질러 버리는 것이었다. 소홀한 틈을 타서 나쁜 습관이 나타났고 성향은 이성으로 이기기에는 너무 강했다. 그렇게 얼마를 보낸 뒤 완벽하게 덕스러운 사람이 되어야지 하는 마음속의 신념만으로는 실수를 막을 수 없다는 결론에 도달했다. 늘 정확하고 일관성 있는 행동을 하려면 반대되는 습관들은 깨부수고 좋은 습관을 익혀야 한다. 이런 목적으로 다음과 같은 방법을 생각해 냈다.

우선 그때까지 읽은 책에서 보았던 수많은 덕목들을 열거해 보았다. 각 덕목의 항목이 많은 것도 있고 적은 것도 있었다. 같은 이름의 덕목이라도 저자에 따라 규율이 더 많이 붙어 있거나 더 적게 붙어 있었기 때문이다. 예를 들어 '절제'에서 어떤 이는 먹는 것과 마시는 것에만 국한해서 이야기했고 어떤 이는 의미를 확장시켜 식욕, 성향, 육체적 · 정신적 열정, 심지어는 탐욕과 야심까지 포함한 다른 모든 쾌락의 조절을 이야기했다. 나는 명확함을 기하기 위해 더 적은 덕목에 규율을 길게 붙이는 것보다는 덕목을 조금 더 늘어놓고 각각의 덕목에 수반되는 규율을 자세히 붙이기로 했다.

덕목과 거기에 따른 규율은 다음과 같다.

1. 절제(Temperance)

배부르도록 먹지 말라. 취하도록 마시지 말라.

2. 침묵(Silence)

자신이나 남에게 유익하지 않은 말은 하지 말라. 쓸데없는 말은 피하라.

3. 질서(Order)

모든 물건을 제자리에 정돈하라. 모든 일은 시간을 정해 놓고 하라.

4. 결단(Resolution)

해야 할 일은 하기로 결심하라. 결심한 것은 꼭 이행하라.

5. 절약(Frugality)

자신과 다른 이들에게 유익한 일 외에는 돈을 쓰지 말라.

즉, 아무것도 낭비하지 말라.

6. 근면(Industry)

시간을 허비하지 말라. 언제나 유용한 일을 하라. 안 해도 될 행동은 끊어 버려라.

7. 진실(Sincerity)

남을 일부러 속이려 하지 말라. 순수하고 정당하게 생각하라. 말과 행동이 일치하게 하라.

8. 정의(Justice)

남에게 피해를 주거나 응당 돌아갈 이익을 주지 않거나 하지 말라.

9. 중용(Moderation)

극단을 피하라. 상대방이 나쁘다고 생각되더라도 홧김에 상처를 주는 일을 삼가라.

10. 청결(Cleanliness)

몸과 의복, 습관 상의 모든 것을 불결하게 하지 말라.

11. 평정(Tranquility)

사소한 일, 일상적인 일이나 불가피한 일에 흔들리지 말라.

12. 순결(Chastity)

건강이나 자손 때문이 아니라면 성 관계를 피하라. 감각이 둔해지거나 몸이 약해지거나, 자신과 다른 이의 평화와 평판에 해가 될 정도까지 하지 말라.

13. 겸손(Humility)

예수와 소크라테스를 본받으라.

이 덕목들 모두를 내 '자연스러운 습관'으로 만들고 싶었다. 그래서 이 모든 것을 한꺼번에 얻어 보려고 산만하게 덤비기보다는 한 번에 하나씩 달라붙어서 지키는 것이 나을 듯싶었다. 한 가지가 완성되면 다음 항목으로, 또 그 다음 항목으로 옮겨가는 방법으로 열세 가지를 다 내 것으로 만들기로 했다. 위의 순서대로 늘어놓은 것도 앞의 어떤 항목들을 이루었을 때 다음 항목의 습득에 도움이 되도록 하기 위해서였다. '절제'를 첫째로 놓은 것은 머리의 냉철함과 선명함을 얻어 항상 조심해야 하는 일에 실수하지 않고 묵은 습관들에 끌려 들어가거나 끊임없는 유혹에 빠지지 않을 수 있기 때문이다. 이 덕목을 몸에 익히고 나면 '침묵' 은 쉬워진다. 나는 덕을 익히는 것과 동시에 지식도 얻고 싶었다. 그러기 위해서는 다른 사람들과 대화를 나눌 때 말을 하기보다는 들어야 한다. 그래서 쓸데없는 말을 하거나 말장난, 농담하는 버릇을 없애려고 노력했다. 그런 버릇은 경박한 친구들만 부르게 되니 말이다. 이런 이유 때문에 '침묵' 을 두 번째로 놓았다. 침묵과 그 다음 덕목인 '질서' 는 내가 일과 공부에 더 많은 시간을 쏟을 수 있게 해줄 것이다. '결단' 은 일단 습관이 되고 나면 그 뒤의 나머지 덕목들을 완성하는 데 굳은 의지로 노력할 수 있도록 해줄 것이다. '절약' 과 '근면' 은 나머지 빚으로부터 나를 해방시켜 줄 것이고 풍족한 생활과 독립을 보장해 줄 것이다. 그렇게 되면 '진실' 과 '정의' 는 훨씬 수월해진다. 그 뒤의 덕목들도 이런 식으로 착착 진행될 것이다.

그러고 나서는 피타고라스의 금언집의 충고(하루의 행동을 세 가지 측면에서 생각해 보기 전에는 잠들지 말 것이다. 규칙에 어긋난 일이 있었는가? 오늘 한 일은 무엇인가? 할 일을 빠뜨린 것은 없는가? : 역주)에 따라서 매일매일의 점검이 필요하다는 생각이 들었다. 그래서 나 나름대로 점검하는 방법을 짜냈다.

우선 조그만 수첩을 하나 만들어서 한 페이지에 한 덕목씩을 할

애했다. 각 페이지마다 빨간 잉크로 가로로 7칸을 만들어서 일주일치를 만들고 요일의 첫 글짜로 날짜를 표시했다. 그리고 세로로

페이지의 형식

절 제							
배부르도록 먹지 마라 취하도록 마시지 마라							
	일	월	화	수	목	금	토
절 제							
침 묵	*			*		*	
질서		*			*	*	*
결 단		*				*	
절 약		*				*	
근 면		*	*				
진 실							
정 의							
중 용							
청 결							
평 정							
순 결							
겸 손							

13줄을 만들어서 각 줄의 첫 부분에 각 덕목의 첫 글짜를 적어 넣었다. 그리고 그날에 행한 덕목을 생각해서 잘못한 일이 있을 때마다 해당 칸에 까만 점을 그려 넣었다(덕목표 참고).

나는 한 주일에 한 덕목씩 실천하기로 했다. 그래서 첫째 주에는 '절제'에만 신경 써서 아주 작은 잘못이라도 피하려고 애쓰면서 다른 덕목들은 그대로 내버려두었다. 하지만 매일 저녁 그날의 잘못은 꼭 표시했다. 첫 주에 T라고 표시된 첫째 줄이 까만 점 하나 없이 깨끗해지면 나는 그 덕목이 완전히 몸에 익어 그 반대되는 습관은 약화된 것으로 판단했다. 그러면 다음 덕목까지 포함해서 첫째, 둘째 줄을 다 깨끗하게 만들려고 노력했다. 이런 식으로 맨 마지막 덕목까지 끝내는 데 13주가 걸렸고 일 년에 네 번 실행할 수 있었다. 밭의 잡초를 뽑을 때에는 한 번에 몽땅 뽑으려고 덤빌 것이 아니라 자기 능력껏 한 뙈기를 끝내고 다음으로 넘어가야 하는 법이다. 나는 그렇게 한줄한줄 깨끗해지는 것을 보면서 그만큼 덕을 익혔음을 기뻐하게 될 것이다. 그리고 여러 번 거듭한 끝에 마지막 13주째에는 점 하나 찍히지 않은 깨끗한 수첩을 보게 될 날이 올 것이다.

내 수첩에는 애디슨(1672~1719 영국의 수필가 : 역주)의 《카토》에 나오는 몇 줄이 좌우명으로 씌어져 있었다.

나는 이것을 지키려 합니다. 우리 위에 계시는 신이시여.
(그리고 만물은 그가 모든 것을 이루어 냈다고 외치는도다)
신은 덕을 기뻐하시며
신이 기뻐하시는 것은 또한 행복하리로다.

키케로(로마의 웅변가, 정치가 : 역주)의 글도 있었다.

철학이여, 삶을 인도하는도다! 그대는 덕을 발견하고 악을 쫓아내는도다! 그대의 교훈에 따라 하루를 잘 보내는 것이 과오에 떨어져 영생을 사는 것보다 얼마나 나은고.

솔로몬의 잠언에서 지혜와 덕에 관한 글을 뽑아 냈다.

그 우편 손에는 장수가 있고 그 좌편 손에는 부귀가 있나니
그 길은 즐거운 길이요 그 첩경(捷徑)은 다 평강이니라(3장 16~17절).

그리고 하나님이 지혜의 샘이므로 지혜를 얻기 위해서는 마땅히 그분에게 간청해야 한다는 생각이 들었다. 그래서 짤막한 기도문을 만들어서 매일 볼 수 있도록 도표 바로 앞에 붙여 놓았다.

전능하시며 좋으신 이, 풍성하신 아버지! 자비로우신 인도자시여! 지혜

를 충만케 하시어 저의 진심으로 추구하는 바를 찾게 하소서. 지혜가 가르치는 대로 행하려는 나의 결심에 힘을 더하소서. 당신의 다른 자녀들에게 내 호의를 받아들이게 하시옵소서. 당신이 내게 베푸시는 끊임없는 은혜에 내가 보답할 수 있는 유일한 길이니.

때때로 톰슨(1700~1748 영국의 시인 : 역주)의 시에 나오는 기도문을 사용하기도 했다.

빛과 생명의 아버지, 가장 높은 신이여!
선이 무엇인지, 당신이 어떤 분인지를 가르치소서!
경박함과 허영과 악에서 저를 구하소서.
온갖 천박한 일에서 벗어나게 하시고 내 영혼을
지식과 깨달음이 있는 평강, 그리고 순수한 덕으로 채워 주소서.
경건하고 풍성하며 영원히 사라지지 않는 축복을!

'질서'의 규칙인 '모든 일은 시간을 정해 놓고 한다'를 지키기 위해 하루 24시간을 어떻게 보낼 것인지 계획을 세웠다.

나는 자기 반성을 위한 이 계획에 뛰어들었고 중간중간 끊기기도 했지만 얼마 동안 꾸준히 지켰다. 생각했던 것보다 내게 그렇게 결점이 많은 것에 놀랐지만 그 결점들이 차츰 줄어드는 것을 보면 즐거웠다. 처음부터 다시 시작할 때마다 먼젓번에 표시해 둔 점을

아침 질문 : 오늘은 무슨 좋은 일을 할 것인가?	5 6 7	일어난다. 세수한다. '전능하시며 좋으신 이'를 외운다. 하루의 계획을 세우고 결의를 다진다. 현재 하고 있는 공부를 한다. 아침을 먹는다.
	8 9 10 11	일을 한다.
낮	12 1	책을 읽거나 회계 장부를 훑어본다. 점심을 먹는다.
	2 3 4 5	일을 한다.
저녁 질문 : 오늘은 무슨 좋은 일을 했는가?	6 7 8 9	모든 물건을 정돈한다. 저녁 식사. 음악 듣기, 오락, 대화. 하루를 반성한다.
밤	10 11 12 1 2 3 4	잔다.

긁어 내고 그 위에 표시했는데 그러느라고 여기저기 구멍 천지가 되었다. 그러다가는 수첩을 계속 새로 만들어야 할 것 같았다. 그래서 얇은 상아판에 지워지지 않도록 빨간 잉크로 줄을 긋고 덕목표와 규율을 옮겨 적었다. 그리고 까만 연필로 잘못을 표시했다. 그러면 젖은 스펀지로 쉽게 지우고 다시 사용할 수 있었다. 얼마 후에는 1년에 한 번밖에 실행하지 않았고 그 뒤로는 몇 년에 겨우 한 번씩 하다가 해외 출장이다 여행이다 해서 계속 일이 겹치는 바람에 전혀 할 수가 없었다. 그렇지만 어딜 가든 수첩은 꼭 가지고 다녔다.

무엇보다도 '질서'에 관한 규율을 지키는 것이 제일 어려웠다. 자기 시간을 챙길 수 있는 사람, 예를 들어 인쇄공이라면 모를까 나 같은 주인은 지키기가 힘들었다. 주인은 세상과 어울려야 하고 손님들이 편한 시간에 맞추어서 상대해야 한다. 잡동사니나 종이 같은 물건들을 제자리에 정돈하는 것 또한 나로서는 힘든 일이었다. 원래가 그렇게 길이 들지 않은 데다가 기억력이 워낙 좋았기 때문에 무엇을 찾지 못해 불편한 적은 거의 없었던 것이다. 그래서 이 규율은 아주 괴로운 것이 되었고 빽빽이 찬 까만 점들이 나를 몹시 초조하게 만들었다. 이 부분은 좀처럼 나아질 기미가 안 보였고 실패하고 또 시도하고, 이러기가 여러 번이었다. 그래서 거의 포기할 지경에까지 이르러 다음 이야기의 남자처럼 결점이 하나 있더라도 그냥 만족하고 지낼까 하는 생각도 했다. 내 집 근처의 대장간에 도끼를 사러 온 이 남자는 대장장이에게 도끼의 끝머리처럼 전체를 반짝거리게 해달라고 했다. 대장장이는 그렇게 해줄 터이니 칼 가는 바퀴를 돌려 달라고 했다. 대장장이가 도끼의 넓적한 부분을 돌 위에 힘껏 누르고 있었기 때문에 바퀴를 돌리기가 여간 힘든 것이 아니었다. 이 사람은 바퀴를 돌리다 말고 와서 어느 정도까지 되었는지 보았는데 그러기를 몇 번 하더니 조금 있다가는 그냥 가져 가겠다고 했다. 대장장이는 "아니에요. 계속 돌려요, 돌려. 그래야 더 광이 난다고요. 아직은 얼룩덜룩하잖아요"라고 말했다. 그러자 이 남자 하는 말이 이렇다. "알아요, 그런데 나는 얼룩덜룩한 도끼가 더 좋단 말씀입니다." 나쁜 것을 버리고 좋은 것을 얻고자 할 때 이런 경우가 많다. 나쁜 버릇을 버리고 좋은 습관을 가지고 싶어하는 많은 사람들은 내가 썼던 것 같은 방법을 모르기 때문에 조금만 힘에 부쳐도 투쟁을 멈추고 "얼룩덜룩한 도끼가 더 좋다"라고 결론 내려 버린다. 가끔씩은 내가 나 자신에게 강요한 그런 극단적인 완벽함이 도덕적 허영에 불과하다는 생각이 들기도 했다. 남들이 알면 비웃을지도 모른다. 또 사람이 너무 완벽하면 다른 사람으로부터 질투와 증오를 받을 수도 있다. 그리고 선한 사람은 빈틈도 약간 있어야 친구들을 무안하지 않게 할 수 있을 것이다. 그러나 이 모든 것들은 순전히 핑계였다.

사실상 '질서'에 관한 한 나는 구제 불능이었다. 나이가 들어 기억력이 나빠진 지금은 '질서'가 필요함을 절실하게 느낀다. 그러나 내가 그렇게 욕심 내어 도달하려 했던 완전한 경지에는 한참 미치지 못했지만 이런 시도를 통해서 훨씬 나은 사람, 행복한 사람이 되었다. 인쇄된 글씨 본을 놓고 그대로 따라 하다 보면 글씨 본과 똑같이 쓸 수는 없어도 노력을 통해 누구나 알아볼 수 있을 정도로 깨끗하게 쓸 수는 있게 된다.

나의 후손들이 꼭 알았으면 하는 것은 그들의 조상이 79세가 되도록 행복하게 살아온 것은 하나님의 은총과 함께 이 조그만 방법 덕분이라는 것이다. 앞으로 남은 생애에 어떤 역경이 닥칠지는 하나님만이 아시는 일이다. 그러나 혹시 그런 일이 생기더라도 지난날의 행복을 생각하면서 인종의 마음으로 잘 견딜 수 있을 것 같다. '절제' 덕으로 나는 일생을 건강하게 살았고 지금도 건강한 몸을 유지하고 있다. '근면'과 '절약' 덕으로 젊은 시절의 어려운 환경을 쉽게 이겨 냈고 재산도 모았다. 거기에 많은 지식까지 겸비하여 쓸모 있는 시민이 되었고 지식인들 사이에서 꽤 괜찮은 평판도 얻었다. '진실'과 '정의' 덕으로 나라의 신뢰를 얻어 명예로운 직책을 맡았다. 또 원하는 만큼 완전히 습득하지는 못했어도 이 많은 덕목들의 일치된 힘으로 항상 침착할 수 있었고 기분 좋은 대화를 할 줄 알았다. 아직까지도 많은 사람들이 나와 함께 이야기를 나누고 싶어하고 젊은이들도 내 말에 귀를 기울인다. 그래서 내 후손 중에 몇 명이라도 이를 본받아 그 덕을 보았으면 하는 바람이다.

내 계획이 종교적인 색채를 약간이나마 띠고 있었음에도 어느 특정 교파의 교리는 넣지 않았다는 사실에 주목해야 한다. 그것은 우연이 아니었다. 다른 종교를 가진 사람들도 두루 이 방법을 활용해서 최고의 효과를 보기를 원했기 때문에 일부러 그런 것이었다. 또 언제고 이것을 출판할 생각이었기 때문에 어느 종파의 사람이건 시비를 걸 수 있는 틈을 보이기는 싫었다. 각 덕목마다 나의 의견을 약간씩 적어 넣어서 그것을 성취함으로써 얻게 되는 이로움과 그 반대되는 악덕의 폐해를 보여 주려 했다. 책 이름은 《덕의 기술》로 할 생각이었다. 덕을 행할 수 있는 방법과 태도를 제시해 주기 때문이다. 이는 방법을 지시하거나 가르쳐 주지도 않으면서 무조건 선하라고 훈계하는 것과는 다르다. "만일 형제나 자매가 헐벗고 일용할 양식이 없는데 너희 중에 누구든지 그에게 이르되 평안히 가라, 더웁게 하라, 배부르게 하라 하며 그 몸에 쓸 것을 주지 아니하면 무슨 이익이 있으리요."(야고보서 2장 15~16절)

이런 글을 써서 출판하려는 내 계획은 아직까지 이루어지지 않았다. 하지만 그 책에 써먹을 요량으로 생각나는 대로 감상이나 추론 같은 것을 짤막하게 메모해 놓은 것이 있는데 그중의 얼마는 아직도 간직하고 있다. 그러나 젊은 시절에는 내 개인 사업에, 나이가 들어서는 공익 사업에 신경 쓰느라 계속 미룰 수밖에 없었다. 또 그것은 아주 '위대하고 거창한 계획'이어서 한 사람이 전적으로 매달려야 하는 것이었다. 그런데 생각지 않은 일들이 계속 생기는 바람에 여태까지 끝을 보지 못하고 있다.

내가 이 글에서 설명하고 역설하고 싶은 점은 바로 이것이다. 몹쓸 행동들은 금지된 것이어서 해로운 것이 아니라 그 행동 자체가 해롭기 때문에 금지된 것이고, 여기에는 인간의 본성만이 고려된다. 그러므로 내세뿐 아니라 이 세상에서도 행복하고자 하는 사람이라면 덕스러워지는 것이 이익이다. 이 세상에는 언제나 부유한 상인들, 귀족들, 높으신 분들, 왕들이 있고 그들은 정직하게 자신들의 일을 처리해야 한다. 그러나 그런 사람들이 아주 드문 것이 현실이다. 이런 현실에서 나는 젊은이들에게 성실함과 청렴이야말로 가진 것 없는 사람들의 성공을 확실히 보장하는 자산이라는 확신을 주고 싶었다.

내 덕목은 처음에는 12가지뿐이었다. 그런데 하루는 퀘이커교도 친구 하나가 살짝 귀띔해 주기를 내가 약간 오만하다는 평이 있다는 것이었다. 나와 이야기를 나누다 보면 내 자만심이 툭툭 드러나고 어떤 주제를 놓고 토론할 때 내가 옳다는 것에 만족하지 못하고 무례하게 상대방을 꺾으려 하는 성향이 있다고 했다. 그러면서 몇 가지 예를 얘기해 주었는데 나도 인정할 수밖에 없었다. 그래서 나는 이 결점 또는 어리석음을 고치기로 마음 먹고 목록에 '겸손'을 추가시키고 그 단어의 뜻을 광범위하게 잡았다.

이 덕을 '실제로' 습득했다고 자부할 수는 없지만 '겉으로 보기에는' 큰 발전이 있었다. 나는 어떤 식으로든 다른 사람의 감정에 직접적으로 반대하거나 나 자신의 생각을 독단적으로 단언하지 않는 것을 원칙으로 했다. 또 전토 클럽의 옛날 규칙에 따라 단호한 의견을 나타내는 말, 즉 '확실하게', '의심의 여지 없이' 같은 표현은 쓰지 않고 그 대신 '내가 알기로는', '나는 이렇게 보고 있는데', '내 생각에는 이 일은 이러이러하다', '지금 내 생각은 이렇다'라는 식의 말을 썼다. 다른 사람이 내가 보기에는 틀린 것을 우길 때에는 당장에 반박하고픈 유혹을 참고 그의 주장에서 부조리한 점을 들춰 내는 일을 삼갔다. 그리고 대답은 "당신의 주장은 어떤 특정한 경우나 상황에는 맞을지 모르지만 지금 이 상황에서는 좀 다른 것 같네요"라는 식으로 했다. 이렇게 태도를 바꿨더니 금방 효과가 나타났다. 내가 끼어 든 대화가 훨씬 즐겁게 진행되었다. 또 의견을 겸손하게 드러내니까 사람들은 더 쉽게 내 말에 순응했고 반박은 그리 심하게 하지 않았다. 내가 틀린 것으로 드러났을 때에도 덜 무안했고, 내가 옳았을 때는 다른 이들이 쉽게 자신의 잘못을 시인하고 내 편이 되었다.

처음에는 이 방식이 내 성격에 맞지 않아 무척 고생했지만 나중에는 쉬워졌고 몸에 배어 버렸다. 지난 50년 동안 내게서 우연히라도 독단적인 말을 들어 본 사람은 없었을 것이다. 새로운 제도를 제안하거나 오래된 제도를 개혁할 때 시민들이 그렇게 나를 잘 따라 준 것도, 의원이 되어서 의회에서 그렇게 큰 힘을 발휘할 수 있었던 것도 성실함 다음으로 이 습관 덕이었다고 생각한다. 왜냐하면 나는 말을 조리있게 잘 못했고 달변은 더 더욱 아니었으며 어휘도 자신 있게 선택하지 못하고 문법도 정확하게 쓰지 않아서 겨우 요점만 전달하는 정도였기 때문이다.

사실 우리 인간이 가진 감정 중에 '자만심' 만큼 굴복시키기 힘든 것도 없다. 감추려 해도 때려 눕혀도 숨통을 막고 눌러도 자만심은 살아남아서 여기저기서 그 모습을 드러낸다. 내가 쓰는 이 글에서도 그것이 보일 수 있을 것이다. 내가 그것을 완전히 극복해냈다고 한다면 그것은 내가 겸손하다고 하는 자만이니까.

– 여기까지는 파시에서 1784년에 썼음

bearskins, broad cloths, womens petticoats of son-ets, worsted caps double and single, womens wor-sted, mens superfine rolling ditto, mens cotton and ditto, mens scarlet knit breeches, red and black things, womens scarlet and cloth coloured short s, mens silk caps, writing paper, Scotch linnen, co-handkerchiefs, ditto white with blue borders, half d. blush and warm persian, mohair and buttons, ed threads, Scotch white thread, damask and diaper checks, Cumberland handkerchiefs, spotted handkerchiefs, handkerchiefs, blue long cloths, broad camblets, ... callimancoes, worsted damasks, green and ... for beds, hair plaints, knee garters, red d, red and blue strip'd ditto, white ditto, camblets, long lawns, yd. wd. garlix, mens and womens silk lace, ... pins, fourth brass, brass ..., buck spring knives, French flag cutters, flag ..., with scales, buck handled knives and forks, ditto, steel and brass knee and shoe buckles, decan-... glasses, 20d, 10d, 8d. and 3d nails, best En-... A C, and I C, No. 3, wool cards, square ditto, gimblets, Anderson's Scotch pills, and a many other things, too tedious to mention.

(p. 72. 6d. Tbell.)

For BARBADOS directly,

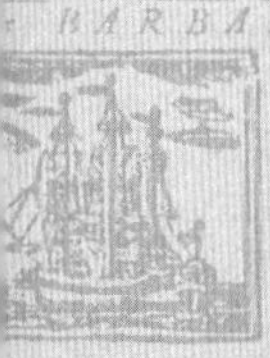

The SHIP INDUSTRY, *William Rankin*, Commander;

Will sail with all expedition.

For freight or passage, apply to said commander on board, or John Erwin, in ...berry-Alley.

To be sold by

CHRISTOPHER MARSHALL,

...oil and colour shop, the sign of the Golden Ball, ...site Strawberry alley, near the Three Tun Ta-... in Chestnut-street, viz.

Carmine, cochineal, native cinnabar, vermi-lion, drop-lake, sundry sorts red lead, Venetian & ... brown, flake white, Spanish whiting, white lead, ... Prussia blue sundry sorts, blue bise & verditer, ... and calcin'd smalts, Fr. & Eng. verdigrease, & ditto, sap green, stone and powder oker, Turpeth ... mineralis, Naples & king's yellow, white & ... London glue, Tripoli, sandiver, borax, ... stone, zink, aquafortis, aqua regia, blue galls, and white copperas, Roman vitriol, spirits & oil of ... spirits of wine, ditto camphorated, cream tartar, tartar, oil tartar, roach & common allom, epsom glauber salts, saltpetre, ditto with antimony, spirits ..., sal Jovis, sal Martis, sal febrifug, tartar eme-..., salt amber, salt hartshorn, diascordium, Venice ..., mithridate, confection alchermes, ... powder, ipecacuanha, ditto in powder, Turkey rhu-... zedoary, galengal, glass antimony, birthwort, ... cardamoms, cubebs, antimony, aloes hepatic, succo-... citro, Regulus antimony, golden and plain sp... ...y grass, oil amber, oil mace, oil nutmegs, oil an-... oil petrol, oil roses, oil juniper, oil origen, oil ... oil cloves, oil almonds, oil lavender, oil olive, ... spirits hartshorn, spirits sal volatile, spirits ... spirits lavender compound, spirits castor, gutta gam-... ...m mastick, gum myrrh, assafetida, Arabeck, gum ..., gum ammoniac, gum anima, gum elemi, shell & ..., camphor, dragon's blood, copal, flor and roll ..., bole armoniac, terra Japan, gentian, lapis ca-..., tutty, oil tutty, liquorish ball, liquorish stick, ... powder, sugar of lead, red, white and yellow arse-... ... amber-grease, musk, lapis contrayerva, ... opium, English saffron, colocinth, quick sil-... ... of ditto, mercurius dulcis, red, white and ... precipitate, aniseed, coriander seed, juniper berries, ..., jesuit's bark, powder ditto, cinnamon, cloves ..., Anderson's true Scotch pills, Hooper's female ... Matthew's ditto, ditto ex ..., Daffy's elixir, Stoughton's ditto, Turlington's large ... bottles balsam of life, Bateman's drops, British ... grand elixir, Godfrey's cordial, balsamick ..., Hungary water, Bannister's drops, Barbados ... spermaceti, palm oil, spirits turpentine, Balsam ca-... balm Gilead, Locatelli balsam, balsam sulphur, bal-... Peru, crabs eyes prepared, variety of ointments and ..., sundry syrups and tinctures, an assortment of ... glass most sizes, best crown glass for clocks or pic-..., ... bar, pig and sheet lead, modder, litharge, gold ... leaves, Dutch ditto, gold & silver shells, Dutch ... lampblack, ivory and ivory ditto, most sorts of paints, ... and mixed, an assortment of painting brushes and ... slates and pencils, with variety of other sorts of ..., medicines, dye-stuffs, varnishes, lackers, &c. ... tedious to mention, to be had at the lowest rates.

nomy; all those are carefully taught and diligently at-tended at Mr. Byles's house, near the middle of Pewter-platter-alley, by ANDREW LAMB.

N. B. At the same house there is to be sold, mens wearing apparel ready made, viz. great coats, red and blue, and full trimm'd coats of various colours, waist-coats, red, blue and black, and shag breeches, red and black; there is good choice of each sort, sold cheap for ready money, &c. Tbe3.

PUrsuant to an order of the court of com-mon pleas of Philadelphia county, whereby we are appointed auditors upon an attachment issued against John Norwood, we, in pursuance of the said order, and of the act of assembly in such case provided, do hereby give pub-lick notice, that on Tuesday, the 23d day of January inst. at the widow Roberts's coffee house, at two a clock in the afternoon, will be sold by us, a messuage and lot of ground in Front-street, the corner of Pewter platter alley, the breadth in Front-street, fourteen and a half foot, more or less, and in length sixty-eight foot, bounded northward with Joseph Knight's brick house, and remainder of his lot, eastward with the said Front-street, southward with an alley, westward with a piece of Grif-fith Jones's lot, be it more or less. The said premises being part of the estate of the said John Norwood, at-tached by the sheriff according to law, for the satisfacti-on of his creditors; dated the 7th day of December 1749. ⊕

PETER BARD,
HENRY LEVERS.
JAMES BENEZET.

For LONDON directly,

The SHIP BROTHERS, *William Muir*, Commander,

Will sail with all convenient speed.

For freight or passage, agree with Charles and Alexander Stedman, or the said master, now lying at Fishbourn's wharff; she hath good accommodations for passengers.

For LONDON directly,

The SNOW AMPHITRITE, *James Young*, Commander;

Will sail with the utmost expedition.

For freight or passage, apply to said commander, or Levy and Franks. N. B. A great variety of European and India goods, to be sold cheap for ready money, or short credit, by said Levy and Franks.

To be SOLD.

A Very good plantation in Mansfield, about five miles from Burlington, containing 150 acres of land, with a good dwelling-house and barn thereon; also a young orchard, containing about 100 grafted trees, about 50 acres of the upland cleared, and about 12 acres of good meadow, and a considerable deal more may be made; it is well timber'd and water'd, and the clear'd land in good fence. The title is indisputable. Any per-son inclining to purchase the same, may apply to Wil-liam Clayton at Trenton, or to George Nicholson at Crosswicks. ☊

For LONDON directly,

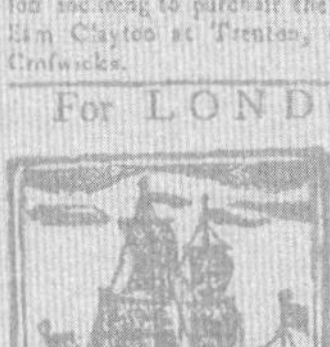

The SHIP CROWN, *Michael James* Commander;

Great part of her cargo being now engaged, will certainly sail by the last of this month, weather permitting. For freight or passage apply to Isaac Green-leafe, at Israel Pemberton's, or the commander on board, near Chestnut-street wharff.

N. B. She has extraordinary accommodations for pas-sengers, and it is determined she shall be dispatched by the time fix'd.

VEry good Jesuit's Bark to be sold by John Inglis, at his store, on Hamilton's Wharff.

Just imported, and to be sold by

away. He talks a little French, but ...

N. B. Any other person that has ... way from him lately, is also desired to ... above person, in case he should not prove ... contrary. MARTIN KERAU...

ALl persons indebted to the es... Linton, late of this city, ... are hereby desired to discharge the sam... who have any demands against the said ... wise requested to bring in their accounts, ... be adjusted by Martha Linton, Executrix.

N. B. Said Martha Linton carries on ... ness as her husband did, where all perso... plied as usual.

To be sold very cheap, for ready money, or ...

JOSEPH SI...

At his store, below the Draw...

A Variety of European good... lasses, rum, sugar and salt...

A Quantity of choice Middling ...

sold by

JOSIAH DAVENP...

Baker in Gray's Alley.

JOHN WALL...

Having removed his store from Front-st... street, opposite to Richard Sewell's, ... ported from London by the Dove, Capt... the Swimmer, Captain Rice, and sells ... ready money, or three months credit,

BRoadcloths, bearskins, cott... kerseys, halfthicks, shaloons, ... and other colour'd plushes, ... colour'd thread, and half-ready ... 9 qr. rose blankets, motley'd and matted ... womens worsted hose, striped and plain ... and cotton caps, felt hats, broad and narr... tribbets, single and double camblets, ... fustians, corded poplins and ... pions, 3 qr. yard, yard and 3 eights, and ... linnen checks, linnen and cotton handkerc... tandems, garlix, double and single silesia... clear and spotted lawns, cambricks in piec... spotted, flower'd and stitch'd lawns, cal... linnens, 6 qr. 5 qr. and yard wide muss... spotted and border'd bandannoes, ... and yard wide sheeting, 3 crown, and 3 ... sail duck, tafseties, ..., half-ell ... persians, velvets, duckfoys and ... ken and bed-bunts, ribbons, black lace, ... tapes, gartering, sewing silk, crewels, fl... vas, Scots thread, Stone ..., ..., womens gloves and mittens, silk caps, black pepper, pistol-caps, and cotton ... and bone knives and forks, buckles and ... variety of cutlery, Manchester, and othe...

TO BE LET...

A Large, commodious house ... Draw-bridge; enquire of Mr. Ro... Ebenezer Tomlinson.

Also a lot of land, below Wicacoe, ver... a ship carpenter, to be lett for a term of ... Nicholls, Samuel Rhoads, or Ebenezer T...

ALl persons indebted to the es... mas Kenton, late of Oxford town... this county, are desired to come and pay ... debts; and those that have any demand... state, are desired to bring in their acco... may be settled by Thomas and William ... ture. ☊

Just imported in the Swimmer, Capt. ...

sold by

GEORGE SM...

At his store, between Norris's and Gray... assortment of European and East Ind...

COARSE and fine super... broad cloths, in pieces and suits, ... colour'd and scarlet cloaks, buttons and ... and boys felt hats, coarse and fine camb... shaloons, tammies, flannels, ..., ... mens and womens coarse and fine worsted ... sted and cotton caps, womens white ... leather gloves, English duck, best ozenb... Irish sheeting, Irish linnens, tandems, g... damask table cloths, yd. wd. ell wd. and ... long lawns, broad lawns, and pistol lawn... pieces and patches, black velvet, Engli... paduasoys, damasks, and sattins, china ... red bandannoes, lungees, silk and cotton ... printed cottons and linnens, variety of p... calicoes, yd. wd. ell wd. and 6 qr. cott... cottons, likewise good Bohea, Bur green...

1788년 8월, 이제 집에서 계속 쓰려고 한다

하지만 기대했던 만큼 자료가 많지 않다.
전쟁 중에 거의 잃어버렸고 겨우 이것밖에 남지 않았다.

제3부

THE AUTOBIOGRAPHY OF
BENJAMIN
FRANKLIN

worsted caps double and single, womens worsted mens superfine rolling ditto, mens cotton and ditto, mens scarlet knit breeches, red and black ..., womens scarlet and cloth coloured short ..., silk caps, writing paper, Scotch linnen, ... handkerchiefs, ditto white with blue borders, hair ... and white persian, mohair and buttons, ... Scotch white thread, damask and diaper ..., Cumberland handkerchiefs, spotted handkerchiefs, ... blue long cloths, broad cambricks, ... callimancoes, worsted damasks, green and ... for beds, hair gratts, knee garters, red and blue strip'd ditto, white ditto, cambricks, ... lawns, yd. wd. garlix, mens and womens ... lace, nonsopretties, pins, snuff-boxes, brass ... buck spring knives, French flag cuttoes, flag ... with scales, buck handled knives and forks, ... steel and brass knee and shoe buckles, decanters, glasses, 20d, 10d, 8d, and 3d nails, best ... A C, and I C, No. 3, wool cards, square ..., gimblett, Anderson's Scotch pills, and a ... other things, too tedious to mention.

(p. 7s. 6d. Thesf.)

BARBADOS directly,

The SHIP INDUSTRY, William Rankin, Commander; Will sail with all expedition. For freight or passage, apply to said commander on board, or John Erwin, ... Alley.

To be sold by

...ISTOPHER MARSHALL,

... and colour shop, the sign of the Golden Ball, ... Strawberry alley, near the Three Tun Tavern ... Chestnut-street, viz.

...mine, cochineal, native cinnaber, vermilion ..., drop-lake, sundry sorts red lead, Venetian & ..., flake white, Spanish whiting, white lead, Prussia blue sundry sorts, blue bise & verditer, and calcin'd smalts, Fr. & Eng. verdigrease, ..., sap green, stone and powder oker, Turpeth ... minerals, Naples & king's yellow, white & ... London glue, Tripoli, sandiver, borax, ... zink, aquafortis, aqua regia, blue galls, white copperas, Roman vitriol, spirits & oil of ... of wine, ditto camphorated, cream tartar, ..., oil tartar, roach & common allom, epsom ... salts, saltpetre, ditto with antimony, spirits ..., sal Jovis, sal Martis, salsebrifug. tartar emetic ... amber, salt hartshorn, diascordium, Venice ... mithridate, confection alchermis, rad. jallop, ... epicacuana, ditto in powder, Turkey rhubarb, ..., galengal, glass antimony, birthwort, ... cubebs, antimony, aloes hepatic, ... Regulus's antimony, golden and plain ... grass, oil amber, oil mace, oil nutmegs, oil ...

...tended at Mr. Byles's house, near the middle of Pewter-platter-alley, by ANDREW LAMB.

N. B. At the same house there is to be sold, mens wearing apparel ready made, viz. great coats, red and blue, and fine trimm'd coats of various colours, waistcoats, red, blue and black, and shag breeches, red and black; there is good choice of each sort, sold cheap for ready money, &c. Thesf.

PUrsuant to an order of the court of common pleas of Philadelphia county, whereby we are appointed auditors upon an attachment issued against John Norwood, we, in pursuance of the said order, and of the act of assembly in such case provided, do hereby give publick notice, that on Tuesday, the 23d day of January inst. at the widow Roberts's coffee house, at two a clock in the afternoon, will be sold by us, a messuage and lot of ground in Front-street, the corner of Pewter platter alley, the breadth in Front-street, fourteen and a half foot, more or less, and in length forty-eight foot, bounded northward with Joseph Knight's brick house, and remainder of his lot, eastward with the said Front-street, southward with an alley, westward with a piece of Griffith Jones's lot, be it more or less. The said premises being part of the estate of the said John Norwood, attached by the sheriff according to law, for the satisfaction of his creditors; dated the 7th day of December 1749.

PETER BARD,
HENRY ELVES,
JAMES BENEZET.

For LONDON directly,

The SHIP BROTHERS, William Muir, Commander, Will sail with all convenient speed. For freight or passage, agree with Charles and Alexander Stedman, or the said master, now lying at Fishbourn's wharff; she hath good accommodations for passengers.

For LONDON directly,

The SNOW AMPHITRITE, James Young, Commander; Will sail with the utmost expedition. For freight or passage, apply to said commander, or Levy and Franks. N. B. A great variety of European and India goods, to be sold cheap for ready money, or short credit, by said Levy and Franks.

To be SOLD,

A Very good plantation in Mansfield, about five miles from Burlington, containing 150 acres of land, with a good dwelling-house and barn thereon; also a young orchard, containing about 200 grafted trees, about 30 acres of the upland cleared, and about 12 acres of good meadow, and a considerable deal more may be made; it is well timber'd and water'd, and the clear'd land in good fence. The title is indisputable. Any person inclining to purchase the same, may apply to William Clayton at Trenton, or to George Nicholson at Crosswicks.

For LONDON directly,

The SHIP CROWN, Michael James Commander; Great part of her cargo being now engaged, will certainly sail by the last of this month, weather permitting. For freight or passage apply to Isaac Greenleafe, at Israel Pemberton's, or the commander on board, near Chestnut-street wharff.

N. B. She has extraordinary accommodations for passengers, and it is determined she shall be dispatched by the time fix'd.

VEry good Jesuit's Bark to be sold by John Inglis, at his store, on Hamilton's Wharff.

Just imported, and to be sold by

BENJAMIN RAWLE

JOSEPH SIM...

At his store, below the Drawbrid...

A Variety of European goods; ... lasses, rum, sugar and salt.

A Quantity of choice Middling Bisc... sold by

JOSIAH DAVENPO...

Baker in Gray's Alley.

JOHN WALLA...

Having removed his store from Front-street ... street, opposite to Richard Sewell's, Esq; ... parted from London by the Dove, Capt. M... the Swimmer, Captain Rice, and sells ... ready money, or three months credit,

BRoadcloths, bearskins, coatings, kerseys, halfthicks, shalloons, ... and other colour'd plushes, haircloths, buckra... colour'd thread, and hair-bind, 10 qr. 9 qr. ... qr. rose blankets, mottell'd and matted ... womens worsted hose, striped and plain flan... and cotton caps, felt hats, broad and narrow ... tabbereens, single and double damasks, callima... starrets, corded poplins and marlinets, gra... ..., 3 qr. yard, yard and 3 eights, and 6 qr. linnen checks, linnen and cotton handkerchi... tandems, garlix, double and single silesias, ... clear and pistol lawns, cambricks in pieces ... spotted, flower'd and strip'd lawns, callico... linnens, 6 q. 5 qr. and yard wide muslins, ... spotted and border'd bandanoes, longee romals ... and yard wide sheeting, 3 crown, and 3 ... sail-duck, taffeties, mantuas, half-ell ... persians, velvets, ducksoys and striped gingha... ... and bed-bunts, ribbons, black lace, ... tapes, gartering, sewing silk, cruels, black ..., Scots thread, Scots canteen, laces, ... womens gloves and mittens, silk caps, ... black pepper, pistol-caps, and cotton knives ... and bone knives and forks, buckles and but... variety of cutlery, Manchester, and other g...

TO BE LETT,

A Large, commodious house, ... Draw-bridge; enquire of Mr. Robert ... Ebenezer Tomlinson.

Also a lot of land, below Wicacoe, very ... a ship carpenter, to be lett for a term of ... Nicholls, Samuel Rhoads, or Ebenezer Tom...

ALl persons indebted to the estat... ... Kenton, late of Oxford townshi... phia county, are desired to come and pay the... debts; and those that have any demands a... state, are desired to bring in their account... may be settled by Thomas and William Ke... tors.

Just imported in the Swimmer, Capt. Ri... sold by

GEORGE SMI...

At his store, between Norris's and Gray's ... assortment of European and East India g...

COARSE and fine super ... broad cloths, in pieces and suits, ... colour'd and scarlet cloaks, buttons and m... and boys felt hats, coarse and fine camblets ... shalloons, tammies, starrets, ... mens and womens coarse and fine worsted ... sted and cotton caps, womens white and ... leather gloves, English duck, best oznabrig... Irish sheeting, Irish linnens, tandems, garli... damask table cloths, yd. wd. ell wd. and ... long lawns, broad lawns, and pistol lawns, ... pieces and patches, black velvet, English ... paduasoys, damasks, and sattins, china taf... red bandanoes, longees, silk and cotton ro... printed cottons and linnens, variety of purple... callicoes, yd. wd. ell wd. and 6 qr. cotton ... cottons, likewise good Bohea, fine green, ... pepper, nutmegs, &c. likewise white ...

필라델피아에서

내가 마음속에 품었던 '위대하고 거창한 계획'을 이야기했었다. 이제 그 계획과 목표를 설명해야 할 때인 것 같다. 처음 그 계획이 떠올랐을 때 적어 두었던 메모가 어찌어찌 분실되지 않고 이렇게 남아 있다.

1731년 5월 19일 도서관에서 역사책을 읽고 느낀 점.

전쟁이나 혁명 같은 대사(大事)는 당파에 의해 수행되고 영향을 받는다.

이 당파들의 목표는 현재 당면한 일반적인 이익 또는 그들이 그렇다고 여기는 것들이다.

각기 다른 당파의 서로 다른 목표는 온갖 혼란을 일으킨다.

당파가 총체적인 계획을 수행하고 있는 동안에도 당원들은 제각기 자신의 개인적인 이익을 기대한다.

당파가 일반적인 지점에 도달하기만 하면 당원들은 제각기 자신만의 이익에 눈을 붉힌다. 다른 당원들을 쓰러뜨리고 당파를 산산조각 내고 그 결과 더 큰 혼란이 일어난다.

공사(公事)에 임하는 사람 중에 겉으로는 무어라 하든 순수하게 나라만의 이익을 생각하는 사람은 거의 없다. 어쩌다 그 행동이 국가에 이익이 되었다 해도 자신의 이익과 나라의 이익이 일치한다고 생각했기 때문에 그렇게 행동한 것이지 그저 박애주의 원칙에 따른 것은 아니다.

인류의 행복을 위해 일하는 공무원은 더 더욱 없다.

지금이야말로 온 세계의 덕스럽고 선량한 사람들을 주축으로 하여 덕(德)의 연맹(聯盟)을 만들 때다. 그래서 적절하고 지혜로운 규칙으로 그들을 통제해야 한다. 그들은 보통 사람들이 보통법을 따르는 이상으로 철저하게 그 규칙을 따를 것이다.

이를 올바르게 시도하는 자, 또 그럴 자격이 있는 자는 하나님을 기쁘게 하여 반드시 성공할 것이다.

B.F

이 계획이 계속 머릿속에서 맴돌았다. 나중에 여유가 생기면 그 때라도 수행해 보려고 짬이 나는 대로 그에 관해 떠오르는 생각을 쪽지에 적어 두었다. 거의 잃어버렸지만 만들려고 했던 강령의 요점을 적어 놓은 쪽지는 남아 있다. 모든 종교의 본질을 담고 있으며 어느 특정 종교의 신자가 분개할 내용은 모두 배제되었다.

하나님은 한 분으로 모든 것을 창조하셨다.
그분은 이 세상을 스스로의 섭리로 다스리신다.
흠모함과 기도와 감사로 예배를 받으셔야 마땅하다.
그러나 하나님께서 가장 좋아하시는 봉사는 사람들에게 선함을 베푸시는 것이다.
영혼은 스러지지 않는다.
이곳에서든 저 세상에서든 하나님은 반드시 선에는 상을 주시고 악은 단죄하실 것이다.

그 당시 내 생각은 이러했다. 첫째, 이 운동은 오직 젊은 독신 남성들 사이에서 시작되어 퍼져 나가야 한다. 둘째, 입회하기 위해서는 이 강령에 동의함을 선서하고, 앞에서 얘기한 덕목표에 따라 13주 동안 덕목을 실천하고 자기 점검을 해야 한다. 셋째, 이 단체의 존재는 상당한 규모가 될 때까지 비밀로 부쳐서 자격 미달인 사람이 입회하겠다는 소란이 없도록 해야 한다. 각 회원은 주의 사람들

중에서 재능 있고 마음씨 좋은 젊은이를 찾아 내어 계획을 신중하게 점차적으로 전한다. 넷째, 회원들은 서로의 취미와 일과 삶의 진보를 증진시키는 데 충고와 협조와 후원을 아끼지 않아야 한다. 다섯째, 이런 의미에서 이 단체의 이름을 '자유민의 모임'으로 한다. 자유롭다함은 덕의 실천과 습관화로 악의 지배를 벗어난 상태를 말한다. 특히 근면과 절약을 실천함으로써 사람을 구속시키고 채권자의 노예가 되게 하는 빚에서 자유로워짐을 뜻한다.

여기까지가 이 계획에 대해서 내가 기억하고 있는 전부이다. 한 가지 빠뜨린 얘기가 있는데, 내가 어느 두 젊은이에게 이 생각을 이야기했더니 그들은 아주 열성적으로 관심을 보였다. 그러나 일에만 붙어 있어야 하는 내 각박한 사정 때문에 자꾸 미루어지기만 했다. 거기에다가 공적, 사적으로 여러 잡다한 일을 떠맡고 있어서 계속 연기할 수밖에 없었다. 그렇게 흐지부지하다가 이제는 그런 큰 일을 할 힘도 활동력도 없어져 버렸다. 그러나 이 계획이 매우 실용적이고 행해지기만 했다면 아주 쓸모 있었을 거라는 생각은 여전하다. 훌륭한 시민을 많이 배출했을 테니까 말이다. 그리고 나는 그 계획이 너무 엄청나 보인다고 해서 지레 겁먹지는 않았다. 웬만큼 능력 있는 사람이라면 좋은 계획을 세우고 다른 오락이나 사업에 눈 돌리지 않고 그 계획만 연구하고 업으로 삼는다면 위대한 변화를 이룩하고 대사를 완수할 수 있다.

1732년에 나는 리처드 손더스라는 이름으로 달력을 처음 발행했다. 그 후 25년간 계속 발행된 이 달력을 사람들은 '가난한 리처드의 달력'이라고 불렀다. 달력을 재미있으면서도 유용하게 만들려고 애썼기 때문에 인기가 굉장해서 해마다 1만 부 정도를 찍어 상당한 수입을 올렸다. 대부분의 사람들이 그 달력을 보았고 이 달력이 없는 집이 거의 없을 정도였다. 그렇게 되고 보니 달력말고는 거의 책을 사지 않는 보통 사람들에게 달력을 통해 좋은 얘기를 전해 줄 수 있겠다는 생각이 떠올랐다. 그래서 나는 몇몇 특별한 날들 사이에 끼여 있는 빈 칸에 교훈이 될 만한 글귀들을 써넣었다. 주로 근면과 절약이 부유해지는 길이며 따라서 미덕을 얻게 해준다는 내용이었다. 예를 들어, 궁핍한 사람은 늘 정직하기가 어렵다는 뜻으로 "빈 자루는 똑바로 세우기 힘들다" 같은 금언을 사용했다.

이 금언들은 세대와 나라를 초월한 지혜를 두루 담고 있었다. 나는 이것들을 모아서 지혜로운 노인이 경매장에 모인 사람들에게 설교하는 식으로 만들어 1757년 달력 앞부분에 실었다. 흩어져 있던 여러 교훈들을 한데 모아 놓으니 훨씬 더 강한 인상을 주었다. 이것은 전세계적으로 인기를 끌었다. 아메리카 대륙에서는 신문마다 복사되어 실렸고 영국에서는 큰 종이에 인쇄되어 집집마다 벽에 붙여졌다. 프랑스에서는 두 가지 번역본이 나와 사제들과 상류사회 인사들이 대량으로 사들여서 교구민이나 소작인들에게 무료로 나누어 주었다. 펜실베이니아에서는 이 달력이 나오고 나서 수년 동안 화폐량이 눈에 띄게 늘었다. 사람들은 달력 덕분이라고 생각했다. 그 달력에 외제 사치품에 대한 쓸모 없는 지출을 자제하자는 내용이 있었기 때문이다.

나는 우리 신문을 통해서도 교훈을 전할 수 있을 거라고 생각했다. 그런 목적으로 《스펙테이터》 나 다른 교훈적인 작가들의 글들을 자주 실었다. 가끔씩은 전토 클럽에서 발표하려고 쓴 짤막한 내 글도 실었다. 내 글들 중 하나는 소크라테스식 문답이었다. 능력이나 역할이 어떻든 악한 사람은 분별 있는 사람이 아니라는 것을 보여 주는 글이었다. 자기 극기에 대한 논의도 하나 있었는데, 미덕은 그 실천이 몸에 완전히 배어 그 반대 성향에서 완전히 자유로워졌을 때에만 확신할 수 있다는 내용이었다. 이 글들은 1735년 초의 신문들에서 찾아 볼 수 있을 것이다.

신문을 펴내면서 나는 남을 중상하거나 인신 공격하는 글은 되도록 싣지 않으려고 조심했다. 그런데 수치스럽게도 요즈음 우리나라에서는 그런 일이 수없이 자행되고 있다. 나도 그런 글을 실어 달라는 부탁을 많이 받았었다. 그런 부탁을 하는 사람들은 대개 이런 식으로 말했다. "나에겐 표현의 자유가 있소. 그리고 신문은 마차 같은 것 아니오. 돈만 내면 탈 권리가 있단 말이오." 내 대답은 한결같았다. "원하신다면 따로 인쇄해 드릴 테니 당신이 직접 돌리도록 하시지요. 나는 댁의 비난을 퍼뜨리는 일에 끼고 싶지 않으니까요. 구독자들에게 쓸모 있거나 재미있는 기사를 제공하겠다는 약속을 한 이상 독자들과 관계 없는 사사로운 논쟁을 불공평하게 실을 수는 없습니다." 요즈음의 많은 인쇄업자들은 도대체 양심이라고는 없는 듯하다. 개인의 원한을 풀어 주기 위해 가장 고매한 인격을 가진 사람까지 트집을 잡는가 하면 원한을 일으켜서 결투를 초래하기까지 한다. 더 심각한 것은 인접한 주의 정부에 대한 독설을 분별 없이 찍어 댄다는 것이다. 심지어는 우리의 둘도 없는 동맹국들까지 건드린다. 이런 경솔한 행동이 치명적인 결과를 초래할 수도 있다. 이런 이야기를 하는 이유는 인쇄업에 종사하는 젊은이들에게 주의를 주기 위해서다. 그런 수치스러운 일로 신문을 더럽히거나 자신들의 업(業)을 욕되게 할 것이 아니라, 그런 글을 확고하게 거절했으면 한다. 내 경우를 봐서도 알겠지만 그러는 것이 결국 자신에게도 더 이롭다.

1733년에는 인쇄 기술자가 부족한 사우스캐롤라이나의 찰스턴에 내가 데리고 있던 직공을 보냈다. 동업한다는 계약 아래 나는 인쇄기와 활자를 대주었고, 경비의 삼분의 일을 대는 조건으로 수익의 삼분의 일을 받기로 했다. 그 직공은 배운 것도 있고 정직한 사람이었으나 돈 계산에는 그리 철저하지 못했다. 그는 가끔씩 내게 돈을 보내 왔지만 그가 죽을 때까지 나는 회계 보고 한 번 받아 보지 못했고 우리 동업 관계는 결코 만족스럽지 못했다. 그가 죽은 후에는 부인이 가게를 맡았다. 그녀는 네덜란드에서 태어나고 자란 사람이었다. 내가 알기로 그곳에서는 여자들에게도 회계 교육을 시킨다. 이 부인은 그전까지의 기록을 찾아 내는 대로 정확한 보고서를 보내 왔을 뿐 아니라 그 후로도 분기마다 어김없이 정확한 회계 보고를 했다. 사업은 크게 성공했다. 그녀는 아이들을 남부럽지 않게 키웠으며 계약이 끝난 후에는 내게서 인쇄소 전체를 사들여 아들에게 물려 주었다.

이 일을 이야기하는 이유는 우리나라 젊은 여성들에게도 이 계통의 공부를 시켰으면 하고 제안하기 위해서다. 혹시라도 혼자가 될 경우 음악이나 무용보다는 회계를 아는 것이 자신과 아이들에게 더 쓸모가 있을 것이다. 음흉한 사기꾼에게 손해 보는 일도 없을 것이고 이문이 많은 장사를 계속하면서 확실한 거래처를 확보할 수도 있을 것이다. 그러다가 아들이 가게를 맡을 수 있을 만큼

크면 물려 주면 된다. 그 후로도 가게는 계속 이익을 올릴 것이고 가족은 부유해질 것이다.

1734년쯤에 아일랜드에서 헴필이라는 젊은 장로교 목사가 이주해 왔다. 이 목사는 별 다른 준비를 하지도 않은 것 같은데 듣기 좋은 목소리로 아주 근사하게 설교를 해서 다른 교파의 사람들까지 상당히 끌어들였다. 나도 그중의 한 사람으로 그의 설교를 계속 들으러 갔다. 그의 설교에는 종교 교리 같은 것은 거의 없었고 덕의 실천 혹은 종교적인 범주로는 선행이라고 불리는 것을 역설했다. 나는 그런 설교가 마음에 들었다.

그런데 정통 장로교인이라고 자처하는 사람들이 그의 논리를 반박하고 나섰고 곧 나이 든 목사들도 동조했다. 그들은 교회 회의에서 그를 이단자로 고발했다. 나는 그의 열렬한 지지자가 되어 그를 옹호하는 파를 만들기 위해 전력을 다했다. 우리는 얼마 동안 그를 위해 싸웠으며 이길 것이라는 희망도 있었다. 이 일에는 이러쿵저러쿵 말들이 많았다. 그런데 목사는 그 유려한 설교 솜씨와는 딴판으로 글솜씨는 형편없었다. 그래서 내가 대신 두세 개의 소논설을 써서 1735년 4월호 《가제트》 지에 실었다. 그 당시에는 논쟁거리가 생기면 대개 논설들을 썼었는데 곧 시들해져서 지금은 전혀 보이지 않는다.

이 와중에 목사에게 치명타를 입힌 불행한 일이 일어났다. 반대파의 한 사람이 목사의 유명한 한 설교를 듣고는 그 일부를 전에 어디선가 읽은 적이 있다고 주장한 것이다. 그래서 조사해 본 결과 일부분이 영국의 어느 평론지에 실린 포스터 박사(1697~1753 영국 목사 : 역주)의 설교에서 인용되었다는 것이 밝혀졌다. 이 일이 발각되자 우리 파의 많은 사람들이 정나미 떨어졌다며 목사를 떠났고 우리 파는 교회 회의에서 깨끗하게 패배했다. 그러나 나는 끝까지 목사 편에 섰다. 자기가 쓴 형편없는 설교보다는 남이 쓴 설교라도 좋은 설교를 들려 주는 것이 더 낫다고 생각했기 때문이다. 목사는 나중에 자기의 설교는 모두 자기가 쓴 것이 아니라고 내게 털어놓았다. 그가 말하기를 자기는 기억력이 좋아서 어떤 설교든 한 번만 읽으면 금방 외워서 그대로 할 수 있다는 것이었다. 우리가 진 후에 목사는 더 나은 운명을 찾아 떠났고 나는 더 이상 교회에 나가지 않았다. 하지만 목사들을 후원하는 헌금은 여러 해 동안 꾸준히 보냈다.

1733년경부터 나는 외국어를 공부하기 시작했다. 프랑스어를 혼자 익혀서 곧 책을 수월하게 읽을 정도가 되었다. 그 다음에는 이탈리아어에 도전했다. 함께 이탈리아어를 배우던 친구 하나가 체스를 두자고 계속 꼬드겼다. 체스가 시간을 너무 잡아먹어 정작 공부는 할 수가 없었다. 그러자 나는 조건을 제시했다. 게임을 해서 이긴 사람이 진 사람에게 문법 한 가지를 완전히 외우거나 번역하는 벌을 주고, 진 사람은 다음 번 만나기 전에 명예를 걸고 그 약속을 지켜야 한다는 것이었다. 이 조건대로 하지 않으면 체스를 두지 않겠다고 했다. 우리 둘은 체스 실력이 비슷했기 때문에 서로에게 공부를 시키는 셈이 되었다. 그 다음에는 약간의 고생 끝에 스페인어를 습득했고 역시 책을 읽을 정도는 되었다.

앞에서 잠깐 말했지만 나는 라틴어 학교를 1년, 그것도 아주 어린 나이에 다녔기 때문에 그 후로는 라틴어를 다 잊어버렸다. 그러나 프랑스어, 이탈리아어, 스페인어를 익히고 나서 라틴어 성경을 언뜻 볼 기회가 있었는데 놀랍게도 생각했던 것보다 훨씬 잘 읽혔다. 이에 용기를 얻어서 다시 라틴어를 공부했는데 앞서 익힌 언어들 덕에 무리 없이 쉽게 습득할 수 있었다.

이런 일들을 겪으면서 나는 우리의 언어 교육에 약간 일관성이 없다는 생각이 들었다. 우리는 흔히 라틴어로 시작해서 그것을 익힌 다음에 거기서 갈라져 나온 다른 언어들을 배우는 것이 맞다고 알고 있다. 그러면서도 우리는 라틴어를 쉽게 배우기 위해 그리스어부터 시작하지는 않는다. 계단을 하나하나 밟지 않고 꼭대기에 기어오르기만 한다면 내려오는 것은 훨씬 쉬울 것이다. 그러나 맨

밑계단부터 밟기 시작한다면 올라가는 것 또한 쉬워질 것이다. 그러니 어린 학생들의 라틴어 교육을 책임지는 사람들에게 이런 제안을 하고 싶다. 라틴어로 시작한 학생들은 몇 년 동안 이렇게 저렇게 시간만 때우다 제대로 익히지도 못하고 포기해 버린다. 그러고 나면 배운 것은 완전히 쓸모 없어지고 그동안에 들인 시간도 물거품이 되고 만다. 그러느니 프랑스어로 시작해서 그 뒤에 이탈리아어 등등으로 나가는 것이 어떨까 싶다. 그리 되면 똑같은 시간을 들인 후에 어학 공부를 그만두고 라틴어까지는 이르지 못한다 해도 현재 실제로 사용되고 있어 실생활에 도움이 될 만한 언어를 적어도 한두 가지 배워 둔 것이 된다.

보스턴을 떠나온 지도 어언 10년이 지났고 생활도 그런 대로 괜찮아졌다. 그래서 나는 보스턴에 가서 가족들을 보고 오기로 했다. 그전까지는 너무 바빠 엄두도 못 냈었다. 돌아오는 길에는 뉴포트에 잠시 들렀다. 그곳에서 형이 인쇄소를 하고 있었다. 참 많이도 다퉜었는데 이제 그 일들도 다 옛일이 되어 버렸고 우리의 만남은 아주 따뜻하고 애정이 넘쳤다. 형은 하루가 다르게 쇠약해지고 있었다. 형이 부탁하기를 자기는 곧 죽을 것 같으니 그렇게 되면 이제 겨우 열 살인 조카를 맡아서 인쇄업을 가르쳐 주라고 했다. 나는 약속을 지켰다. 조카를 몇 년 동안 학교에 보낸 후에 인쇄업을 가르쳤다. 형수가 사업을 꾸리다가 조카가 웬만큼 나이가 차자 인쇄소를 물려 주었다. 나는 새 활자를 마련해 주었다. 형이 쓰던 것들은 이미 다 닳아 버렸던 것이다. 이렇게 해서 나는 옛날에 형을 너무 빨리 떠나 버려 해주지 못했던 일을 조카에게 충분히 갚을 수 있었다.

1736년에 나는 네 살짜리 아들 하나를 천연두로 잃었다. 그 아이에게 예방 접종을 시키지 않았던 것을 참 오랫동안 애통해 했다. 지금도 그 일을 생각하면 한숨만 나온다. 예방 접종 때문에 아이가 죽기라도 하면 어쩌나 하고 예방 접종을 시키지 않는 부모들에게 이런 말을 해주고 싶다. 예방 접종을 하든 안 하든 후회는 마찬가지일 바에야 안전한 쪽을 택하는 편이 낫지 않겠는가, 라고.

우리 전토 클럽은 아주 유익한 모임이었고 회원들은 모두 만족했다. 회원들 중 여러 명이 자기 친구들을 가입시키고 싶어했다. 그리 되면 우리가 가장 적당한 회원 수로 생각했던 열두 명을 초과해야 했다. 애초에 우리는 이 클럽을 비밀 모임으로 만들었고 이 규칙은 잘 지켜졌다. 비밀로 한 가장 큰 이유는 자격이 되지 않는 사람이 입회하려고 할까 봐 염려되서였다. 차마 거절하기 곤란한 경우도 있을 터였다. 나는 회원 수를 늘리는 것에 반대했다. 대신에 이런 제안서를 냈다. 회원들 각자가 전토 클럽과 똑같은 규칙을 가진 종속적인 클럽을 따로 만들자는 것이었다. 단 각 회원에게는 전토 클럽과의 관계를 숨기고 말이다. 나는 그 이익을 이렇게 설명했다. 우선 우리와 같은 모임을 통해 훨씬 많은 젊은 시민들의 자질을 향상시킬 수 있다. 그리고 어떤 일에 대한 주민들의 일반적인 의견을 더 쉽게 접할 수 있다. 전토 회원들이 각자의 클럽에서 자기가 알고 싶은 것을 제의하고 통과된 것만을 전토 클럽에 보고하면 된다. 또 서로를 추천해 줄 수 있는 범위가 크게 확대되어 우리들의 사업에도 크게 이익이 될 것이다. 마지막으로, 여러 클럽들을 통해 전토의 의견을 퍼뜨릴 수 있으니 공무에서 우리 영향력이 커질 것이고 선한 일을 할 수 있는 능력 또한 막강해질 것이다.

이 제안은 통과되었다. 그래서 모든 회원들은 자신의 클럽을 만드는 일에 착수했다. 하지만 모두가 성공하지는 못했다. 그중 대여섯만이 조직되어 '바인', '유니언', '밴드' 등의 서로 다른 이름을 가졌다. 클럽들은 나름대로 유익했고 우리에게도 커다란 즐거움과 정보, 교훈을 가져다 주었다. 그 밖에 특정 시사 문제에 대해 여론을 조성할 때에도 아주 유용했다. 이에 대해서는 관련된 일이 나오면 그때그때 이야기하겠다.

공직에 진출하다

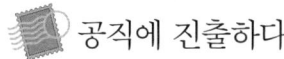

내가 처음으로 공직에 있게 된 것은 1736년에 주의회 서기로 선출되면서였다. 첫해에는 한 사람의 반대도 없이 당선되었다. 다음 해(다른 의원들과 마찬가지로 임기 기간이 1년이었다)에도 다시 후보에 올랐는데 신참내기 의원 하나가 다른 후보를 옹호하고 나를 반대하는 긴 연설을 했다. 그러나 결국에는 내가 다시 당선되었다. 내게는 썩 기분좋은 일이었다. 이 자리에 있는 동안 서기의 봉급 외에도 주의회 의원들과 친분을 나눌 기회도 얻었고 투표 용지나 법조문, 지폐, 공문서 같은 인쇄 일거리가 떨어지지 않았기 때문이다. 무엇 하나 해로울 것이 없었다.

그러니 당연히 이 신참내기 의원의 방해가 달가울 리가 없었다. 이 사람은 재산도 있고 학식도 있고 재능도 있어서 오래지 않아 주의회에 커다란 영향력을 행사할 사람이었고 후에 실제로 그렇게 되었다. 그렇다고 해서 그에게 아첨하여 잘 보이고 싶은 생각은 없었다. 얼마 후에 나는 다른 방법으로 그에게 접근해 보았다. 그의 서재에 아주 진기한 희귀서가 한 권 있다는 소문이 있었다. 나는 그에게 편지를 보내 그 책을 한번 읽어 보고 싶으니 며칠만 빌려 달라고 청했다. 그는 즉시 책을 빌려 주었고 나는 일주일 뒤에 그 책을 돌려 주면서 아주 감사하다는 메모를 함께 보냈다. 다음 번에 의회에서 만났을 때 그는 아주 정중하게 말을 걸어 왔다(전에는 한 번도 그런 적이 없었다). 그 뒤로는 모든 일에서 나를 기꺼이 지지해 주었고 우리 우정은 그가 죽을 때까지 계속되었다. 이 일은 옛말 중에 틀린 말이 없다는 것을 또 한 번 보여 준다. "당신이 친절하게 대해 준 사람보다 당신에게 한 번이라도 친절을 베푼 사람이 당신에게 또다른 친절을 베풀 것이다." 적대적인 관계를 되씹고, 보복하고, 그런 관계를 지속시키기보다는 신중하게 접근해서 풀어 나가는 것이 더 이롭다.

지금은 고인이 되신 버지니아 주지사 스포츠우드 대령은 1737년 당시 체신정관으로 있었다. 대령은 필라델피아 우체국장 브래드퍼드 노인이 근무가 태만하고 계산이 정확하지 못하다는 점 등을 이유로 그를 해고하고 나에게 그 일을 맡겼다. 나는 선뜻 그 직책을 맡았고 큰 이익을 보았다. 그 직책의 보수는 적었지만 통신이 용이해져 우리 신문의 내용이 한결 더 나아졌고, 구독자 수도 늘어나고 광고 청탁도 늘어나서 큰 수입을 올렸다. 우리의 옛 경쟁사 신문은 그만큼 더 질이 떨어졌다. 브래드퍼드는 우체국장 시절에 배달부에게 내 신문을 배달하지 못하게 했었지만 나는 아무런 보복도 하지 않았다. 그렇게 해서 그는 셈에 철저하지 못했던 대가를 톡톡히

치렀다. 다른 사람 밑에서 일할 젊은이들이 이 이야기를 새겨들었으면 한다. 회계 보고와 송금은 언제나 명확하고 기한을 어기지 않아야 한다. 새로운 일자리를 찾을 때나 사업을 증대시킬 때 그런 일을 잘 준수하는 것만큼 강력한 추천장은 없다.

이 무렵부터 나는 조금씩 공무에 눈을 돌리기 시작했다. 하지만 작은 일부터 시작했다. 바로 잡아야겠다고 느낀 첫번째 일은 도시의 야경(夜警) 문제였다. 야경은 각 구역의 경관들이 돌아가면서 하고 있었고 그날의 당번인 경관이 밤에 그와 함께 순찰을 돌 세대주들을 지명했다. 그들 중에 참여하기 싫은 사람은 1년에 6실링을 내고 면제받았다. 그 돈은 그들 대신에 야경을 설 사람들을 고용하는 데 쓰도록 되어 있었다. 그러나 그 돈은 사람을 고용하고도 남을 만큼 많아서 남은 돈은 경관들에게 넘어갔다. 그러면 경관들은 동네 불량배들에게 술값을 찔러 주고 경비 일을 시켰다. 그러다 보니 선량한 시민들은 그들과 함께 야경하는 일을 꺼리게 되었다. 그들은 순찰 도는 일도 자주 빼먹고 밤새 여기저기서 술을 퍼마시고 다녔다. 그래서 나는 전토 클럽에서 발표하기 위해 그들의 부정 행위에 대해 썼다. 특히 경관들이 거둬들이는 6실링이라는 세금이 형평성에 어긋난다는 점을 강조했다. 지켜 주어야 할 재산이 기껏해야 50파운드밖에 안 되는 가난한 과부가 가게에 수천 파운드의 물품을 쌓아 놓고 있는 부유한 상인들과 똑같은 돈을 내는 실정이었다.

나는 보다 효율적인 경비를 제안했다. 즉, 경비를 담당하기에 적합한 사람들을 고용해서 지속적으로 경비를 시키자는 것이었다. 그리고 거기에 드는 비용을 충당하기 위한 공정한 방법으로는 재산에 비례해서 세금을 징수하는 방법을 제안했다. 이 생각은 전토에서 인정받았고 종속된 다른 클럽에도 알려졌지만 그 클럽 내에서 제안된 것으로 했다. 이 계획은 즉시 시행되지는 않았지만 사람들에게 변화가 필요하다는 의식을 심어 주었다. 그리고 이것이 발판이 되어, 우리 클럽의 회원들이 좀더 세력을 얻은 몇 해 뒤에는 이 안이 법률로 통과되었다.

이때쯤 나는 논문을 한 편 썼는데(처음에는 전토에서 읽혀졌고 나중에 출판되었다) 사고와 부주의로 집들이 불에 타는 것에 대해서였다. 나는 화재에 대한 경각심을 불러일으키고 사전에 방지할 수 있는 방법을 제안했다. 이 제안은 아주 유용하다는 평가를 받았고 계획이 세워졌다. 언제든지 불을 끄러 갈 수 있고 위험 상황에서 물건들을 안전하게 옮길 수 있는 협력 체제를 갖춘 소방대를 조직하려는 계획이었다. 소방대원을 구한다는 광고를 내자마자 서른 명에 이르는 사람들이 모였다. 우리의 규약 항목에 따라 각 회원은 불이 나면 언제든지 쓸 수 있게 일정한 개수의 가죽 물통, 튼튼한 가방과 바구니(물건들을 실어 나르는 데 쓰도록)들을 항상 준비해 두어야 했다. 그리고 한 달에 한 번씩 저녁 모임을 가지고 화재 대처법에 대해서 여러 가지 생각들을 논하고 주고받기로 했다.

이 기관의 효용성이 곧 눈에 보이자 더 많은 사람들이 가입을 원했다. 한 소방대가 수용하기에는 너무 많은 인원이었기 때문에 그들에게 소방대를 따로 하나 더 만들라고 했고 그들은 그렇게 했다. 이런 식으로 소방대가 계속 생겨났고 나중에는 재산이 있는 주민들 거의 대부분이 소방대원이었다. 이 글을 쓰는 지금 내가 유니언 소방대를 처음 만든 지 50년이 지났는데 아직도 건재해서 왕성한 활동을 하고 있다. 초창기 대원들은 다 죽었고 나와 나보다 한 살 더 많은 사람 하나만 남았다. 모임에 빠지는 사람들에게는 벌금을 거두어서 소방차나 사다리, 소방 기구 등 각 소방대에 필요한 물품을 사는 데에 썼다. 우리만큼 큰 화재를 잘 잡는 도시가 전세계에 하나라도 있는지 묻고 싶다. 실제로 이 소방대가 생긴 후로 우리 도시에서는 화재로 한 번에 두세 집 이상 타버리는 일이 없어졌다. 대개의 경우 불길이 시작된 집이 반도 타기 전에 불은 완전히 꺼졌다.

1739년에는 화이트필드(1717~1770)라는 목사가 아일랜드에서

왔다. 그는 아일랜드에서는 순회 목사로 이름을 날리던 유명한 사람이었다. 필라델피아에 처음 와서는 몇몇 교회에서 설교도 했는데 그를 싫어하는 목사들이 교회를 빌려 주지 않아 야외에서 설교를 해야 했다. 종단이며 교파를 가리지 않고 수많은 군중이 그의 설교에 몰려들었다. 나도 그 구경거리를 놓치지 않으려고 그들 사이에 끼었다. 목사는 그들이 반은 짐승이고 반은 마귀라며 독설을 마구 퍼부었다. 그런데 그의 능변이 청중들에게 도대체 무슨 조화를 부렸는지 사람들은 그를 찬양하고 존경했다. 참 놀라운 일이었다. 주민들의 행동 거지가 그렇게 빨리 변하는 것을 지켜 보고 있자니 입이 떡 벌어질 정도였다. 그때까지만 해도 사람들은 종교에 대해 아무 생각이 없거나 무관심했었는데 이제는 마치 온 세상이 종교로 가득 찬 듯했다. 저녁에 시내를 걷다 보면 이집저집에서 찬송가 소리가 흘러 나오지 않는 거리가 없었다.

그런데 날씨가 궂은 날이 문제였다. 그래서 예배당을 짓자는 의견이 나왔고 모금 위원이 임명되었다. 곧 충분한 돈이 모아져서 땅을 샀고 길이 100피트에 폭이 70피트 가량 되는, 웨스트민스터 강당만한 큰 건물을 지을 수 있게 되었다. 아주 활기차게 일이 진행되어 예정보다 훨씬 빨리 건물이 세워졌다. 어느 종교의 어느 설교자든 필라델피아 시민들에게 하고 싶은 말이 있을 때 사용할 수 있도록 하기 위해 그 건물과 땅은 관리 위원들에게 위탁되었다. 이 건물은 특정 종파를 위한 것이 아니라 일반 주민을 위한 것이었기 때문에 콘스탄티노플의 회교 법전 설명관이 이슬람신을 전파하러 왔다 해도 강단에 설 수 있을 것이었다.

화이트필드 목사는 우리를 떠난 후 여러 지방을 거쳐 조지아까지 설교를 다녔다. 조지아에는 이제 막 사람들이 정착하기 시작했다. 그래서 개척 사업에 꼭 맞는 힘 세고 부지런한 일꾼들이 있어야 했다. 그런데 그곳에는 사업이 망했거나 빚에 시달려 도망왔거나 감옥에서 이제 막 나온 게으른 사람들이 대부분이었다(조지아주는 갱생의 길을 열어 주기 위해 정책적으로 개방되었다 : 역주). 땅을 개간해야 하는 개척지의 고된 일을 견뎌 내지도 못할 이런 사람들이 숲속으로 보내져서 무더기로 죽어 나갔고 수많은 어린이들이 속수무책으로 버려졌다. 이 비참한 상황을 본 자애로운 화이트필드 목사는 그곳에 고아원을 지어서 고아들을 양육하고 공부시켜야겠다는 생각을 품었다. 북쪽으로 돌아오면서 목사는 이 구제 사업에 대해 설교했고 그의 설교는 경이로운 힘으로 듣는 사람들의 마음과 지갑을 열었다. 나도 그중의 하나였다.

나도 이 계획에는 찬성이었지만 그 방법에 대해서는 생각이 달랐다. 당시에 조지아는 물자나 기술자가 부족했다. 그래서 비싼 비용을 들여 필라델피아에서 그것들을 운반해 가느니 차라리 여기에 고아원을 짓고 고아들을 이곳으로 데려오는 것이 낫겠다는 생각이 들었다. 내 의견을 말해 보았으나 목사는 자신의 계획을 고집하고 내 충고를 거절했다. 그래서 나도 기부금을 내지 않았다. 얼마 후에 그의 설교를 우연히 듣게 되었다. 목사가 설교를 끝내고 기부금을 거둘 거라는 느낌이 들었고 속으로 한 푼도 안 내리라 작정하고 있었다. 그때 내 주머니에는 동전 한 주먹과 은으로 된 달러화 서너 개, 금화 다섯 닢이 있었다. 그러나 설교를 들으면서 마음이 약간 흔들려 동전은 내야지 했다. 그러다가 설교 중의 어느 한 구절이 또 나를 부끄럽게 만들어서 은화까지 내기로 마음 먹었다. 그런데 설교를 얼마나 멋있게 끝맺던지 결국에는 주머니 속의 금화까지 있는 대로 다 털어 넣고 말았다. 이 설교 집회에는 우리 클럽의 회원 하나도 있었다. 그는 나처럼 조지아에 고아원 짓는 것을 반대하고 있었고 모금을 벌일지도 모른다는 생각에 아예 주머니를 비운 채 왔다. 그런데 설교가 끝나 가면서 기부를 하고 싶은 충동이 강하게 일어나서 옆에 있던 이웃에게 돈을 좀 빌려 달라고 했다. 그런데 그 사람은 하필 그 많은 사람 가운데 유일하게 그 목사의 설교에 흔들리지 않으려고 작정한 사람이었다. 그는 "이보게, 친구 홉킨슨, 자네에게는 언제든지, 얼마든지, 돈을 빌려 주겠네. 하지만 지금은 안 되겠네. 자네가 약간 제정신이 아닌 것 같으니 말일세"라고 말했다.

화이트필드 목사를 싫어한 사람들은 목사가 기부금을 가로챌 거라고들 말했다. 그러나 그의 설교나 일기를 인쇄하면서 그를 가까이서 지켜 본 나로서는 그의 청렴함을 눈곱만큼이라도 의심할 수 없었다. 지금까지도 나는 그가 항상 정직하게 행동했다고 굳게 믿고 있다. 그 목사를 좋게 이야기하는 내 말이 더욱 믿을 만한 이유는 우리 사이에 종교는 전혀 개입되지 않았기 때문이다. 사실 그는 가끔씩 내가 신앙인이 되도록 해달라고 기도했지만 하나님이 그의 기도를 들어 주었다고 할 만한 일은 일어나지 않았다. 우리 관계는 그저 예의 바른 우정 관계였으며 우리 둘 모두 진실했다. 우리의 우정은 그가 죽을 때까지 변함 없었다.

우리가 어떤 관계였는지를 보여 주는 얘기 하나를 해보겠다. 그는 영국에서 보스턴으로 오자마자 내게 편지를 보냈다. 곧 필라델피아로 가려 하는데 오랜 친구인 베너젯 씨가 저먼타운으로 이사를 가버리는 바람에 그곳에 가면 어디서 묵어야 할지 모르겠다는 것이었다. 나는 "저희 집을 아시지요? 누추한 곳도 괜찮으시다면 저희 집에서 묵으시는 것을 진심으로 환영합니다"라고 답장했다. 목사는 "당신이 예수님을 위해서 이런 좋은 일을 하시니 반드시 상을 받으실 겁니다"라고 했다. 나는 이렇게 답했다. "오해가 없으시기를. 예수님을 위해서가 아니고 당신을 위해서 하는 일입니다." 우리 둘을 다 잘 알고 있던 사람이 농담조로 말하기를 "성직자들은 도움을 받으면 그 은혜의 짐을 벗어 버리려고 하늘에 떠맡겨 버리는데 당신은 그 짐을 땅에 묶어 두었군요"라고 했다.

화이트필드 목사를 마지막으로 본 것은 런던에서였다. 그때 그는 고아원 일과 이에 관련해서 대학을 짓는 데 대해서 내 의견을 물어 보았다.

그는 목소리가 아주 크고 낭랑했으며 단어와 문장을 아주 또렷하게 발음했다. 그래서 그의 설교는 상당히 먼 거리에서도 알아들을 수가 있었다. 그의 청중이 완벽한 침묵을 지키기 때문이기도 했다. 그들은 얼마나 많이 모이든 상관 없이 언제나 조용했다. 어느 저녁에 그는 시장 거리의 한가운데에 있는 법원 계단 꼭대기에서 설교를 했다. 서쪽으로는 2번가가 계단의 오른쪽을 직각으로 교차하고 있었다. 이 양쪽 길이 그의 청중으로 꽉 들어찼고 그 행렬은 상당히 먼 곳까지 뻗어 있었다. 시장 거리의 제일 뒤쪽에서 듣고 있던 나는 문득 그의 목소리가 과연 어디까지 들릴까 궁금해졌다. 그래서 내가 서 있는 곳에서 길을 따라 쭉 내려가 강쪽으로 가보았다. 프론트 가에 이르러서도 그의 목소리는 여전히 또렷하게 들렸다. 하지만 거리의 소음 때문인지 무슨 말인지는 알아들을 수가 없었다. 내가 온 거리를 반지름으로 해서 반원을 그린 뒤, 그 원 안에 청중을 채우고 각 사람이 차지하는 면적을 2피트 사방으로 잡으면 어림잡아 3만 명은 충분히 그의 설교를 들을 수 있다는 계산이 나왔다. 그가 야외에 2만 5천 명을 모아 놓고 설교를 했다는 신문 기사나 장군들이 전 군대를 호령했다는 옛 이야기를 듣고 반신반의했었는데 이제는 믿을 수가 있을 것 같았다.

그의 설교를 자주 듣다 보니 어떤 설교가 새로 씌어진 것이고 어떤 설교가 순회하면서 여러 번 해본 것인지 쉽게 구분이 갔다. 여러 번 되풀이한 것은 그만큼 더 나을 수밖에 없었다. 억양이나 강조점, 목소리의 변화 등이 너무나도 완벽하게 다듬어지고 조절되어서 주제가 어떻든 사람들은 그의 이야기에 빨려 들었다. 마치 훌륭한 음악을 들을 때 느끼는 희열과 흡사했다. 이것은 순회 목사가 가지는 유리한 점이다. 한 곳에 머무르는 목사들은 그렇게 많은 연습을 해볼 수가 없으니 설교 솜씨가 잘 늘지 않는다.

그는 가끔씩 글을 써서 발표했는데 이것들이 오히려 적대자들에게 먹이감이 되었다. 설교라면 부주의한 표현이나 그릇된 의견을 말했다 해도 큰 문제가 되지 않는다. 나중에 해명하거나, 다른 말을 덧붙이려 했다면서 이전의 말을 약화시키거나 부인하면 그만이다. 하지만 글은 영원히 남는다. 비평가들은 그의 글을 맹렬하게 공격했고 그 비판이 아주 타당해 보였기 때문에 그를 지지하는 사람들은 차츰 줄어들었고 더 늘어나지 못했다. 만약에 그가 글을 쓰지 않았더라면 훨씬 더 규모가 큰 무시 못 할 교파를 하나쯤 남겼을 것이며 죽어서도 그의 명성은 점점 더 높아졌을 것이다. 그의 글이 없으면 그를 흠 잡거나 그의 인품을 깎아 내릴 구실이 없어져 버린다. 그러면 그의 추종자들은 그에 대한 광신적인 숭배로 그가 가졌으면 하는 온갖 장점들을 꾸며 쓸 수 있다.

내 인쇄소는 이제 계속 몸을 불리고 있었고 형편도 하루하루 더 나아졌다. 우리 신문은 한동안은 그 일대에서 유일한 신문이었기 때문에 상당한 흑자를 내고 있었다. 또 나는 "첫 100파운드가 모이면 두 번째 100파운드는 훨씬 쉽다"라는 말처럼 돈이 돈을 새끼 치는 것도 경험했다.

캐롤라이나 주의 동업을 성공한 데 힘입어서 몇 군데를 더 늘리기로 했다. 평소 행실이 발랐던 직공 몇 명을 뽑아서 각각 다른 주에 인쇄소를 차려 주었다. 조건은 캐롤라이나 주 때와 같았다. 그들 대부분이 성공했고 6년의 계약 기간이 끝난 뒤에는 내게 활자를 사서 독립했다. 이렇게 해서 여러 가족들이 부양되었다. 대개 동업 관계는 싸움으로 끝나기 쉽다. 나는 그 점에 있어서는 운이 좋았다. 나의 동업은 항상 원만하게 진행되고 기분좋게 끝났다. 이는 사전에 미리 예방책을 잘 세워 둔 덕이 크다. 우리는 우리 각자가 해야 할 일과 상대방이 해주었으면 하는 일들을 계약서에 아주 명백하게 못 박아 두었다. 그래서 싸울 일이 전혀 없었다. 나는 동업을 시작하려는 사람들에게 예방책이 중요하다는 얘기를 해주고 싶다. 계약할 당시에야 이 세상 누구보다 서로를 존중하고 신뢰했겠지만 오랜 시간 동안 부딪치다 보면 약간의 질투심과 의견 충돌이 생기기 마련이다. 또 사업상 번거로운 일이나 책임 져야 할 일이 있을 때 자기만 손해 보는 것 같은 생각이 들 수도 있다. 결국 둘의 우정에 금이 가고 소송이나 다른 불미스러운 결과를 맞기 일쑤다.

방위군의 조직과 대학의 설립

나는 여러 가지 이유로 펜실베이니아 주에 기반을 잡은 것에 만족하고 있었다. 그러나 유감스러운 점이 두 가지 있었다. 하나는 방위 제도가 없다는 것이었고, 또 하나는 젊은이들을 위한 교육이 제대로 이루어지지 않고 있다는 점이었다. 즉, 시민병과 대학이 없었다. 그래서 나는 1743년에 대학 설립에 대한 초안을 작성했다. 대학을 감독할 사람으로는 피터스 목사를 생각하고 있었다. 마침 그가 쉬고 있었기 때문에 그에게 이 계획을 말해 보았다. 그러나 그는 영주들 일을 봐주는 것이 더 이득이겠다 싶었는지(실제로 그랬다) 이 일을 거절했다. 그 뒤 이 일을 맡길 만한 사람을 찾지 못해서 이 계획은 잠시 접어 두었다. 다음해인 1744년에는 학술협회의 설립을 제안해서 설립하는 데 성공했다. 그 일에 대해 내가 제출했던 계획안은 내 글들을 모두 모으면 그 속에 있을 것이다.

이제 방위 문제에 대해 이야기해야겠다. 스페인은 영국과 여러 해 동안 전쟁을 벌이다가 결국에는 프랑스와 손을 잡았다. 우리에게는 상당한 위협이 되었다. 우리 주의 토머스 지사는 퀘이커교도가 상당수인 주의회를 설득하여 군사 관련 법을 통과시켜서 방위 대책을 세우려고 무척 애를 쓰고 있었다. 그러나 결국에는 실패로 끝났다. 나는 민간인들로 구성된 자원 단체를 만들어 보기로 했다. 이 일을 추진하기 위해서 우선 〈명백한 진리〉라는 논설을 써서 발표했다. 그 논설에서 나는 우리의 무방비 상태를 진술하면서 방위를 위해서는 화합과 훈련이 필요하다고 역설했다. 그리고 수일 내에 이 목적을 위한 단체의 설립을 제안하고 시민의 서명을 받겠다고 약속했다. 이 논설은 큰 파급 효과를 일으켰다. 나는 사람들의 요청에 따라 이 단체의 대표자가 되었고 몇몇 친구들과 초안을 짰다. 그리고 앞서 말한 커다란 건물에서 시민 집회를 가지기로 했다. 건물은 발 디딜 틈 없이 꽉 찼다. 구석구석에는 인쇄된 용지들과 펜과 잉크가 준비되어 있었다. 나는 간단한 연설을 하고 초안을 읽고 설명한 다음 서명 용지를 나누어 주었다. 단 한 사람도 반대하지 않고 열심히들 서명했다.

집회가 끝난 후 서명 용지들을 거두어 보니 1200장이 넘었다. 나머지 용지들은 지방으로 보내서 서명을 받았는데 거의 1만 명을 넘었다. 이 사람들은 최대한 빠른 시간 내에 무장하고 중대와 연대를 편성했으며, 장교를 선출하고, 매주 한 번씩 집총 훈련과 기타 군사 훈련을 받았다. 여자들도 자기들끼리 모금해서 중대를 대표할 비단 군기를 만들고 내가 만들어 준 서로 다른 도안과 구호를 그려 넣었다.

필라델피아 연대를 구성하는 중대의 장교들은 나를 대령으로 선출했다. 나는 내가 그 일에 적합하지 않다는 것을 잘 알고 있었으므로 사양하고 대신 로렌스 씨를 추천했다. 그는 성격이 좋고 영향력 있는 사람이라 쉽게 임명되었다. 그러고 나서 나는 도시 외곽에 포대를 만들고 거기에 대포를 설치하는 데 드는 비용을 충당하기 위해 복권을 발행하자는 안을 냈다. 비용이 신속히 마련되어 포대가 곧 설치되었고 총부리가 나오는 둔덕은 통나무로 짜서 흙으로 채웠다. 보스턴에서 구식 대포 몇 대도 사들였는데 그 정도로는 부족했다. 그래서 영국에 편지를 보내면서 동시에 국내의 영주들에게도 도움을 청했다. 하지만 그다지 큰 기대는 하지 않았다.

그러는 동안에 로렌스 대령, 윌리엄 앨런, 에이브럼 테일러 경 그리고 나는 뉴욕의 클린턴 지사로부터 대포 몇 대를 빌려 오는 임무를 맡았다. 지사는 처음에는 일언지하에 거절했다. 그러나 그곳 의원들과 같이한 회식에서 그 지방 풍습대로 마데이라주를 거나하게 들이키면서 훨씬 누그러진 지사는 여섯 대를 빌려 주겠다고 했다. 술잔이 몇 번 더 오간 후에는 열 대로 늘어났고 그러다가 아주 기분이 좋아진 지사는 열여덟 대를 허락했다. 대포들은 아주 질이 좋은 18파운드짜리로 운반대가 달려 있었다. 우리는 재빨리 그것들을 옮겨 와서 포대에 장치했다. 전쟁이 계속되는 동안에는 의용군이 밤마다 보초를 서서 망을 보았고, 나도 병졸로서 내 차례가 되면 보초를 섰다.

나의 이런 활동들이 지사와 의원들의 눈에 들었다. 그들은 나를 신뢰했고 자기네들이 동의하면 방위군에 이익이 될 것 같은 법안이 있으면 언제나 나를 불러 의견을 물었다.

나는 종교계에도 도움을 청했다. 국민적 감화를 촉진시키고 우리의 일에 하나님의 축복이 내리도록 금식을 선포하자고 제안했다. 지사와 의원들은 그 제안에 찬성했다. 하지만 그곳에서는 그런 일이 처음이어서 비서관은 선언문을 어떻게 써야 할지 난감해 했다. 나는 매년 금식이 선포되는 뉴잉글랜드에서 자랐기 때문에 조금이나마 도움이 되었다. 나는 그 초안을 일반적인 형식에 맞추어 작성한 뒤에 독일어로도 번역했다. 그리고 두 가지 말로 인쇄를 해서 두루 돌렸다(독일계가 많이 살던 지역이 있었다 : 역주). 이 일은 여러 종파의 목회자들이 각자의 교인들에게 방위군에 참여하도록 설득하는 계기가 되었다. 전쟁이 빨리 끝나지 않았더라면 퀘이커교도를 제외한 모든 종파가 의용군에 가담했을 것이다.

내 친구들은 내가 벌이는 이런 활동들이 퀘이커교도에게 거슬려 그 종파가 절대 다수를 차지하고 있는 주의회에서 인심을 잃을까 봐 걱정했다. 나처럼 의원 몇 사람과 친분이 있는 젊은 의원 하나가 내 뒤를 이어 서기가 될 기회를 노리고 있었다. 그는 어느 날 내게 다가와서 다음 선거에서는 내가 확실히 떨어질 거라고 말했다. "당신을 위해서 하는 말인데, 쫓겨나느니 스스로 그만두는 게 낫지 않겠어요? 그래야 당신 체면도 깎이지 않을 테니까요." 나는 이렇게 대답했다. "공직을 구걸하지도 않고, 공직이 맡겨지면 거절하지도 않는다는 원칙을 세운 공직자 얘기를 언젠가 들은 적이 있지요.

나는 그의 원칙에 찬성합니다. 그리고 한 가지를 더 추가할 겁니다. 절대로 공직을 구걸하지도, 거절하지도, 사임하지도 않겠습니다. 만약에 내 서기 직을 다른 사람에게 주려면 내게서 빼앗아 가야 할 것입니다. 절대로 미리 포기해서 적대자들에게 보복할 권리를 잃지는 않겠습니다." 그 이후로는 아무 얘기도 들리지 않았다. 다음 선거에서 나는 늘 그랬듯이 압도적인 숫자로 다시 선출되었다. 군사 문제에 대한 모든 논쟁에서 지사 편에 섰던 의원들과 내가 친하게 지내는 것이 못마땅하게 비쳐졌을 수도 있다. 주의회는 군사 문제로 골머리를 썩고 있었고 그래서 내가 내 발로 나가 주기를 바랐을 것이다. 그렇지만 단순히 내가 방위군 문제에 열성이라는 이유만으로 나를 내쫓을 수는 없는 노릇이었다. 그렇다고 트집 잡을 만한 일도 없었다.

실제로 나라의 방위에 관해서 많은 사람들이 직접 도와 주지는 못해도 반대는 하지 않는다고 믿을 만한 몇 가지 이유가 있었다. 또 내가 생각했던 것보다 훨씬 많은 사람들이 공격적인 전쟁은 반대하지만 방위는 분명하게 찬성한다는 것도 알게 되었다. 이 문제에 관해서 찬성 또는 반대하는 갖가지 논설이 발표되었다. 그중에는 독실한 퀘이커교도들이 쓴 방위에 찬성하는 글들도 있었다. 이 글들이 퀘이커 젊은이들을 많이 납득시킨 것 같다.

우리 소방대에서 일어난 한 사건으로 나는 퀘이커교도들의 일반적인 의견을 감지할 수 있었다. 우리 소방대에서 포대 건설을 돕기 위해 당시 가지고 있던 조합돈 약 60파운드를 풀어 복권을 사들이자는 안이 나왔다. 우리 규칙에 따라 제안이 있은 후 다음 번 모임 전까지는 돈에 손을 댈 수가 없었다. 소방대원은 모두 서른 명이었고 그중에 스물두 명이 퀘이커교도였다. 우리 여덟 명은 제시간에 모임에 나왔다. 퀘이커교도 중 몇 명은 우리와 뜻을 같이 할 거라고 생각하기는 했지만 다수는 기대할 수 없었다. 그러나 정작 모임에서는 퀘이커교도 중에서 제임스 모리스 씨 한 명만이 나타났다. 그는 이런 안건이 올려진 것은 매우 슬픈 일이라며 유감을 표명했다. 그의 말을 빌리자면 '친구들' 〔퀘이커교는 친구들의 모임(the Society of Friends)이라고 불린다 : 역주〕 모두가 이 안건에 반대하고 있으며 이 일은 커다란 불협화음을 일으켜서 종국에는 소방대를 해체시켜 버릴 거라고 했다. 우리는 그럴 리가 없다며 염려하지 말라고 했다. 우리는 소수이고, '친구들' 이 반대해서 투표에 이긴다면 모든 협회의 관례에 따라 우리는 거기에 따를 것이며 또 따라야 한다. 마침내 투표 시간이 되었고 투표가 막 시작되려고 할 때였다. 모리스 씨가 규칙에 따라 지금 투표해도 좋지만 자기 생각에는 반대하는 사람이 몇 명 더 나올 수도 있으니 그들이 나올 때까지 좀더 기다리자고 했다.

이 문제를 놓고 옥신각신하고 있을 때 식당 급사 한 명이 들어와 신사 두 분이 아래층에서 나를 만나고 싶어한다고 알려 주었다. 아래층으로 내려가 보니 퀘이커 대원 두 명이 나를 기다리고 있었다. 그중 한 명이 이렇게 말했다. "옆 술집에 여덟 명이 모여 있습니다. 필요하다면 와서 찬성하는 쪽에 투표를 하겠어요. 하지만 그런 일은 없었으면 좋겠네요. 우리가 없어도 이길 것 같으면 우리를 부르지 마세요. 우리가 그런 안건에 찬성했다는 게 알려지면 장로들과 친구들에게 시달려야 하니까요." 이렇게 다수표를 확보한 나는 위층으로 올라가서 약간 머뭇거리는 척하다가 한 시간을 더 기다리는 데 찬성했다. 모리스 씨는 아주 공정한 처사라고 했다. 그러나 반대하는 '친구들'은 한 명도 나타나지 않았다. 모리스 씨는 믿을 수 없다며 당황해 했다. 한 시간 후 8대 1의 결과가 나왔다. 스물두 명의 퀘이커교도 중에 여덟 명은 우리편으로 투표를 할 생각이었고, 열세 명은 나오지 않음으로써 그 안에 반대하지는 않는다는 것을 보여 준 셈이 되었다. 이 일로 나는 퀘이커교도 중에서 진심으로 방위군 문제에 반대하는 사람은 스물한 명 중 한 명 꼴밖에 안 된다고 생각하게 되었다. 왜냐하면 그들은 모두 우리 소방대의 정식 회원들이었고, 회원들 사이에 평판도 좋았으며, 그날 모임에서 무엇이 제안될 것인지 통고를 받아 이미 알고 있었기 때문이다.

변함 없는 퀘이커교도로 인품이 고결하고 박식한 로건 씨라는 사람이 있었다. 그는 방어 전쟁에 찬성하는 연설문을 퀘이커교도들에게 썼고 강력한 지론으로 자신의 의견을 피력했다. 그는 내 손에 60파운드를 쥐어 주며 포대 건설 후원 복권을 사라고 하면서 얼마로 당첨되든 그 돈도 모두 포대 건설에 쓰도록 지시했다. 그는 방위에 관한 얘기를 해주겠다며 자신의 옛 주인인 윌리엄 펜 경(1644~1718 펜실베이니아 식민지 창립자 : 역주)에 얽힌 한 일화를 들려 주었다. 그는 젊었을 때 그 영주의 비서로 영국에서 건너왔다. 때는 전쟁 중이었는데 그들이 탄 배를 적으로 보이는 군함이 쫓아오고 있었다. 배의 선장은 적에 대한 방비를 준비했다. 하지만 윌리엄 펜 경과 퀘이커 친구들에게는 도움을 받을 수 없으니 선실로 들어가 있으라고 했고 그들은 그렇게 했다. 그러나 제임스 로건만은 갑판에 남아 있겠다고 고집했고 총 하나를 받아 들었다. 적인 줄 알았던 군함은 아군으로 밝혀져서 실제 전투는 일어나지 않았다. 그러나 이 비서가 이 사실을 보고하러 아래로 내려갔을 때 윌리엄 펜 경은 갑판에 남아서 배를 방어하는 일에 가담한 것을 호되게 질책했다. 더군다나 선장이 부탁하지도 않았는데 '친구들'의 원칙을 어겨 가면서까지 그런 짓을 왜 했느냐는 것이었다. 모든 사람들이 보는 앞에서 이런 꾸지람을 듣자 발끈한 비서는 이렇게 대답했다. "저는 주인님의 비서인데 어째서 아래로 내려오라고 명령하시지 않았습니까? 주인님은 제가 갑판에 남아서 싸움을 거들기를 바라셨던 겁니다. 사태가 위급하니까요."

오랫동안 주의회에 있으면서 나는 항상 다수를 차지하고 있던 퀘이커교도들이 난처한 상황에 빠지는 것을 수없이 보았다. 그들은 국왕으로부터 군사 목적에 협조하라는 지시를 받을 때마다 전쟁에 반대하는 퀘이커교의 원칙 때문에 이러지도 저러지도 못했다. 노골적으로 거절하자니 정부의 눈치가 보이고, 그들의 원칙에 어긋나는 일을 따르자니 퀘이커 친구들의 따가운 눈총이 걸리는 것이었다. 그래서 가능하면 응하지 않으려고 이런 저런 핑계를 대며 피해 다니다가 빠져나갈 도리가 없으면 응하지 않는 듯 응하는 갖가지 수법을 썼다. 가장 흔한 수법은 '국왕의 사용을 위해' 라는 명목으로 돈을 대준 후 어디에 쓰는가는 절대 묻지 않는 것이었다.

그런데 영국 국왕으로부터 직접 내려온 지시가 아니면 그 방법을 써먹을 수 없었기 때문에 다른 묘안들이 생겨났다. 한번은 (루이스버그의 요새에서 있었던 일로 기억되는데) 화약이 부족하다며 뉴잉글랜드 정부가 펜실베이니아 정부에게 보조금을 청했다. 토머스 지사가 도와 주자고 거듭 촉구했지만 의회는 그럴 수 없었다.

화약은 전쟁에 쓰이는 물자이기 때문이었다. 그러나 그들은 3천 파운드의 보조금을 뉴잉글랜드에 보낸다는 안을 통과시키고 지사에게 그 돈을 주면서 빵, 밀가루, 통밀 또는 '다른 곡물' 들을 사라고 일렀다. 의원들 몇 명은 주의회를 좀더 곯려 주려는 생각으로 지사에게 그가 요구했던 품목이 아니니 그 돈을 받지 말라고 했다. 그러나 지사는 "나는 그 돈을 받겠습니다. 그 사람들의 뜻을 너무나 잘 아니까 말입니다. '다른 곡물' 이란 바로 화약을 말하는 거랍니다"라고 말했고 그 돈으로 화약을 샀으나 아무도 이의를 제기하지 않았다.

우리 소방대의 복권 제안이 투표에서 부결될까 봐 걱정하고 있던 터에 이 일이 떠올라 나는 소방대 친구인 싱 씨에게 이렇게 말했다. "만약에 부결될 경우에는 파이어 엔진(소방 펌프)을 사겠다고 합시다. 그러면 퀘이커교도들도 가만히 있을 겁니다. 그리고 집행 위원으로 당신이 나를 추천하고 나는 당신을 추천한 다음에 우리가 대포를 사는 겁니다. 그것도 엄연히 틀림없는 파이어 엔진이니까요." 그러자 싱 씨는 이렇게 말했다. "그렇네요. 의회에 오래 있더니 수가 많이 늘었군요. 당신의 그 두리뭉실한 계획은 그들의 통밀 또는 '다른 곡물' 과 대적할 만한데요."

퀘이커교도들은 '어떤 전쟁이든 불가함' 이라는 교리를 세워서 공표해 놓고는 나중에 그들의 마음이 바뀌었을 때에도 일단 공표된 것이어서 쉽게 없애지 못했다. 그들이 이 일로 곤혹스러워하는 것을 보고 있자니 던커 파가 떠올랐다. 나는 던커 파의 처신이 더 신중하다는 생각이 들었다. 이 종파가 갓 생겼을 때 나는 창시자 중 한 사람인 마이클 웰페어와 알게 되었다. 그는 다른 종파의 열성 분자들이 얼토당토 않은 중상모략을 한다며 억울해 했다. 그 자신도 전혀 듣도 보도 못한 혐오스러운 원칙과 의식을 들먹이며 자기들을 비난한다는 것이었다. 나는 새 교파가 생길 때 으레 있는 일이며 그런 모욕을 더 이상 당하지 않으려면 교리와 실천 규범을 글로 써두는 것이 좋을 거라고 말했다. 그런 의견이 내부에도 있었으나 다음과 같은 이유로 부결되었다고 했다. "우리가 처음으로 모임을 가졌을 때 하나님께서는 우리에게 이런 가르침을 주셨습니다. 즉, 우리가 분명하게 진리라고 믿어 왔던 교리들이 사실은 잘못일 수가 있으며 또 우리가 잘못이라고 믿어 왔던 것들이 사실은 진리일 수도 있다는 깨우침입니다. 때때로 하나님께서 우리를 더 큰 빛 가운데로 인도하시어, 우리의 원칙들은 개선되었고 우리의 잘못은 줄어들었습니다. 지금은 우리가 이 인도하심의 끝에 이르렀는지, 영적 또는 신학적 지식의 완성에 이르렀는지 확신이 서지 않습니다. 또 한 가지 걱정되는 것은 만약에 우리의 신앙 고백을 글로 써놓는다면 우리는 그것에 얽매이고 갇힌 것처럼 느껴서 더 이상의 진전을 받아들이지 않을 거라는 점입니다. 우리의 후계자들은 더 심하겠지요. 자기들의 선조들과 창시자들인 우리가 해놓은 일을 성스러운 것으로 여겨 절대로 벗어나려고 하지 않을 겁니다."

이 종파의 겸손함은 어쩌면 인류 역사상 유일한 경우인지도 모른다. 여러 종파들이 자기들 믿음만이 절대 진리이며 다른 것은 모두 틀렸다고 우겨대고 있다. 그들은 안개 속을 여행하는 사람과 같다. 안개 속에서는 자기와 조금만 떨어져 있어도 자기 앞에 있는 사람이나 뒤에 있는 사람, 들판 양쪽에 있는 사람들 모두 안개에 완전히 둘러 싸인 것처럼 보이지만 가까이 있는 것은 훤하게 잘 보인다. 하지만 사실은 나 자신도 그들에게는 안개에 싸여 있는 것처럼 보인다. 이런 당혹함을 피하기 위해 퀘이커교도들은 최근에 의회와 장관 직 등의 공직에서 점점 물러나기 시작했다. 원칙을 어기느니 차라리 자신들의 권력을 포기하기로 한 것이다.

시간상으로 벌써 얘기했어야 할 일인데, 1742년에 나는 방을 더 따뜻하게 덥히는 난로를 발명했다. 찬 공기가 들어오는 대로 덥혀지기 때문에 연료도 절약할 수 있는 열린 난로(프랭클린 스토브. 쇠로 만들어져서 벽난로와는 달리 방안에 놓아 둠으로써 열의 손실을 줄이고 방을 고루 덥히는 장점이 있다 : 역주)였다. 나는 오랜 친구인 로버트 그레이스 씨에게 견본을 보여 주었다. 용광로를 가지고 있던 그는 판금을 주조해서 난로를 만들면 큰 돈벌이가 될 거라고 생각했다. 구매를 촉진하기 위해 나는 팸플릿을 만들었다. "새롭게 발명된 펜실베이니아 벽난로, 그 구조와 사용법을 파헤친다, 다른 난방 방법보다 월등한 이점은 무엇인가, 이전 난로들의 모든 결점을 보완하고 없앴다……" 이 팸플릿은 반응이 아주 좋았다. 토머스 지사는 그 팸플릿을 읽고 이 난로의 구조를 몹시 마음에 들어했고 몇 년의 기한 동안 이 난로를 독점 판매할 수 있는 특허를 주겠다고 제의했다. 그러나 나는 이런 일이 있을 때마다 고수해 온 원칙에 따라 이를 거절했다. 그 원칙이란 바로 이런 것이었다. "우리가 다른 이의 발명품으로 커다란 이익을 누리고 있으니 우리도 우리의 발명품으로 다른 이들에게 도움이 되는 것을 기뻐해야 한다. 그리고 이 일은 보수를 받지 않고 아낌없이 해야 한다."

그런데 런던의 한 철물 장수가 내 팸플릿의 내용을 무더기로 따서 자기 것으로 만들어 버리고 몇몇 부분만 조금 손을 댔다. 사실은 그것 때문에 오히려 효율성이 떨어졌다. 어쨌든 그는 그것으로 특허를 땄고, 듣기로는 상당한 돈을 벌어들였다고 한다. 나의 발명품으로 다른 사람이 특허를 딴 일은 그 후로도 여러 번 있었지만 모두가 이렇게 성공한 것은 아니었다. 나는 특허권으로 돈을 벌고 싶은 생각도 없었고 괜한 일로 말다툼하기도 싫어서 그냥 가만히 있었다. 이 난로는 필라델피아와 이웃 주들의 많은 가정에 보급되어 주민들은 나무를 크게 절약할 수 있었고, 지금도 마찬가지이다.

마침내 전쟁은 끝났고 의용군 일도 종지부가 찍혔다. 나는 다시 대학 설립 문제에 몰두했다. 나는 이 계획에 대한 첫 단계로 여러 활동적인 친구들을 모았다. 대부분은 전토 클럽의 회원들이었다. 다음 단계로는 〈펜실베이니아 주 젊은이들의 교육에 관한 제안〉이라는 팜플렛을 발표했다. 그리고 이것을 유지급 시민들에게 무료로 나누어 주었다. 그들이 책자를 읽고 어느 정도 마음의 준비가 됐을 거라는 생각이 들었을 때 나는 재빨리 대학의 설립과 유지를 위한 기부금 모금에 나섰다. 기부금은 5년 동안 해마다 분납하도록 했다. 분납으로 하는 것이 전체 모금 액수를 더 불릴 수 있으리라 생각했기 때문인데, 내 예상은 빗나가지 않았다. 내 기억이 정확하다면 5천 파운드 이상이 걷혔다.

이 계획안을 사람들에게 소개할 때 나는 내 개인이 아니라 '공공복지에 관심 있는 인사들'이 발표하는 것으로 했다. 내 원칙대로 그들의 이익을 위한 일에 내가 주인공으로 나서는 일은 가급적이면 피했다.

기부자들은 이 계획을 하루 빨리 실행에 옮기기 위해 자체 내에서 스물네 명의 재단 이사를 뽑았으며, 당시 법무장관으로 있던 프랜시스 씨와 나에게 대학 운영 법규를 작성하도록 명했다. 법규가 만들어져 승인을 받았고, 교사(校舍)가 임대되고 교수들이 고용되었다. 그리하여 같은 해인 1749년에 학교가 열렸다.

학생 수가 급격히 늘어나면서 건물이 비좁아졌다. 우리는 건물을 지을 생각으로 적당한 땅을 알아보고 있었다. 그런데 운 좋게도 이미 지어진 커다란 건물이 우리 손에 들어왔다. 약간만 손을 대면 쓸 만했다. 이 건물은 앞서 얘기했던 화이트필드 목사의 청중들이 세운 바로 그 건물이었다. 그것이 우리 손에 들어온 경위는 이렇다.

이 건물은 여러 종파의 기부로 지어진 것으로 임명된 이사들이 그 관리를 하고 있었다. 그들은 건물과 대지의 사용에 관한 본래의 취지에 어긋나지 않기 위해 어느 특정 종파에 특혜를 주어서는 안 되었다. 그러다 보면 그 종파가 건물을 독점하게 될 수도 있기 때문이다. 그런 이유로 각 종파에서 한 사람씩 이사로 임명되었는데 이를 테면 성공회에서 한 사람, 장로교에서 한 사람, 침례교에서 한 사람, 모라비아교에서 한 사람, 이런 식이었다. 그리고 만약에 사망으로 인해 공석이 생겼을 경우에는 기부금을 낸 사람들이 투표로 선출하도록 되어 있었다. 어찌된 연고인지 모라비아교 대표는 다른 이사들과 사이가 나빴고 그가 사망하자 이사들은 그 종파에서 대표를 뽑지 않기로 결정했다. 그러니 같은 교파에서 두 명이 나오는 것을 어떻게 피할 것인가가 골치 아픈 문제였다.

여러 사람의 이름이 거론되었지만 그런 이유 때문에 번번이 합의를 보지 못했다. 마침내는 누군가가 나를 추천했다. 내가 정직한 사람이라는 것과 어느 교파에도 소속되어 있지 않다는 것이 그 이유였다. 사람들도 공감했고 나는 이사로 선출되었다. 건물이 세워질 당시의 열정은 사라진 지 이미 오래였다. 이사들은 토지세와 건물 유지에 들어간 빚을 충당할 기부금을 받아 내지 못해 골치만 썩고 있었다. 이 건물과 대학 모두에 이사로 선출된 나는 가운데에서 양쪽 관계자들과 협상을 벌였다. 그리고 마침내는 양쪽의 합의를 끌어냈다. 합의 사항은 이랬다. 건물 관리 위원회는 건물을 대학 측에 양도한다. 대학 측은 빚을 떠맡는다. 대강당은 본래 목적대로 특별한 설교가 있을 때에는 늘 개방하되 그 외에는 가난한 어린이들을 위한 무료 학교로 사용한다. 곧 서류가 작성되었고 대학의 이사들은 빚을 갚고 건물을 소유하게 되었다. 넓고 천장이 높은 방들은 2층으로 만들어서 위아래 층에 학부 교실을 여러 개 만들었다. 땅도 조금 더 사들였다. 이렇게 모든 것이 우리 생각대로 잘 진행되었고, 교사진들이 속속들이 건물로 들어왔다. 공사 인부들과 교섭하고, 재료를 사들이고, 공사 전체를 감독하는 번거로운 일들이 내게 떨어졌다. 그때는 인쇄소 일에 신경을 쓰지 않아도 되었기에 이 일을 즐겁게 할 수 있었다. 그 전해부터 데이비드 홀 씨가 내 동업자로 일하고 있었다. 그는 내 밑에서 4년간 일했었기 때문에 나는 그의 사람됨을 훤히 다 알고 있었다. 그는 유능하고, 부지런하고, 정직했다. 그는 내 대신 인쇄소의 모든 잡다한 일을 맡아 하면서 내 몫의 수익금을 정확하게 보내 왔다. 이 동업 관계는 18년간 계속되었고 우리 둘 모두 만족했다.

얼마 후에 대학 재단 이사회는 지사의 허가를 얻어 법인 조직이 되었다. 영국 정부의 기부금과 영주들의 땅 기증 그리고 의회가 보태 준 막대한 금액으로 인해 대학 기금은 크게 불어났다. 이렇게 해서 현재의 필라델피아 대학이 설립되었다. 나는 창립 당시부터 지금까지 거의 40년간 이사 자리를 지켜 왔다. 그동안 내 가장 커다란 기쁨은 그 안에서 교육받은 많은 젊은이들이 각자의 능력을 닦아서 특출한 인재가 되어 공공 기관에서 일하고 이 나라의 자랑이 되는 것을 지켜보는 것이었다.

필라델피아의 정치 이야기

앞서 얘기한 대로 생업에서 손을 뗀 나는 그동안 모아 놓은 적지만 충분한 재산으로 학문을 하면서 여생을 즐겁게 지내기로 마음먹었다. 나는 영국에서 강의를 하러 온 스펜스 박사의 실험 기구들을 모두 사들여서 전기에 관한 실험을 활발하게 해나갔다. 그런데 사람들 눈에는 내가 한가해 보였는지 서로들 나를 자기들 일에 끌어들이려고 안달이었고 시정(市政)의 온갖 부서에서 거의 동시에 여러 가지 임무를 내게 떠맡겼다. 지사는 나를 치안 판사로 임명했고, 시는 시의회 의원으로, 그 다음에는 시참사 의원으로, 그리고 시민들은 그들을 대표하는 주의회 의원으로 나를 선출했다. 의원이라는 직함은 꽤 기분이 좋았다. 의원들이 논쟁하는 것을 앉아서 듣기만 하는 데는 진력이 나 있었다. 서기라서 감히 끼여들지는 못하겠고, 그저 지루함을 달래기 위해 사각형이나 동그라미를 눈 앞에 그려 보는 게 전부였다. 그리고 정식으로 의원이 되면 좋은 일을 할 수 있는 힘도 더 커질 것이었다. 하지만 은근히 우쭐했음을 부정하지는 않겠다. 사실은 정말 그랬다. 내 보잘것없었던 출발에 비하면 정말 대단한 일들이었다. 더욱 기뻤던 것은 내가 부탁을 한 것도 아닌데 다른 사람들이 나를 좋게 평가해서 그런 자리를 주었다는 점이다.

치안 판사 직에는 잠시 있었다. 두세 번 재판에 참석해서 재판관석에 앉아 사건을 심리했다. 그러나 그 자리에 있기에는 내 법률 지식이 턱없이 모자랐다. 그래서 주의회의 입법부 의원 일이 더 중요하다는 핑계를 대면서 그쪽 일에는 점차로 손을 떼었다. 나는 10년 동안 한 해도 빠지지 않고 주의회 의원으로 선출되었다. 어느 한 명에게라도 표를 부탁하거나, 직접적으로든 간접적으로든 나를 뽑아 주었으면 하는 마음을 내비친 적은 한 번도 없었다. 내가 주의회에 의석을 갖게 되면서 내 아들이 서기로 임명되었다.

이듬해에는 칼라일의 인디언들과 협상을 갖기로 되어 있었다. 지사는 주의회에 교서를 보내 왔다. 의원 몇 명을 임명해서 협상하러 가는 자문 위원회 의원들에 합류시키라는 것이었다. 주의회는 의장인 노리스 씨와 나를 지명했고, 우리는 위임을 받아 칼라일에 가서 인디언들을 만나게 되었다.

이 인디언들은 술을 마셨다 하면 끝장을 보았고 일단 취하면 시끄럽게 다투고 난장판을 만들어 놓았다. 그래서 우리는 인디언에게 술을 파는 것을 엄하게 금했다. 인디언들이 이 조치에 항의하자 우리는 협상 동안 술을 마시지 않으면 일이 끝난 뒤에 럼주를 많이 주겠다고 했다. 그들은 이를 약속했고 실제로 약속을 지켰다. 인디언들이 술을 입에 대지 않았기 때문에 협상은 아주 질서 있게 진행되었고 쌍방이 만족할 만한 결과를 얻어 냈다. 그러자 그들은 술을 요구해서 받아 갔다. 이때가 오후였다. 이 인디언들은 마을의 바깥에서 거의 백 명쯤 되는 남자, 여자, 아이들이 정방형 모양으로 지은 임시 움막에서 살고 있었다. 저녁이 되자 그들 쪽에서 아주 시끄러운 소리가 들려 왔다. 무슨 일인가 싶어 나가 보았더니 그들이 광장 한가운데에 커다란 모닥불을 피워 놓고 남자, 여자 할 것 없이 모두 취해서 서로 맞붙어 싸움판을 벌이고 있었다. 어슴푸레한 모닥불 빛에 비친 그들의 반은 벌거벗은 거무스름한 몸뚱이를 드러내놓고 서로를 쫓아다니면서 관솔 뭉치로 때리고 있었다. 오싹한 괴성까지 질러댔다. 그런 광경을 보고 있자니 이게 바로 지옥이겠거니 하는 생각이 들었다. 소동이 가라앉을 기미가 전혀 보이지 않자 우리는 숙소로 돌아왔다. 자정쯤에는 한 무리가 찾아와 문을 두드리며 술을 더 달라고 소동을 피웠으나 우리는 모르는 체했다.

그 다음날, 자기네들도 전날 소동을 피웠던 것이 미안했는지 나이가 지긋한 세 사람을 보내서 사과를 해왔다. 그들은 자신들의 잘못을 인정하면서도 원인을 술 탓으로 돌렸다. 그 다음에는 럼주에 대해서도 변명하려고 애썼다. "세상의 모든 것을 만드신 '위대한 영' 은 세상 모든 것을 무언가에 쓸모가 있도록 만드셨습니다. 그래서 그분이 의도하신 용도가 무엇이든 그것에 따라야 합니다. 그리고 그분이 럼주를 만드실 때 '자, 이것은 인디언들이 마시고 취하게 하라' 라고 말씀하셨으니 그렇게 써야지요." 만약 개척자들에게 살 땅을 마련해 주기 위해 이 야만인들을 절멸시키는 것이 신의 뜻이라면 럼주가 바로 그 수단이 아닐까 싶다. 술은 예전에 해안에서 살던 인디언들을 이미 전멸시켰다.

1751년에 절친한 친구인 토머스 본드 박사는 필라델피아에 병원을 세워서 지역 주민이든 아니든 상관 없이 가난하고 병든 이들을 돌보려는 계획을 세웠다(자선적인 성격이 강한 구상이었는데 내 발상으로 알려졌지만 사실은 그의 발상이었다). 그는 열정적이고 활동적으로 기금 모금에 발벗고 나섰다. 그러나 미국에서는 처음 있는 일이어서 호응이 거의 없었다.

마침내 박사는 나를 찾아와서 내가 끼지 않는 공공 사업은 진행하기가 어렵다며 나를 추켜세웠다. "내가 기부를 부탁하면 사람들은 '프랭클린 씨와 이 일을 의논해 보았습니까? 그분은 어떻게 생각하는지요?' 라고 묻더군요. 아니라고 대답하면(당신하고는 좀 거리가 먼 일이라고 생각했거든요) 사람들은 생각해 보겠다면서 기부금을 내지 않았습니다." 나는 그 계획의 내용과 효용성을 물어 보았고 박사의 대답은 만족스러웠다. 그래서 나는 기부금을 냈을 뿐 아니라 다른 사람들에게 기부금을 받아 낼 방법도 곰곰이 생각해 보았다. 이런 일이 있으면 으레 나는 무조건 사람들을 졸라 대기보다는 그전에 그에 관한 글을 신문에 실어서 사람들의 마음을 미리 움직이려고 힘썼다. 이번에도 이 방법을 써보기로 했다. 그는 미처 이 방법을 생각지 못한 것이다.

그 후 얼마 동안은 모금이 쑥쑥 잘 들어오다가 다시 줄어들기 시작했다. 나는 어느 정도 주의회의 보조금 없이는 부족할 거라는 생각이 들어 의회에 안건을 청원했고 승인을 받아 냈다. 시골 의원들은 시큰둥했다. 그 계획이 도시에만 혜택을 줄 것이므로 시에 사는 사람들만 그 기금을 부담해야 한다고 주장했다. 그리고 시민들 모두가 그것을 찬성할 것인지도 미심쩍어 했다. 나는 그 반대 주장을 펼치며 자발적인 모금으로 2천 파운드 정도 걷힐 만큼 이 계획은 확실한 지지를 받을 거라고 했다. 그들은 터무니없다며 불가능한 일이라고 했다.

나는 계획안을 내놓았다. 우선 기부한 사람들로 구성된 법인 조직을 만들고 그 법인 조직에 주의회가 얼마의 보조금을 준다는 법안을 제출할 허가를 신청했다. 주의회가 허가를 내려 준 것은 그 법안이 마음에 들지 않으면 그때 가서 철회하면 그만이라는 생각에서였다. 나는 그 법안을 작성하면서 다음 조항을 중요한 조건부로 첨가했다. "상기한 권한에 따라 다음과 같이 정한다. 기부자들은 모임을 열어 이사와 회계를 선출한다. 기부인들의 기금이 2천 파운드에 달하고(이 기금의 이자로는 병원의 가난한 환자들의 식사, 진료, 처방, 약 등의 비용을 충당한다) 주의회 의장이 만족스럽다고 인정하면 의장은 병원의 설립, 건조, 마무리 비용으로 쓸 2천 파운드를 1년에 1천 파운드씩 병원 회계과에 지불한다는 지시서에 서명할 수 있고 서명해야 한다."

이 조건 덕분에 그 법안은 통과되었다. 이 보조금을 반대하던 의원들도 실제로 돈을 쓰지 않고도 자선가 행세를 할 수 있다는 생각으로 그 안에 찬성했다. 그러고 나서 우리는 사람들에게 기부를 부탁하기 시작했는데, 이 조건부 조항을 설명해 주면서 기부를 하면 그 돈이 두 배로 늘어난다고 설득했다. 기부금은 곧 2천 파운드를 넘어섰고, 우리는 주의회의 보조금을 받아 그 계획을 실행에 옮겼다. 편리하고 멋진 병원이 곧 세워졌다. 그 병원은 많은 사람들이 아주 유용하게 이용했고, 아직까지도 잘 운영되고 있다. 내 정치적 술책이 성공해서 그렇게 기뻤던 적은 없었던 것 같다. 나중에 이 일을 돌이켜 보았을 때, 내가 조금 교활한 방법을 쓴 것도 그리 후회가 되지 않았다.

길버트 테넨트라는 목사가 나를 찾아온 것은 이 무렵이었다. 그는 새 예배당을 짓기 위해 모금을 해야 하니 도와 달라고 했다. 원래는 화이트필드 목사의 제자들이었던 장로교인들을 그 목사가 모아 그들을 위한 예배당을 만들려는 것이었다. 나는 그의 부탁을 단호하게 거절했다. 시민들에게 너무 빈번하게 기부금을 부탁해서 거부감을 주고 싶지 않았기 때문이다. 그러자 목사는 내 경험으로 볼 때 돈을 잘 쓰고 공공 정신이 투철한 사람들의 이름을 쭈욱 불러 달라고 했다. 내 간청을 친절하게 들어 주었던 사람들이 또다른 요구에 시달리게 하는 것은 나답지 않다는 생각이 들어 그것도 거절했다. 그러자 이번에는 조언이라도 해달라고 했다. "그거라면 기꺼이 해드리지요"라고 나는 말했다. "첫째로 목사님이 생각하시기에 기부를 해줄 것 같은 사람을 찾아가십시오. 다음에는 줄지 안 줄지 확실치 않은 사람들을 찾아가서 먼저 기부한 사람들의 명단을 보여 주십시오. 그리고 마지막으로, 절대 줄 것 같지 않은 사람들도 빼놓지 마십시오. 목사님이 잘못 보셨을 수도 있으니까요." 목사는 크게 웃더니 고맙다면서 충고를 잊지 않겠다고 했다. 그리고 그는 정말 그렇게 했다. '한 사람도 빼놓지 않고' 기부를 부탁해서 기대했던 것보다 훨씬 더 많은 액수를 모았다. 그 돈으로 그는 아치 가에 웅장하고 우아한 교회를 지었다.

우리 도시는 보기 좋게 잘 정돈된 모습을 하고 있었다. 길들도 넓직하고 똑바르고, 직각으로 서로 교차했다. 한 가지 흠이 있다면 길 포장이 제대로 되어 있지 않았다. 그래서 비가 오기라도 하는 날에는 덩치 큰 마차 바퀴가 땅을 패어서 진창을 만들어 놓아 길을 건너기가 힘들었다. 또 마른 날은 마른 날대로 먼지가 말썽이었다. 나는 저지 시장 근처에 살았는데 주민들이 시장에 올 때 진흙탕을 힘들게 건너는 것을 보니 딱한 생각이 들었다. 시장 한복판만 지나면 벽돌이 쭉 깔려 있어서 일단 시장에 들어서기만 하면 땅은 단단했다. 하지만 시장까지 가려면 그렇게 신발을 진흙투성이로 만들어야 했다. 나는 이 문제에 대해 얘기도 하고 글도 써서 벽돌 포장 도로와 시장 사이를 돌로 포장하는 데 한 몫을 했다. 그래서 한동안은 신발을 버리지 않고도 시장을 다닐 수 있었다. 그러나 길 전체가 포장된 것은 아니어서 마차가 진흙 속에서 빠져나와 이 길로 들어서면 흙을 떨궈 놓아서 길 여기저기에 진흙이 덮여 있었다. 아직 환경 미화원이라는 것이 없던 때라 진흙을 치울 사람이 없었다.

나는 수소문해서 거리를 청소해 줄 가난하고 부지런한 남자를 구했다. 일주일에 두 번씩 집 앞에 쌓인 흙을 쓸어서 길을 깨끗이 해주면 집집에서 한 달에 6펜스를 거두어 주는 조건이었다. 나는 이 적은 비용으로 얻을 수 있는 이익을 써서 인쇄했다. 발에 흙을 묻혀 들어가지 않아도 되므로 우리의 집이 깨끗해진다, 손님들이 쉽게 가게에 들를 수 있으므로 가게에 손님이 늘어난다, 바람이 부는 날에도 흙먼지가 물건에 날라들지 않는다, 등등이었다. 이 글을 집집이 돌린 후 하루 이틀 뒤에 다시 돌아다니면서 그 계획에 찬성해서 6펜스를 낼 사람이 있는지 알아보았다. 한 명도 빠짐없이 거기에 서명했고 그 일은 한동안 잘 실행되었다. 사람들은 시장 주변의 포장된 길이 항상 깨끗한 것을 보고 좋아했다. 아주 편리하다는 것을 알게 되자 사람들은 모든 길을 그렇게 다 포장했으면 하고 바라게 되었고 그 목적을 위해서라면 세금을 기꺼이 내겠다고들 했다.

얼마 후에 나는 시가지를 포장하자는 안건을 작성해서 의회에 제출했다. 그때가 1757년 영국에 건너가기 직전이었는데, 떠날 때까지도 통과되지 않고 있었다. 그러다가 약간 수정하여 통과되었다. 과세 방법을 바꾸었는데, 내 원래 안보다 그다지 더 나아 보이지 않았다. 그러나 아주 굉장한 계획이 첨가되었다. 바로 가로등을 세우는 일이었다. 가로등을 생각하게 된 것은 평범한 시민이었던 고(故) 존 클리프턴 씨 덕분이었다. 그는 자기 집 대문에 등을 달아 놓고 있었다. 그것이 얼마나 편리한가를 직접 본 사람들이 도시 전체를 그런 등으로 밝히면 어떨까 하는 생각을 갖게 된 것이다. 대중에게 큰 도움이 된 이 일 역시 내 공으로 돌아왔지만 실은 순전히 그의 공이었다. 나는 그저 그가 한 일을 따라 했을 뿐이니까. 내가 한 일이 있다면 처음 런던에서 들여온 둥그런 램프를 다른 모양으로 바꾼 것밖에 없다. 둥그런 램프는 아래로부터 공기가 들어가지 못하기 때문에 연기가 즉시 위로 빠져나가지 못하고 둥근 램프 속에서 빙빙 돈다. 그래서 정작 내야 할 빛을 그 연기가 막아 버리는 꼴이 되었다. 그뿐인가, 매일같이 그을음을 닦아야 하고, 닦다가 잘못 건드리기라도 하면 완전히 깨져서 그냥 버려야 한다. 불편한 것이 이만저만이 아니었다. 그래서 내가 직접 고쳐 보았다. 편편한 유리로 사방을 둘러 싸고 위에는 깔때기 모양의 긴 통풍구를 붙였다. 그러면 그 통풍구가 연기를 빨아 올린다. 그리고 밑에는 약간의 틈을 만들어 공기가 그곳을 통해 들어가 연기를 쉽게 위로 보낼 수 있도록 했다. 이런 원리로 램프는 깨끗했고 런던처럼 두세 시간 만에 컴컴해져 버리는 일은 없었다. 아침이 될 때까지 밝았고 혹 실수로 잘못 건드려도 한쪽 유리면만 깨졌기 때문에 유리 한 장만 갈면 그만이었다.

런던의 복스홀 공원에 있는 둥근 램프는 밑에 구멍이 있어서 늘 깨끗했다. 런던 사람들이 가로등에 그것을 써먹지 않는 것이 의아했다. 그러나 사실 그 램프에 구멍을 낸 것은 그 구멍을 통해 가는 아마 끈을 늘어뜨려서 심지에 불이 잘 붙게 하기 위해서였다. 그 구멍이 공기를 들이는 역할도 한다는 생각은 미처 하지 못한 것이다. 그래서 가로등이 켜지고 두세 시간만 지나면 런던시가는 아주 어두침침해졌다.

이런 개선점들을 얘기하다 보니 또다른 일이 문득 떠오른다. 나는 영국에서 포더길 박사라는 사람을 알게 되었다. 그는 내가 알던 사람 중에 최고였고 공공 사업의 위대한 추진자였다. 바로 그에게 제안한 일이 있다. 내가 런던에서 가만히 지켜 보니 맑은 날에는 한 번도 길거리를 청소하지 않아 런던 거리는 늘 먼지가 날렸다. 그러다가 비가 오면 쌓여 있던 먼지들이 진흙으로 변했다. 그렇게 며칠을 그대로 두면 도로 위에 진흙이 아주 두껍게 쌓여 사람들은 그 길로 다니지 못했다. 가난한 사람들이 빗자루로 치운 길만 간신히 다녔다. 진흙을 치우는 일은 아주 고된 일이었다. 일일이 진흙을 긁어내서 뚜껑이 없는 수레에 던져 넣어야 했다. 그런데 도로 위로 수레를 덜컹덜컹 끌다 보면 흔들림이 심해서 진흙이 길 위로 다시 떨어졌고, 가끔씩은 길을 걷고 있는 사람들에게 그것이 튀어서 그들을 성가시게 하기도 했다. 먼지가 많은 길을 쓸지 않는 이유는 빗질을 하면 상점이나 집들의 창문으로 먼지가 날아들기 때문이라고 했다.

나는 우연히 빗질을 아주 빠른 시간에 할 수 있는 방법을 알게 되었다. 어느 날 아침 크레이븐 가에 있는 우리집 앞을 나가 보니 행색이 초라한 어떤 여자가 앞길을 빗자루로 쓸고 있었다. 그 여자는 아주 창백하고 허약해 보여서 병석에서 막 일어난 사람 같았다. 누가 거기를 쓸라고 시켰는지 물어 보았더니 그녀는 말하기를 "아닙니다. 저는 너무 가난해서 살기가 힘들어요. 혹시 높으신 분들 집 앞을 쓸다 보면 몇 푼이라도 생길까 해서요"라고 했다. 나는 그녀에게 길 전체를 다 쓸면 1실링을 주겠다고 했다. 그때가 9시였는데 그녀는 12시에 와서 1실링을 달라고 했다. 비질을 천천히 하는 모습을 보았던 나는 그렇게 일을 빨리 끝냈다는 것이 믿기지 않았다. 그래서 하인 하나를 시켜 확인해 보라고 했더니, 길 전체가 아주 깨끗이 쓸어져 있고 흙먼지는 가운데 있는 우묵한 하수로 속에 들어가 있더라고 했다. 그리고 다음에 내린 비가 그 흙먼지를 씻어 가서 길은 물론 도랑도 아주 깨끗해졌다.

그렇게 연약해 보이는 여자가 그렇게 큰 길을 3시간 만에 쓸었으니 힘 세고 민첩한 남자라면 그 절반밖에 걸리지 않을 거라는 생각이 들었다. 좁은 도로에는 길 양쪽보다는 한가운데에 하수로를 만들어 두는 것이 편하다는 얘기를 하고 넘어가야겠다. 흐르던 빗물이 가운데로 모이게 되면 물살이 세져서 먼지를 모두 쓸어간다. 그런데 빗물이 양쪽으로 갈라지면 대부분 물살이 약해져서 진흙을 쓸어 내기는커녕 오히려 질퍽한 진창을 만들어 놓는다. 그렇게 되면 마차 바퀴나 말 발굽에 채인 진흙들이 보도에 튀어 길은 더럽고 미끄러워지고, 길을 걷는 사람들에게 진흙이 튈 수도 있다. 나는 포더길 박사에게 이런 제안을 했다.

"런던과 웨스트민스터의 길들을 보다 효과적으로 청소하고 깨끗이 관리하는 방법을 제안하겠습니다. 우선 몇 명의 관리인을 고용해서 비가 적은 계절에는 먼지를 쓸어 내게 하고 비가 많은 계절에는 진흙을 긁어내도록 합니다. 관리인 한 명당 여러 개의 도로와 골목길을 담당 구역으로 배정합니다. 그리고 각 구역에 빗자루와 다른 청소 도구들을 배당해 주어서 필요하면 각자의 재량 하에 가난한 사람을 고용해서 이 물건들을 쓸 수 있도록 합니다.

날씨가 건조한 여름에는 상점이나 가정집의 창문을 열기 전에 흙먼지를 쓸어서 조금 떨어진 곳에 무더기로 쌓아 놓습니다. 그러면 환경 미화원이 뚜껑 달린 손수레에 쓰레기와 함께 실어가면 됩니다.

하지만 긁어낸 진흙은 무더기 채로 두면 마차 바퀴나 말발굽에 뭉개져서 다시 퍼져 버리게 되므로 그럴 것이 아니라 환경 미화원들에게 조금 다른 손수레를 만들어 줍니다. 몸통을 바퀴 위에 높직이 달지 말고 바퀴대 위에 낮게 올릴 수 있도록 합니다. 그리고 몸통의 바닥은 격자 모양으로 만들고 그 위에 짚을 깝니다. 그러면 먼지는 걸러지고 물기는 밑으로 빠지게 됩니다. 무게의 거의 대부분을 차지하는 물이 빠지니 손수레는 훨씬 더 가벼워집니다. 이 달구지는 손쉽게 쓸 수 있는 거리에 두고 거기까지는 일륜차로 진흙을 날라가서 붓습니다. 그러고 나서 물이 다 빠질 때까지 기다렸다가 마차에 실려 보냅니다."

나중에는 이 제안의 뒷부분이 그리 실용적이지 않다는 의심이 들었다. 좁은 길에 이 물 빼는 진흙받이를 놓아 두면 행인들이 불편해진다. 그렇지만 상점들이 문을 열기 전에 흙먼지를 쓸어서 갖다 버리는 것은 낮이 긴 여름에 특히 실용적일 것이다. 어느 날 아침 7시경에 스트랜드 가와 플리트 가를 걸으면서 보니 해가 뜬 지 세 시간이나 지나 해가 중천에 있는데도 문을 연 상점이 하나도 없었다. 런던 시민들은 밤에는 자지 않고 촛불 아래에서 이런저런 일을 하다가 해가 뜨면 잠을 잤다. 누가 시켜서 이렇게 사는 것도 아니고 자기네들이 원해서 그렇게 생활하면서도 양초세가 너무 많다, 수지 값이 너무 비싸다, 불평들이 많았다. 이런 걸 보면 그 사람들도 꽤 모순적이다.

이런 자잘한 일들은 마음에 담거나 언급할 가치가 없다고 생각하는 사람도 있을 것이다. 하기야 바람 부는 날 어느 한 사람 눈에 흙먼지가 들어가든 상점에 먼지가 날리든 이런 것은 별로 중요하지 않다. 그러나 인구가 많은 도시에서 이런 일이 잦아지고 또 계속 되풀이되면 그것은 비중 있게 다루어야 할 중대한 문제가 된다. 그런 관점에서 보면 하찮아 보이는 이런 일에 신경 쓴다고 심하게 비난할 일만은 아닌 듯하다. 세상을 살아가는 데 행복은 한 번 있을까 말까 한 커다란 횡재를 하는 것이 아니라 하루하루 살아가면서 겪는 작은 일들에서 느낄 수 있다. 그래서 가난한 젊은이에게 면도하는 법을 가르쳐 주고 면도칼 사용법을 알려 주는 것이 천 기니아를 주는 것보다 그에게 더 큰 행복을 줄 수 있다. 돈이라는 것은 언젠가는 없어지게 마련이고 남는 거라곤 잘못 썼다는 후회뿐이다. 그러나 면도하는 방법을 배우게 되면 이발소에서 한없이 기다리거나 더러운 손, 입 냄새, 무딘 면도날 같은 것 때문에 짜증을 내지 않아도 되고 자기가 편한 시간에 면도할 수 있으며 좋은 면도칼로 얼굴을 다듬는 기쁨을 매일 맛볼 수 있다. 내가 몇 페이지에 걸쳐서 길 포장 얘기나 가로등 얘기를 장황하게 한 것도 이런 이유에서이다. 내가 수년 동안 행복하게 살았던, 사랑하는 이 도시에, 그리고 아메리카의 여러 마을에 이로운 일을 하는 데 내 얘기가 보탬이 되었으면 하는 바람이다.

식민지 외교사절

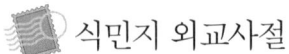

나는 한동안 아메리카 체신 장관 밑에서 회계 감사원으로 있으면서 여러 개의 우체국을 관리하고 책임자를 견책하는 일을 했다. 그러다가 1753년에 장관이 사망하자 영국의 체신 장관의 명으로 나는 윌리엄 헌터 씨와 공동으로 그 후임 자리에 앉았다. 아메리카 체신청은 그때까지 영국 체신청에 이익금을 한 푼도 보내지 못하고 있었다. 우체국이 이윤을 남길 경우 우리는 1년에 600파운드 가량을 받게 되어 있었다. 이윤을 남기기 위해서는 개선해야 할 점이 한두 가지가 아니었다. 개선 작업에 들어가서는 어쩔 수 없이 돈을 들여야 하는 일도 있고 해서 처음 4년간 900파운드를 빚내었다. 그러자 곧 그 돈은 다시 우리에게 돌아왔고 우리는 아일랜드 체신청의 세 배가 넘는 국고 수입을 올렸다. 그러나 영국 정부는 갑작스레 나를 해임시켰고 이 경솔한 짓을 저지른 이후에 단 한 푼도 받지 못했다.

그 해에 우체국 일 때문에 뉴잉글랜드에 갈 일이 있었는데 그곳의 케임브리지 대학이 자발적으로 내게 석사 학위를 수여했다. 그전에도 코네티컷에 있는 예일 대학으로부터 비슷한 학위를 받은 적이 있었다. 그래서 대학교에 다니지 않고도 대학의 학위를 받게 되었다. 자연 과학의 전기 분야에서 내가 이룬 업적과 발견 때문에 수여받은 것이었다.

1754년에 영국과 프랑스 사이에 또 전쟁이 터졌다. 상무장관의 명령으로 각 식민지 대표들이 올버니 시에서 회의를 열게 되었다. 여섯 종족의 인디언 추장들과도 만나서 각자의 국토를 어떻게 수비할 것인지 의논하기로 했다. 이 명령을 받은 해밀턴 지사는 주의회에 이를 통지하고 회담 때에 인디언들에게 줄 적당한 선물을 준비하라고 했다. 그리고 의장인 노리스 씨와 나를 임명해서 토머스 펜(윌리엄 펜의 차남, 펜실베이니아 영주 : 역주) 씨와 비서 실장 피터스 씨와 함께 펜실베이니아 주를 대표해서 회담에 참석하라고 했다. 주의회는 이 임명을 수락하고 선물도 준비했다. 그러나 펜실베이니아 밖에서 협의하는 것을 그리 달가워하지 않았다. 어쨌든 우리는 6월 중순경에 올버니 시에서 다른 대표자들과 회담을 가졌다.

올버니로 가는 길에 나는 한 가지 계획을 구상했다. 그것은 각 식민지들이 한 정부 아래 연합해서 국토 방위와 다른 중요한 사안에서 행동을 같이하는 것이었다. 그리고 이 구상을 문서로 작성해 보았다. 뉴욕 시를 지나면서 나는 내 구상을 공공 사업에 일가견이 있는 제임스 알렉산더 씨와 케네디 씨에게 얘기했다. 두 사람은 찬성했고, 이에 힘을 얻은 나는 회담에서 이 계획서를 제출하는 모험을 감행했다. 그런데 다른 대표들 중에도 이와 비슷한 계획을 생각하고 있는 사람이 많은 것 같았다. 선결 문제는 연합체를 만들어야 하는가였다. 이는 만장 일치로 가결되었다. 곧 이어서 각 식민지에서 한 사람씩 임명하여 위원회를 소집하고 몇 개의 계획안을 심의하고 보고하기로 했다. 뜻밖에도 내 계획안이 뽑혔고 몇 가지 조항을 수정한 후 보고되었다.

이 안에 의하면 연방 정부는 국왕이 임명하고 지지하는 총독을 수반으로 하며 최고 위원회는 각 주에서 임명된 식민지 대표자들이 모여 선출하게 된다. 인디언 문제와 함께 이 안에 대한 토론이 매일 의회에서 열렸다. 많은 반대와 난관에 부딪쳤지만 결국에는 모두 다 해결되었고 그 안은 만장일치로 통과되었다. 그리고 그 계획안의 복사본을 상무부와 각 식민지의 주의회에 보냈다. 그 안건은 기이한 운명을 맞았다. 각 주의회는 연방 정부의 특권이 너무 강하다고 반대했고 영국 정부는 너무 민주적이라고 반대했다. 그리하여 상무부는 이 안을 인정하지도 국왕에게 천거하지도 않았다. 대신에 상무부는 같은 목적을 더 잘 실행해 줄 대안을 하나 내놓았다. 이 대안에 의하면 식민지의 지사들은 각 주의회의 몇몇 대표들과 회의를 열어 군대 모집과 요새 건설 같은 일 등을 명령한다. 거기에 드는 비용은 영국 국고에서 끌어다 쓴 후에, 아메리카에 세금을 부과하는 국회 제정법에 의해 상환받는다. 내 안건은 내가 그것을 지지하는 이유와 함께 내 정치 논문 속에 있다.

그 해 겨울은 보스턴에 머물면서 셜리 지사와 두 안건에 대해 많은 이야기를 나누었다. 우리가 나눈 의견들의 일부분도 역시 같은 논문 속에 들어 있다. 영국과 식민지 양측은 서로 다른, 그것도 정반대되는 이유로 내 안건에 반대했다. 그러니 내 안이야말로 양측 어디에도 치우치지 않은 중도적인 것이 아닌가 하는 생각이 들었다. 내 안이 채택되었다면 양쪽 모두 만족할 수 있었을 것이다. 식민지들끼리 연합했다면 스스로를 지킬 수 있을 만큼 강해졌을 것이다. 그래서 영국에서 군대를 보낼 필요도 없었을 테고, 그로 인해 아메리카에 세금을 안길 구실도 생기지 않았을 것이며, 피비린내 나는 전쟁도 피할 수 있었을 것이다. 그러나 그런 잘못은 언제나 있어 왔다. 역사는 높은 사람들과 군주들의 실수로 가득하다.

주위를 둘러보라, 자신의 행복을 아는 자 얼마나 적고
그것을 알더라도 추구하는 자 얼마나 적은지!

대개 통치자들은 당장 눈앞에 닥친 일들에 쫓겨 새로운 계획을 구상하고 실행하는 수고를 꺼린다. 그래서 최고의 법안도 혜안(慧

眼)으로 채택되기보다는 상황 때문에 어쩔 수 없이 채택되는 것이 대부분이다.

펜실베이니아 지사는 내 안을 주의회에 내려 보내면서 그것을 찬성하는 자신의 의견을 말했다. "굉장한 명확함과 힘 있는 판단력으로 만들어진 안건 같습니다. 그래서 여러분이 세심하고 진지하게 주목할 만한 가치가 있다고 추천하는 바입니다." 그러나 주의회는 어느 특정 의원의 술책으로 내가 출석하지 못한 날을 골라서 안을 올린 후 — 참 비열한 짓이었다 — 전혀 검토도 하지 않고 기각해 버렸다. 나로서는 너무 억울한 일이었다.

이 해에 보스턴으로 가는 길에 뉴욕에서 모리스 씨를 만났다. 그는 영국에서 막 도착한 우리 주의 새 지사로 나는 그와 전부터 아는 사이였다. 그는 계속해서 훈령을 보내는 영주들과 그 훈령에 반항하는 주의회 사이에 끼여서 들볶이다가 지쳐서 사임해 버린 해밀턴 씨의 후임이었다. 모리스 씨는 "편한 자리만은 아니겠지요?"라고 물었다. "아닙니다. 어쩌면 그 반대로 아주 쉬울 수도 있습니다. 주의회와 싸우지 않도록 조심만 하면 말입니다"라고 내가 대답했다. 그러자 그는 웃으며 말했다. "친구여, 어떻게 내게 말싸움을 말라고 하시는지? 내가 논쟁을 즐기는 것을 친구도 알지 않소? 내 유일한 낙인데. 허나 친구의 조언을 존중해서 논쟁을 하지 않겠다고 약속하지요, 가능하다면요." 그는 논쟁을 좋아할 만도 했다. 말을 청산유수로 잘하는 데다가 상대방의 꼬투리를 잡아 궤변을 늘어놓는 재주가 있어서 웬만하면 말싸움에서 지는 법이 없었다. 그한테 들은 얘기로는, 그의 아버지는 저녁 식사 후에 아이들을 앉혀놓고 서로 말싸움을 시키고 그걸 즐겼다고 한다. 그는 어렸을 적부터 그런 분위기에 길들어 있었던 것이다. 그렇지만 이런 습관은 그리 현명하지 못하다. 논쟁이나 반박을 잘해서 상대방을 끽소리 못하게 하는 이런 사람들은 하는 일이 그리 순탄치 않다. 그런 사람들은 때로 승리를 쟁취하기도 하지만 절대로 사람들에게 좋은 감정을 사지는 못한다. 사람들의 온정이야말로 살아가는 데에 더 필요한 것인데 말이다. 우리는 헤어져서 그는 필라델피아로, 나는 보스턴으로 향했다.

돌아오는 길에 뉴욕 시에 들렀을 때 주의회의 의사록을 보았다. 지사는 나와 했던 약속에도 불구하고 벌써부터 의회와 심하게 사이가 틀어진 것 같았다. 그들간의 싸움은 그가 지사 직을 내놓을 때까지 계속되었다. 나도 그 싸움에 끼였다. 의회에 돌아오자마자 나는 별별 위원회에 일일이 불려가 그의 연설과 교서에 답했고, 의원들은 내게 초안을 작성하게 했다. 지사의 교서나 우리의 대답이나 대부분 신랄했고 때로는 점잖지 않은 욕설까지 오갔다. 지사는 내가 주의회 편에서 글을 쓴다는 것을 알고 있었기 때문에 사람들은 우리가 마주치면 서로 멱살이라도 잡을 거라고 생각했을 것이다. 그러나 그는 아주 성격이 좋은 사람이었고 그와 내가 서로 반대편에 있다고 해서 사적인 감정은 없었다. 우리는 식사도 같이 할 정도의 사이였다.

양측의 싸움이 한참 뜨거웠던 어느 날 오후 우리는 길에서 만났다. 지사는 "프랭클린, 나하고 우리집에 가서 저녁을 같이 합시다. 당신이 좋아할 손님들이 올 겁니다"라고 하면서 내 팔을 잡아 끌고 자기집으로 데려갔다. 저녁 식사 후 와인을 마시면서 재미있게 얘기를 나누는 중에 지사는 산초 판자의 생각을 칭찬했다. 나라를 하나 주겠다고 하자 산초 판자는 흑인들의 나라를 달라고 한다. 국민들과 뜻이 맞지 않으면 팔아 버리면 그만이기 때문이다. 내 옆에 앉아 있던 그의 친구 한 사람이 내게 말했다. "프랭클린, 어째서 댁은 퀘이커 편을 드시오? 팔아 버리는 편이 낫지 않소? 영주들이 댁에게 후하게 값을 쳐드릴 텐데요." 나는 "지사가 그 사람들을 충분히 검게 만들지 못했기 때문이지요"라고 대답했다. 실제로 지사는 별별 교서를 다 동원해서 주의회에 먹칠을 하려고 안간힘을 썼었다. 그러나 주의회는 그에게 먹칠을 당하자마자 깨끗이 씻어 내고 그것을 지사의 얼굴에 두껍게 되발라 주었다. 계속 이렇게 당하기만 하자 오히려 지사는 잘못하다가는 오히려 자기가 검둥이가 되고 말 거라는 생각이 들었는지 해밀턴 씨와 마찬가지로 이 싸움에 지쳐 끝내 지사 직을 내놓았다.

이런 논쟁의 근본 원인은 우리의 세습적인 통치자들인 영주들에게 있었다. 그들은 자기 주의 방위 비용 문제가 거론될 때마다 자기네 부동산이 면제받는 조건이 아니라면 어떤 조세 징수 조항도 통과시키지 못하도록 자신들의 대리인인 지사에게 훈령을 내렸다. 말할 수 없이 야비한 행동이었다. 거기에다가 지사들에게 훈령대로 실행하겠다는 각서까지 받았다. 주의회는 3년 동안 이 부정한 행위에 맞섰는데 그러다가 마침내는 굴복하라는 강요를 받았다. 모리스 씨의 후임으로 온 데니 대위는 이 훈령에 불복하는 모험도 감행했는데 이 일에 대해서는 나중에 쓰기로 하겠다.

얘기를 너무 급하게 하고 있는 것 같다. 모리스 지사 때 있었던 일들을 좀더 얘기해야겠다.

마침내 프랑스와의 전쟁이 시작되었다. 매사추세츠 주정부는 크라운 포인트 공격을 계획하고 퀸시 씨를 펜실베이니아로, 후에 지사가 된 포널 씨를 뉴욕으로 보내서 원조를 청했다. 나는 주의회에 몸담고 있어 그 내부 사정에 밝았고 퀸시 씨는 나와 고향이 같았기 때문에 그는 내 영향력을 이용해서 일을 성사시켜 달라고 부탁했다. 나는 그의 청원을 의회에 전했고 의회는 그 청을 받아들였다. 주의회는 군식량에 쓸 비용으로 1만 파운드를 원조하는 데 동의했다. 그런데 지사가 이 안(여기에는 국왕에게 헌납할 액수도 포함되어 있었다)에 동의하기를 거부하고 나섰다. 그 일로 세금을 걷을 때 영주들에게 토지세를 면제해 준다는 조항을 집어 넣어야 한다는 것이었다. 주의회는 뉴잉글랜드에 원조금을 보내고 싶었으나 어찌 해야 할지 몰라 난처해 하고 있었다. 퀸시 씨는 지사의 동의를 얻어 보려고 무척 애를 썼으나 지사는 아주 완강했다.

그러자 나는 지사와 상관 없이 이 문제를 해결할 수 있는 방법을 제안했다. 그것은 공채국(公債局)의 보관 위원들 앞으로 어음을 발행하는 것이었다. 법에 의하면 주의회는 어음을 발행할 권한이 있었다. 그러나 그 당시에 공채국에는 잔고가 별로 없거나 아예 바닥나 있었다. 그래서 나는 1년 기한에 5부 이자를 붙여 어음을 발행하자고 제안했다. 이 어음으로라면 군식량을 충분히 사들일 수 있을 거라고 생각했다. 의회는 바로 그 의안을 채택했다. 어음은 즉시 발행되었고 나는 어음에 서명하고 그것을 관리하는 위원회에 임명되었다. 어음을 지불할 자금은 다른 지방에 대출해 준 유통 지폐에서 나오는 이자와, 소비세로 발생하는 세입이 전부였다. 하지만 그것만으로도 충분하다는 것이 알려지면서 어음은 곧 신용을 얻었다. 그래서 식량을 구입할 때도 그것으로 지불할 수 있었고 현금을 쓰지 않고 가지고만 있는 부자들은 그 돈을 어음에 투자했다. 손에 쥐고만 있어도 이자가 붙고, 필요할 때는 현금으로도 사용할 수 있어 여러 모로 이익이라는 것을 알았기 때문이다. 이렇게 해서 이 어음들은 불티나게 팔렸고 이삼 주 만에 완전히 동이 나고 말았다. 그리하여 이 중요한 문제는 내가 제안한 방식으로 해결되었다. 퀸시 씨는 정중한 서한으로 주의회에 감사를 전했으며 자신의 임무를 달성한 것을 기뻐하며 고향으로 돌아갔다. 그 후로 그는 나에 대한 아주 따뜻하고 애정 깊은 우정을 계속 간직하고 있다.

전쟁 준비와 브래드독 장군

영국 정부는 올버니 회담에서 제출한 식민지 연합 건을 허가하지 않았고 식민지 연합이 스스로 방위 체제를 갖추는 것도 반대했다. 연합체가 군사력이 강해져 자신들의 막강함을 감지할까 봐 조마했던 것이다. 이런 의혹과 질투로 영국 정부는 영국군 2개 연대를 브래드독 장군의 지휘 하에 파견했다. 장군은 버지니아 주 알렉산드리아에 도착해서 메릴랜드의 프레드릭 타운까지 진군한 다음 마차를 징발하기 위해 잠시 멈추었다. 우리 주의회는 소식통을 통하여 장군이 주의회에게 상당히 적대적인 반감을 갖고 있다는 이야기를 들었다. 자기네들은 우리를 지켜 주려고 힘들게 왔는데 주의회 의원들이 자기네들을 싫어한다는 것이 그 이유였다. 주의회는 장군의 반감을 무마하기 위해 나더러 의회 대표가 아닌 체신 장관 자격으로 장군을 만나 보고 오라고 했다. 장군은 각 식민지의 지사들과 서한을 주고받아야 하니 체신 장관으로서 서한 송달을 민첩하고 정확하게 할 수 있는 방법을 의논하러 온 것처럼 가장하라는 것이었다. 비용은 주의회가 부담하겠다고 했다. 나는 아들을 데리고 이 여행길에 올랐다.

우리는 프레드릭 타운에서 장군을 만났다. 장군은 메릴랜드와 버지니아의 촌구석으로 마차를 징발하러 보낸 군인들을 초조하게 기다리고 있었다. 나는 며칠 동안 장군과 함께 지내면서 매일 식사를 같이 했다. 그래서 나는 그의 반감을 없앨 절호의 기회를 잡았다. 나는 주의회가 그의 작전을 용이하게 하기 위해 그가 오기 전에, 그리고 지금도 하고 있는 일들을 알려 주었다. 얘기를 끝내고 막 떠나려고 할 때였다. 징발된 마차들이 들어오고 있었는데 스물다섯 대밖에 되지 않았고 그나마 몇 개는 쓰지도 못할 것 같았다. 장군과 장교들은 기가 막히다는 표정을 지었다. 이 원정은 여기서 끝이다, 도저히 불가능하다, 식량과 군용 물품을 나를 마차도 제대로 없는 나라에 우리를 보내다니, 하면서 그들은 무심한 자기 정부를 탓했다. 아무리 적어도 마차 150대는 있어야 한다고 했다.

나는 거의 모든 농가에 마차 한 대씩은 있는 펜실베이니아로 오지 않은 것이 딱한 일이라고 아무 생각 없이 한마디 던졌다. 그러자 장군은 내 말을 놓치지 않고 이렇게 간청했다. "그렇다면 거기서 영향력 있는 당신이 우리에게 마차와 말들을 구해 주실 수 있겠군요. 제발 그렇게 해주시지요." 마차 주인들에게 어떤 조건을 제시할 것인지 묻자 그는 내 생각에 필요하다고 생각되는 조건들을 적어 보라고 했다. 내가 적은 것을 보고 그들도 찬성했고 위임장과 지시 사항 등이 즉시 준비되었다. 그 조건들은 내가 랭카스터에 도착하자마자 공표한 포고문에 나타나 있다. 이 포고문은 순식간에 뜨거운 반응을 불러일으켰다는 점에서 어떻게 보면 참 신기한 글이다. 여기에 전문을 실어 보겠다.

공고

랭카스터에서 1755년 4월 26일

윌스 크릭에서 곧 집결할 국왕의 군대가 사용할 말 네 마리가 끄는 마차 150대와 승용마나 짐 부릴 말 1500마리가 필요한바, 브래드독 장군이 위임해 준 권한에 따라 나는 위의 물품을 임대하는 데 따른 계약 조건을 다음과 같이 공고한다. 오늘부터 다음 수요일 저녁까지는 랭카스터에서, 다음 목요일 아침부터 금요일 저녁까지는 요크에서 이 임무를 수행할 것이며 마차와 말들을 다음과 같은 조건으로 빌리도록 한다.

1) 말 네 마리와 마부 한 명이 딸린 마차 한 대는 하루 15실링을, 짐 싣는 안장 또는 다른 안장과 마구가 딸린 말은 하루 2실링을, 안장 없는 말 한 마리는 하루 18센트를 지불한다.

2) 지불은 윌스 크릭에서 합류한 시점부터 시작된다. 합류 날짜는 5월 20일, 혹은 그 이전이어야 한다. 그리고 윌스 크릭에 도착하기까지, 또 집으로 돌아가기까지 여행 기간에 소요되는 경비에 대해서도 적당액을 지불한다.

3) 각 마차와 그것에 딸린 말 네 마리, 승용마, 짐 말 등은 주인들과 내가 임명한 공평한 제삼자가 등급을 매기도록 한다. 복무 중에 마차나 말을 잃어버릴 경우에는 그 등급에 따라 보상을 받는다.

4) 계약을 할 때 요구를 하면 일주일치 전도금을 계약 장소에서 본인이 주인에게 직접 지불한다. 나머지는 브래드독 장군이나 군 당국이 계약 완료 후나 정한 시기에 지불한다.

5) 빌린 말들을 관리하는 사람이나 마부는 어떤 경우에도 군 업

무를 강요당하지 않는다. 말과 마차를 관리하는 일 외에 다른 일은 하지 않는다.

6) 마차와 말이 진지로 실어간 밀과 옥수수, 말 먹이 등은 말을 먹이고 남으면 군대용으로 사들이고 적당액을 지불한다.

주지사항—내 아들 윌리엄 프랭클린도 컴벌랜드 지방에서 이와 같은 계약을 체결할 권한이 있다.

B. 프랭클린

랭카스터, 요크, 컴벌랜드 주민들에게

동포 여러분, 나는 프레드릭 진지에서 며칠 동안 지내면서 장군과 장교들이 말과 마차를 구하지 못해 많이 격분해 있는 것을 보았습니다. 이 지방에서 마차나 말을 필요한 만큼 대줄 수 있을 거라고 생각했었습니다. 그러나 우리 지사와 주의회의 의견 차이 때문에 자금을 보내지도 못했고 그것에 대한 어떤 조치도 취하지 못했습니다.

군대를 식민지 각지에 투입시켜서 가장 좋은 말과 마차를 필요한 대로 징발하고 또 그것들을 관리하는 데 필요한 인원을 징용하자는 제안도 있었습니다.

영국 군대가 이런 목적으로 식민지들을 지나간다면, 특히 현재의 그들의 노여움과 우리에 대한 반감을 생각하면 주민들이 커다란 불이익을 당하지 않을까 걱정됩니다. 이런 이유로 나는 고생스럽더라도 공정하고 공평하게 이 일을 해결해 보고자 이렇게 나섰습니다. 이들 변두리 지역 사람들은 최근에 화폐가 부족하다고 주의회에 호소했습니다. 여러분은 막대한 액수를 서로 분배할 수 있는 기회를 잡은 것입니다. 이 원정은 분명히 120일 이상 계속될 것이기 때문에 마차와 말의 임대료는 3만 파운드가 넘을 것이고, 여러분은 영국 금화, 은화로 그 돈을 받게 됩니다.

이 일은 고되지 않고 편할 것입니다. 군대는 하루에 12마일 이상은 행군하지 않으며, 마차와 짐 말들은 군대의 필수품을 싣고 가기 때문에 더 빨리 갈 필요 없이 행군 속도에 맞추면 됩니다. 그리고 군대 자체를 위해서 행군 중이나 야영 시에는 가장 안전한 곳에서 보호받을 것입니다.

여러분이 내가 믿는 대로 선량하고 충성스러운 백성들이라면 지금 꼭 필요한 도움을 주어야 하고, 그래야 여러분 자신도 편안하게 지낼 수 있습니다. 농장 일 때문에 마차, 말, 마부를 한 가구에서 다 내놓기가 벅찰 경우에는 세네 가구가 공동으로 참여해도 상관없습니다. 한 집에서는 마차를, 한 집에서는 말 한두 마리를, 또 한

집에서는 마차를, 이런 식으로 제공하고 그 대여금은 세 집에서 적당히 나눠 가지는 겁니다. 이렇게 좋은 가격과 조건이 제시되었음에도 여러분들이 국왕과 나라를 위해 자발적으로 참여하지 않는다면 여러분의 충성심은 강하게 의심받게 될 것입니다. 국왕의 업무는 반드시 수행되어야 합니다. 용감한 군대가 이렇게 먼 곳까지 여러분을 지켜 주기 위해 왔는데 해야 마땅할 일을 하지 않고 뒷전에서 지켜 보고만 있어서는 안 됩니다. 마차와 말은 꼭 필요합니다. 여러분이 지원을 하지 않으면 강제적인 조치가 취해질 것이고 여러분은 배상받기 위해 돌아다녀야 할 것입니다. 그러나 여러분은 동정도 관심도 받지 못할 것입니다.

나는 이 일에 특별한 이해 관계는 없습니다. 그저 좋은 일을 한다는 만족감이 있을 뿐, 힘들고 고될 뿐입니다. 이 방법으로도 마차와 말들을 구하지 못할 것 같으면 앞으로 14일 이내에 장군에게 보고해야 합니다. 그리 되면 경기병인 존 세인트 클레어 경이 군대를 끌고 와서 말과 마차를 징발할 것입니다. 여러분의 진실하고 진정한 친구이며 여러분의 행복을 바라는 저로서는 그런 일이 없기를 바랍니다.

B. 프랭클린

나는 장군으로부터 마차 주인들에게 지불할 선불금으로 800파운드를 받았다. 그러나 충분치가 않아서 내돈 200파운드를 끌어다 썼다. 2주 안에 150대의 마차와 짐 말 259마리가 진지를 향해 떠났다. 공고에는 마차나 말을 잃어버릴 경우 그 가치에 상당하는 금액을 지불한다고 되어 있었다. 그러나 그 주인들은 브래드독 장군이 어떤 사람인지도 모르고 그의 약속을 어느 정도까지 믿을 수 있는지도 불확실하다며 내게 보증인이 되어 달라고 했다. 그래서 나는 그렇게 했다.

진지에 있었을 때 하루는 던바 대령 연대의 장교들과 저녁을 함께 했었다. 대령은 하급 장교들을 걱정했다. 그들은 가난해서 오랫동안 황야를 진군하는 데 필요한 물품들을 이 물가가 비싼 나라에서는 살 형편이 안 된다는 것이었다. 나는 그 처지가 딱해서 그 물품들을 구해 주기로 마음 먹었다. 그러나 대령에게 내 속마음을 말하지는 않고 그 다음날 주의회에 편지를 썼다. 이들의 딱한 사정을 설명하고 이들에게 필수품과 음식물을 선물로 주자고 제안했다. 주의회에는 자유롭게 쓸 수 있는 공금이 약간 있었다. 군대 생활 경험이 있는 아들이 적어 준 필요한 물품의 목록을 편지에 동봉했다. 주의회는 찬성하고 아주 부지런히 손을 썼다. 그래서 그 물품들은 마차들과 거의 동시에 내 아들의 지휘 아래 도착했다. 모두 스무 개의 포대가 왔는데 포대에는 다음과 같은 것들이 들어 있었다.

설탕 6파운드	글로스터 치즈 1개
양질의 흑설탕 6파운드	항아리 버터 20파운드
양질의 녹차 1파운드	묵은 마데이라주 24병
양질의 중국산 차 1파운드	자마이카주 2갈론
양질의 분말 커피 6파운드	겨자 가루 1병
초콜릿 6파운드	훈제(燻製)햄 2개
최상급 흰 비스킷 50파운드	말린 고기 반 다스
후추 1/2파운드	쌀 6파운드
최고급 식초 1쿼트	건포도 6파운드

이 스무 개의 포대를 단단하게 꾸려서 말 한 마리에 하나씩 실었다. 각 장교는 말과 함께 이 한 포대씩을 선물로 받았다. 그들은 무척 고마워하며 이 선물을 받았고 양 연대장들은 더할 수 없이 정중한 편지로 감사 인사를 보내 왔다. 장군 역시 내가 아주 멋진 방법으로 마차를 구해 주었다며 대단히 만족해 했다. 그리고 내가 끌어다 썼던 돈을 즉시 갚아 주고 고맙다는 말을 되풀이하면서 자기가 떠난 뒤에도 계속 물자를 원조해 달라고 부탁했다. 나는 이 일도

맡아서 장군의 패전 소식을 듣기 전까지 아주 부지런히 뛰어다녔다. 나는 이 일을 하면서 1천 파운드 이상을 입체했고 그 계산서를 장군에게 보냈다. 운 좋게도 전쟁이 시작되기 이삼 일 전에 장군이 이 계산서를 받아 보았고 그는 내게 은화 1천 파운드를 지불하라는 지불 명령서를 회계 주임에게 즉시 보냈다. 나머지는 다음 회계에서 계산해 주겠다고 했다. 그 정도라도 받은 것이 다행이었다. 나머지는 단 한 푼도 받지 못한 것이다. 이 얘기는 좀더 뒤에 나온다.

브래드독 장군은 아주 용감한 사람이었다. 유럽에서 일어난 전쟁이었다면 그는 아마 아주 훌륭한 장교로 이름을 떨쳤을 것이다. 그러나 자신감이 지나쳤고 정규군을 너무 과대 평가했으며 아메리카 군이나 인디언 군을 너무 얕잡아 보았다. 우리의 인디언 통역인 조지 크로건은 백 명의 인디언들을 이끌고 그의 부대에 합류해서 진군했다. 장군이 조금만 더 친절했던들 그들은 길 안내나 정찰 같은 여러 가지 일로 군대에 큰 도움이 되었을 것이다. 그러나 장군은 그들을 얕잡아 보고 무시했다. 결국 인디언들은 한두 명씩 그를 떠나기 시작했다.

어느 날 함께 이야기를 나누다가 장군은 앞으로의 계획에 대해 약간 얘기했다. "듀케인 요새를 점령한 뒤에 나이아가라로 진군할 예정입니다. 나이아가라를 점령한 후 날씨가 괜찮으면 프런트넥까지 갈 겁니다. 내 생각에는 가능할 것 같습니다. 듀케인에서 3, 4일 이상은 안 걸릴 테니까요. 그 후로는 나이아가라까지 가는 데 별 어려움이 없을 겁니다." 아주 좁은 길을 행군할 때 나무나 덤불을 베어 가면서 길게 행렬을 지어야 한다는 것과, 또 1500명의 프랑스 군대가 이로쿼이 인디언 지역을 공격했다가 패배한 이야기를 생각하면 그의 계획이 약간 미심쩍고 걱정스러웠다. "그럴 겁니다, 장군님, 듀케인은 방비가 허술하고 강력한 수비병도 없다고 하니까 장군님이 잘 도착만 하시면 정예 부대에 좋은 대포까지 갖추고 있으니 별 저항 없이 쉽게 점거하실 겁니다. 다만 한 가지 걱정되는 것은 인디언들의 매복입니다. 인디언들은 항상 그런 식으로 공격하기 때문에 숨어 있다가 급습을 하는 데 아주 민첩합니다. 4마일이나 되는 아주 좁은 길을 가느다란 행렬로 지나가야 하는데 측면에서 갑자기 공격을 받으면 실토막처럼 군데군데 끊어질 염려가 있지요. 서로 떨어져 있어서 제때에 돕기도 힘들 겁니다."

장군은 내가 무얼 모른다는 듯이 미소를 지었다. "그렇소, 이 야만인들은 당신네 경험 없는 아메리카군에게는 무서운 적일 겁니다. 그러나 국왕 폐하의 훈련된 정규군들에게는 아무것도 아니지요." 나는 직업 군인과 군대 문제로 말씨름을 하는 것도 우스운 일인 것 같아 그냥 입을 다물었다. 그러나 내가 염려했던 일은 벌어지지 않았다. 적군은 긴 행렬을 공격하지 않고 요새에서 9마일 떨어진 지점까지 그대로 내버려 두었다. 그러다가 그때까지 지나온 길보다 훨씬 넓게 트인 숲속의 공터에서 적군은 기습을 해왔다. 강을 막 건넌 선두 부대가 그 뒤의 부대를 기다리면서 잠시 멈춰 있을 때였다. 적군은 갑자기 나무와 덤불 뒤에서 전위를 향해 마구 총을 쏘아 댔다. 장군은 이때서야 적이 바로 옆에 있다는 것을 알아챘다. 전위 부대가 정신을 못 차리고 우왕좌왕하고 있는 것을 본 장군은 후방에 있던 부대를 급히 올려 보냈다. 그러나 마차와 짐과 짐승들이 뒤엉켜서 난장판이 되었다. 그때 측면에서도 포화가 쏟아졌다. 장교들은 말에 타고 있어서 눈에 잘 띄어 쉽게 표적이 되었기 때문에 제일 먼저 하나둘씩 말에서 떨어져 나갔다. 보병들은 뒤죽박죽 엉켜서 명령을 받지도 듣지도 못한 채 공격 한 번 제대로 못해 보고 그냥 서 있다가 총에 맞고 쓰러졌다. 그렇게 3분의 2가 죽었다. 모두들 공포에 질려 혼이 빠진 듯 허둥지둥 도망가기 시작했다. 마부들은 말을 풀어서 타고 내뺐다. 이것을 본 다른 군인들도 말을 하나씩 풀었다. 그 바람에 마차, 식량, 대포, 군수품들이 모두 적군의 손에 고스란히 들어가고 말았다. 장군은 부상을 당하고 어렵사리 도망쳐 나왔다. 장군의 비서관 셜리 씨는 장군 옆에서 죽었고 86명의 장교 중에서 36명이 죽거나 다쳤고 1100명의 군인 중 714명이 죽었다. 이 1100명은 부대 전체에서 뽑혀 온 군인들이었다. 나머지 군인들은 던바 대령과 함께 후방에 있었다. 던바 대령은 더 무게가 나가는 군수품들, 식량, 수화물 등을 싣고 뒤따라오기로 되어 있었다. 그 난리에서 도망친 군인들은 추격을 당하지 않고 던바 대령의 진지까지 갔다. 그들이 몰고 온 공포 분위기가 즉시 대령과 그 부하들에게도 확산되었다. 대령은 1천명이 넘는 군인들을 거느리고 있었고 브래드독 장군을 격파한 프랑스군과 인디언은 합쳐 봐야 400명이 넘지 않았다. 그런데도 대령은 진격해서 실추된 명예를 조금이라도 회복하려고 하기는커녕 오히려 군수품과 탄약들을 모조리 버리라고 명령했다. 식민지 정착 부락으로 빨리 달아나려면 말이 많을수록 좋으니 짐을 줄이려는 것이었다. 안전한 곳까지 도망간 대령은 버지니아, 메릴랜드, 펜실베이니아 지사들로부터 전방에 부대를 배치해서 주민들을 보호해 달라는 요청을 받았다. 그러나 대령은 필라델피아에 도착해서 주민들의 보호를 받기 전에는 안전하지 않다는 생각에 행군을 멈추지 않고 그 주들을 그냥 지나쳤다. 이 모든 일들을 지켜 본 우리 아메리카인들은 용맹스러운 영국 정규군들이 아주 강하다는 우리의 숭고한 생각을 처음으로 의심하게 되었다.

영국군은 아메리카 해안에 도착해서 식민지 부락 너머까지 행군을 하면서 주민들을 약탈했었다. 몇몇 가난한 가족들을 무참히 짓밟아 버렸고 반항하는 주민들은 모욕하고, 욕설을 퍼붓고, 감금까지 했다. 우리에게 그 수비군들이 절실히 필요하긴 했지만 이 일로 그들에게 정나미가 뚝 떨어졌다. 1781년의 프랑스군 친구들은 이와 얼마나 달랐던가. 그들은 주민들이 밀집해 있는 로드 아일랜드에서 버지니아까지 거의 700마일을 행군했지만 돼지 한 마리, 닭 한 마리, 아니 사과 한 개도 건드리지 않았다.

브래드독 장군의 보좌관 중 하나였던 옴 대위는 심하게 부상을 당하고 장군과 함께 도망쳐서 그와 며칠을 함께 보냈다. 대위가 얘기해 주기를, 첫날에 장군은 하루 종일 입을 다물고 있다가 밤에 "이런 일이 일어나리라고 상상이나 했겠어?"라는 딱 한 마디만 하더라는 것이었다. 그 다음날도 침묵을 지키다가 마지막에 "한 번만 더 하면 그때는 그놈들을 어떻게 처리해야 할지 알 것 같은데"라는 말을 남기고 몇 분 후에 죽어 버렸다.

장군의 명령과 지시 사항, 우편물 모두가 들어 있는 비서의 서류가 적군의 손으로 넘어갔다. 그들은 그중에서 몇 개를 뽑아 프랑스어로 번역하고 인쇄했다. 선전 포고를 하기 전에 영국이 이미 싸울 생각이 있었음을 증명하기 위해서였다. 그런데 그 글들 중에 지사가 장군에게 내 얘기를 쓴 편지들이 있었다. 내가 영국군을 위해 대단한 일을 해주었으니 나를 잘 봐달라는 내용이었다. 후에 데이비드 흄(그 몇 해 뒤에 프랑스 대사인 허트퍼드 경의 비서를 지냈고, 더 나중에는 국무장관인 콘웨이 장군의 비서로 있었다)도 관청 서류 속에서 브래드독 장군이 쓴 나를 적극 천거하는 편지들을 읽은 적이 있다고 말했다. 하지만 그 원정이 실패로 돌아갔기 때문에 내 공도 그리 큰 인정은 받지 못했던 모양이다. 이 모든 장군의 추천서는 내게 아무런 도움도 되지 않았다.

내가 대가로 장군에게 부탁한 것은 단 한 가지였다. 우리가 산 하인들을 더 이상 복역시키지 말 것과 이미 복역하고 있는 하인들은 돌려 보내도록 직접 부하 장교들에게 명령을 내려 달라는 것이었다. 장군은 선뜻 승낙해 주었다. 그리하여 수많은 하인들이 자신의 주인에게로 돌아갔다. 지휘권을 물려받은 던바 대령은 그리 관대하지 않았다. 그가 필라델피아에 퇴각해—차라리 도주에 가까웠다—있을 때 랭카스터의 가난한 농민 세 가정이 그가 징집했던 하인들을 돌려 보내 달라고 간청했다. 나는 고인이 된 장군의 명령을 상기시켰다. 대령은 자기가 뉴욕 시로 가는 길에 트렌턴이라는 곳에서 며칠 머물 예정이니 주인들이 그곳으로 오면 하인들을 돌려 주겠노라고 약속했다. 주인들은 시간과 경비를 들여 힘들게 트렌턴까지 갔으나 대령은 약속을 어겼다. 그들은 크게 손해를 보고 실의에 빠졌다.

마차와 말들을 잃어버린 사실이 알려지자 마차 주인들은 내게로 몰려와서 내가 보증한 액수만큼 지불해 달라고 야단들이었다. 나는 아주 난처해졌다. 나는 회계 주임에게 돈을 언제든지 받을 수 있으나 셜리 장군으로부터 지불 명령이 떨어져야 한다, 그래서 벌써 편지로 신청해 두었다, 하지만 장군이 멀리 떨어져 있어 답신을 당장에는 받아 볼 수 없으니 조금만 참아 달라, 이런 말로 그들을 달랠 수밖에 없었다. 그래도 성에 차지 않았는지 나를 고소하는 사람들도 있었다. 그러다가 마침내 셜리 장군이 위원들에게 내 청구서를 조사하게 한 뒤 지불을 명령해서 나를 이 끔찍한 곤경에서 구출해 주었다. 배상 액수는 거의 2만 파운드나 되었다. 내가 물어야 했다면 아마 파산하고 말았을 것이다.

브래드독 장군이 패전하기 전에 듀케인 요새 점령 소식이 전해졌을 때 두 본드 박사(필라델피아에 병원을 세우려던 본드와 물리학자 본드 : 역주)가 나를 찾아왔다. 그 승리를 축하하는 대대적인 불꽃놀이를 위한 비용을 모금하자는 것이었다. 나는 진지한 얼굴로 말했다. "축하할 일이 확실해진 다음에 준비해도 늦지 않을 겁니다." 내가 자기들의 제안에 즉시 찬성하지 않자 그들은 의아해 했다. "아니, 그러면 선생은 설마 요새를 점령하지 못할 거라고 생각하는 것은 아니지요?"라고 그중 한 명이 물었다. "요새를 탈환할지 못할지는 아직 모릅니다. 전쟁이라는 것은 늘 불확실하니까요." 그리고 그들에게 내가 확신하지 못하는 이유를 들려 주었다. 모금은 취소되었고 그 기획자들은 불꽃놀이를 준비했었다면 당했을 창피를 모면했다. 후에 본드 박사는 프랭클린의 육감은 겁이 날 정도라고 말했다.

모리스 지사는 브래드독 장군의 패전 이전부터 주의회에 계속 교서를 보내 의원들을 볶아 댔다. 영주들에게 재산세를 과세하지 않는다는 조건으로 방위비 징수 법안을 만들라는 것이었다. 영주들의 면세 조항이 없으면 지사는 무조건 그 법안을 기각했다. 이제 사태가 시급해져서 그 법안이 꼭 필요하게 되자 지사는 주의회가 어쩔 수 없이 자기 명령을 따를 거라 생각하고 훨씬 더 집요하게 다그쳤다. 그러나 주의회는 자신들이 옳다고 믿고 소신 있게 의견을 고수했다. 지사가 예산안을 고치도록 내버려 두는 것은 자신들의 기본적인 권리를 포기하는 거나 마찬가지라고 생각하고 있었다. 마지막으로 주의회가 내놓은 예산안은 5만 파운드를 보조하자는 내용이었는데, 지사는 단어 하나만 고치자고 제안했다. 안건에는 "모든 동산, 부동산은 세금을 내야 한다. 영주들도 예외가 '될 수 없다'"라고 되어 있었는데 이것을 "영주들은 예외가 '된다'"(not을 only로)로 고치자는 것이었다. 아주 작은 것 같지만 실제로는 너무나 엄청난 차이였다. 주의회는 영국에 있는 친구들에게 지사의 교서에 대한 주의회의 답을 늘 전해 주고 있었다. 이번에도 이 일을 그들에게 전해 주자 그들은 지사에게 그렇게 비열하고 공정하지 못한 훈령을 내린 영주들을 맹렬히 비난했다. 영주들은 식민지 방위를 방해해서 자기 재산의 안전을 위험에 빠뜨려 스스로 구덩이를 판 것이나 마찬가지라고 하는 친구도 있었다. 영주들도 두려움을 느꼈는지 방위의 목적으로 주의회가 얼마를 내든 자신들의 돈 5천 파운드를 거기에 더하라고 세입 징수관에게 명령을 내렸다.

이 일을 통고받은 주의회는 그 돈을 대지주들이 내야 할 일반세금 명목으로 받기로 했다. 그리고 그 법안은 면세한다는 조항을 넣어서 곧 통과되었다. 이 법안에 의해서 나는 6만 파운드의 방위비 사용을 관할하는 위원의 한 사람으로 임명되었다. 나는 이 법안을 기초하고 통과시키는 데 아주 적극적으로 활동했었다. 이와 동시에 추진한 일이 있었는데, 자발적인 시민병을 조직하고 훈련시키는 것에 관한 법안을 기초하는 것이었다. 이 법안에서 퀘이커교도들은 자기 의사에 따라 거부할 수 있도록 배려했기 때문에 주의회는 쉽게 이 법안을 통과시켰다. 그리고 시민병을 모집하는 데 필요한 단체를 결성하기 위해 시민병에 대해 생각할 수 있는 모든 반대 의견과 그에 대한 답변을 써서 인쇄했다. 이 글의 효과는 굉장했다.

시내와 시골에서 몇몇 중대가 편성되어 실제로 훈련을 받고 있었다. 지사는 나에게 북서 지방의 전선을 맡기려 했다. 그곳은 적군이 자주 출몰하는 곳이므로 그곳에 군대를 주둔시키고 요새들을 세워서 주민들을 보호하라는 것이었다. 나는 내 자신이 그 일에 그리 적임은 아니라고 생각했지만 이 군 업무를 맡았다. 지사는 나에게 전권 위임장과 적임이라고 생각되는 사람을 장교로 임명할 수 있는 백지 위임장 한 다발을 주었다. 사람들을 모으는 일은 그리 어렵지 않았다. 곧 내 휘하에 560명을 거느리게 되었다. 그전에 있었던 캐나다와의 전쟁에서 장교로 활동했던 내 아들은 이번에는 내 부관이 되어 큰 도움을 주었다. 인디언들은 모라비아 종파 사람들이 살고 있던 그나덴헛 마을을 불사르고 주민들 대부분을 죽였다. 그곳에 요새를 하나 세우면 괜찮을 것 같았다.

거기까지 행군해 가기 위해서 나는 모라비아 종파 사람들의 주요 근거지인 베들레헴에 중대를 집합시켰다. 그나덴헛 마을의 파괴로 주민들은 불안해 하고 있었다. 주요 건물들에 방책을 치고,

뉴욕으로부터 무기와 군수 물자들을 다량으로 사들였다. 높직한 석조 건물의 창문과 창문 사이에는 조약돌들을 쌓아 놓아서, 인디언들이 밀고 들어오려고 하면 여자들이 그들의 머리 위로 돌팔매질을 할 수 있도록 했다. 여느 군대 주둔지나 다름없이 무장한 교인들이 아주 조직적으로 보초를 서고 교대하고 있었다. 스판겐버그 주교와 이야기를 나누면서 나는 이런 점들이 놀랍다고 말했다. 영국 의회의 법률에 의해 모라비아 교인들은 식민지에서 병역이 면제되었기 때문에 나는 그들이 무기를 지니는 것을 양심적으로 꺼릴 것이라고 생각했었다. 주교는 대답하기를, 반전사상은 그들의 확정된 교리가 아니라 그 법안을 획득했을 당시 사람들의 교리였을 뿐이라고 했다. 하지만 지금은 그들 자신도 놀랄 정도로 그 교리를 따르는 교인은 거의 없었다. 그들이 자신들을 속이고 있거나 영국 의회를 속이고 있거나 둘 중 하나인 것 같았다. 그러나 당장 눈앞에 위험이 닥치면 변덕스러운 신념보다는 상식이 훨씬 강한 법이다.

우리가 요새 세우는 일에 착수한 것은 1월 초였다. 나는 부대 하나를 미니싱크 마을의 북쪽으로 보내서 요새를 하나 세우게 했고, 마을의 남쪽으로도 부대 하나를 같은 목적으로 보냈다. 나는 나머지 부대를 이끌고 가장 시급한 그나덴헛으로 떠나기로 했다. 모라비아 교인들은 연장과 식량, 짐 등을 실을 수 있도록 마차 다섯 대를 빌려 주었다.

베들레헴을 떠나기 직전에 농민 11명이 나를 찾아왔다. 그들은 인디언들의 공격을 받아 자기 농장에서 쫓겨난 사람들이었는데, 돌아가서 자신들의 소들을 끌고 오겠다며 총을 달라고 했다. 나는 각각 총 하나와 탄약들을 주었다. 그러고 나서 우리는 행군을 시작했다. 몇 마일도 채 가지 못했는데 갑자기 비가 내리기 시작하더니 그칠 줄을 몰랐다. 비를 피할 만한 집들이 보이지 않아 어쩔 수 없이 계속 가다가 어두워져서야 한 독일인의 집을 발견했다. 물에 흠뻑 젖은 우리는 그 집의 헛간에서 다 함께 웅크리고 있었다. 행군 중에 공격을 당하지 않은 것만 해도 정말 다행이었다. 우리가 갖고 있던 무기는 아주 평범한 것들뿐이었고 그나마도 비에 모두 젖어 속수무책이었다. 그리고 인디언들은 전술이 아주 교묘해서 우리가 당할 재간이 없었다. 그날 인디언들은 앞서 말한 11명의 농부들을 만나서 10명을 죽였다. 혼자 살아 남은 농부가 말하기를 총들이 비에 젖어서 총알이 나가지 않더라는 것이었다.

다음날은 개어서 행군을 계속한 끝에 그나덴헛에 도착했다. 그 모습이 황량하기 그지없었다. 근처에 제재소가 하나 있었고 그 주위에 널빤지가 여러 장 쌓여 있었다. 우리는 그 널빤지로 재빨리 임시 막사를 지었다. 그 추운 날씨에 우리는 텐트가 없었다. 우리가 가장 먼저 한 일은 마을 사람들이 대강 묻어 놓고 가버린 시체들을 좀더 잘 묻어 주는 일이었다.

그 다음날 아침에는 요새를 설계하고 그 위치를 잡았다. 그 둘레를 455피트로 잡았기 때문에 직경 1피트짜리 통나무 455개를 이어 붙여서 말뚝 울타리를 만들어야 했다. 우리는 가지고 있던 도끼 70자루로 즉시 나무를 찍기 시작했다. 우리 군인들은 도끼 사용에 아주 능숙했고 금새 나무들이 쌓였다. 나는 나무들이 하나둘씩 계속 쓰러지는 모습을 신기하게 쳐다보고 있다가 갑자기 나무 하나를 베는 데 시간이 어느 정도 걸리는지 궁금해졌다. 그래서 두 명이 소나무 하나를 베기 시작했을 때 시간을 재보았다. 겨우 6분 만에 나무는 땅 위에 쓰러졌다. 그 나무는 직경이 14인치나 되었다. 소나무 한 그루에서는 끝이 뾰족한 18피트짜리 말뚝이 세 개씩 나왔다. 이렇게 말뚝을 준비하고 있는 동안 다른 사람들은 참호를 3피트 깊이로 파서 말뚝 박을 자리를 만들었다. 마차들의 몸체를 떼어내고 연간의 두 부분을 연결시키는 핀을 뽑아서 앞뒤 바퀴를 분리시켜 바퀴가 두 개 달린 달구지를 열 개 만들었다. 여기에 각각 말 두 마리씩을 붙여서 숲에서 요새까지 말뚝을 나르도록 했다. 말뚝들이 다 박아지자 목수들이 6피트 높이의 나무 발판을 만들어서 바로 그 안쪽에 둘렀다. 그 발판 위에 서서 작은 구멍을 통해 총을 발사하도록 되어 있었다. 우리는 회전식 대포를 하나 갖고 있었는데 한 모퉁이에 설치하고 정착되자마자 한 발을 쏘았다. 혹시라도 인디언들이 이 소리를 들을 수 있는 거리에 있다면 우리가 그런 무기를 갖고 있다는 것을 과시해서 겁을 주기 위해서였다. 그리하여 요새라는 거창한 이름을 붙이기에는 한없이 초라하지만 우리의 요새가 일주일 만에 완성되었다. 그 일주일 중에도 이틀마다 비가 심하게 쏟아졌고 그런 날은 일을 하지 못했다.

이 일을 치르면서 나는 사람들이 일을 할 때 가장 만족한다는 것을 알게 되었다. 일을 한 날은 모두들 아주 친절하고 기분들이 좋았으며 하루 일을 끝냈다는 뿌듯함에 저녁을 즐겁게 보냈다. 그러나 일을 못 하는 날에는 난폭해졌고 쉽게 다투었으며 고기나 빵 같은 음식에 트집을 잡았고 계속 이기죽거렸다. 이런 모습을 보니 선장 한 사람이 떠올랐다. 이 선장은 부하들에게 계속 일을 시켜야 한다는 신조를 갖고 있었다. 한번은 항해사가 부하들이 일을 모조리 다 해서 더 이상 시킬 것이 없다고 하자 그는 "그렇다면 닻을 윤이 나도록 닦으라고 하게"라고 했다.

아무리 조야한 요새라고 해도 대포가 없는 인디언들을 막는 데는 충분했다. 이제는 부대도 안전하게 배치되었고, 시급할 때 퇴각할 수 있는 장소도 생겼으므로 우리는 소대별로 인근 지역을 탐색하러 나갔다. 인디언을 만나지는 못했지만 부근의 언덕에서 그들의 흔적을 찾아 냈다. 그들은 숨어서 우리의 동정을 엿본 것 같았다. 그 장소에서 아주 쓸 만한 발명품을 보았는데 여기서 잠깐 얘기할 가치가 있을 듯하다. 때는 겨울이었기 때문에 불이 필요했다. 땅 위에 불을 피우면 멀리서도 자신들의 위치가 발각될 염려가 있기 때문에 그들은 3피트 정도의 지름으로 땅을 꽤 깊이 팠다. 또 숲속에 쓰러져 있는 불에 탄 통나무에서 손도끼로 숯을 찍어 낸 흔적이 있었다. 이 숯으로 그 구덩이 속에 불을 피웠을 것이다. 구덩이 주위의 잡초와 풀들이 드러누운 것으로 보아 인디언들은 구덩이 속에 다리를 집어 넣고 둥그렇게 엎드려 발을 따뜻하게 했던 것 같았다. 그들에게는 발을 덥히는 것이 중요한 일이었다. 이렇게 불을 피우면 불빛이 새어 나가지도 않고, 불길이 일거나 불꽃이 튀거나 연기가 나지도 않아 들킬 염려가 없었다. 그들은 수가 그리 많은 것 같지 않았고 우리의 숫자가 너무 많아서 공격해 봐야 손해라고 판단한 듯했다.

우리 부대에는 아주 열성적인 장로교 목사 비티 씨가 군목으로 있었다. 그는 군인들이 기도 집회에나 설교 시간에 모이지 않는다고 내게 불만을 토로했다. 군인들을 모집할 때 급료와 식량 외에도 하루에 럼주 1질(약 0.14리터)씩을 주기로 약속했었고 이 약속은 어김없이 지켜져서 반은 아침에 반은 저녁에 지급되었다. 술을 배급받을 때만은 군인들이 정확하게 제시간에 나타났다. 그래서 나는 비티 군목에게 이렇게 말했다. "럼주를 관리하는 것은 목사님 직업보다 품위가 떨어지는 일이겠지만, 목사님이 술을 나누어 주시면 그것도 기도가 끝난 후에만 그렇게 하신다면 틀림없이 군인들 모두 목사님의 설교를 들을 겁니다." 군목은 괜찮은 생각이라며 술 배급을 담당하기로 했고 두세 사람이 옆에서 술 계량을 도와 주어서 그는 그 일을 그런대로 잘 해냈다. 그 뒤로는 기도회에 안 나오거나 늦는 사람이 단 한 명도 없었다. 종교 의식에 참여하지 않는다고 군법으로 체벌하기보다는 이 방법을 쓰는 것이 훨씬 더 낫다는 생각이 든다.

군대 지휘관, 그리고 과학자

요새도 완성되고 그 안에 식량도 웬만큼 비축해 놓았을 때, 지사로부터 편지가 왔다. 의회를 소집했으니 국경에서의 일이 마무리되어 남아 있을 필요가 없으면 나도 참석해 주었으면 좋겠다는 내용이었다. 주의회 친구들도 편지를 보내서 의회에 나오라고 간청했다. 내가 계획했던 요새 세 개도 다 세워지고 주민들도 이제는 농장에서 지낼 수 있을 만큼 수비가 강화되었기 때문에 나는 돌아가기로 결심했다. 일이 잘 풀리느라 그랬는지, 인디언 전쟁에 경험이 있는 뉴잉글랜드의 클래펌 대령이 우리 요새를 방문했다가 그 지휘를 맡는 일을 수락했다. 나는 수비대를 사열시키고 임명장을 그 앞에서 읽은 후 대령을 소개했다. 군 업무에 능숙한 분이라 나보다 훨씬 더 지휘관에 적합하다고 말했다. 그리고 당부의 말을 몇 마디 한 뒤 그곳을 떠났다. 호위를 받으며 베들레헴까지 갔고 그곳에서 며칠간 쉬면서 쌓인 피로를 풀었다. 좋은 침대에서 자려니까 첫날에는 잠이 잘 오지 않았다. 그나덴헛에서는 바닥 위에서 담요 한두 장만 덮고 지냈었기 때문에 적응이 되지 않았다.

베들레헴에 있는 동안에 모라비아교인들의 생활에 대해서 알아보았다. 모두가 내게 친절했고 어떤 사람들은 나를 데리고 다니면서 이곳저곳 보여 주기도 했다. 모라비아교인들은 함께 일하고 공동 재산을 가졌으며 식사도 함께 하고 공동 숙소에서 많은 사람들이 같이 잠을 잤다. 공동 숙소에는 천정 바로 밑에 얼마큼씩 간격을 두고 구멍이 나 있었는데 공기를 환기시키기 위한 것 같았다. 참 괜찮은 생각이었다. 그들의 교회에도 가보았는데, 그들은 바이

올린, 오보에, 플루트, 클라리넷 등과 오르간이 어울린 훌륭한 음악을 들려 주었다. 모라비아교인들은 우리처럼 남자, 여자, 어린아이들이 모두 섞여서 설교를 듣지 않았다. 그 대신 결혼한 남자들끼리, 결혼한 여자들끼리, 또는 젊은 남자들끼리, 젊은 여자들끼리, 어린아이들끼리 반을 나누어 설교를 들었다. 나는 아이들의 설교를 한 번 들어 보았다. 아이들은 들어오는 순서대로 의자에 앉았다. 남자아이들은 남자 연장자가, 여자아이들은 여자 연장자가 가르쳤다. 설교는 아이들 수준에 잘 맞춰져 있었고 착한 행동을 하도록 재미있고 친숙하게 잘 구슬리는 내용이었다. 아이들은 아주 질서 정연하게 행동들을 했지만 창백하고 아파 보였다. 집 안에만 갇혀 있어서 운동이 부족한 것은 아닌가 하는 생각이 들었다.

모라비아교인들은 제비를 뽑아서 결혼한다는 말을 들었는데 정말인지 물어 보았다. 제비는 특별한 경우에만 뽑는다고 했다. 만약에 젊은 남자가 결혼하고 싶으면 자기 반 연장자에게 알리고 그러면 그는 젊은 여자들을 감독하는 여자 연장자와 의논을 한다. 이 연장자들은 자기가 맡고 있는 젊은이들의 성격이나 성향을 잘 알고 있기 때문에 누구와 짝을 짓는 것이 좋을지 가장 잘 판단했다. 그러면 대개 그 판단을 따르는데 혹시라도 한 젊은이에게 어울릴 만한 여자가 두세 명이 있어서 우열을 가늠하기가 힘든 경우에는 제비를 뽑는다. 서로가 원해서 결혼하는 것이 아니라면 매우 불행해질 수도 있지 않느냐며 반대하자 그들은 "서로가 원해서 짝을 지어도 그럴 수 있지요"라고 말했다. 나도 부정할 수 없었다.

필라델피아에 돌아와 보니 의용군 단체는 잘 되어 가고 있었다. 퀘이커교도가 아닌 주민들은 거의 다 참여해서 중대를 만들고 새로운 법에 따라 대위, 중위, 소위를 뽑았다. B박사가 나를 찾아와서 새로운 법에 일반 사람들이 호감을 갖게 하느라고 자기가 무척 애를 썼다고 했다. 나는 이 모든 것이 나의 '대화집' 덕분이라고 속으로 우쭐하고 있었지만 그의 이야기가 맞을지도 모른다는 생각에 내가 늘 하는 대로 그가 계속 그렇게 생각하도록 내버려 두었다. 장교들은 회의를 열어 나를 연대의 대령으로 뽑았고 이번에는 나도 수락했다. 그때 몇 중대나 있었는지 기억 나지는 않지만 1200명의 늠름한 군인과 여섯 개의 놋쇠 야전포를 구비한 포병대 1중대를 사열했다. 포병들은 대포를 다루는 데 아주 능숙해서 1분에 12발을 쏘아 올렸다. 내가 처음으로 연대를 사열했을 때 군인들은 나를 배웅했고 우리집 문 앞에서 총을 몇 발 쏘아 경의를 표했다. 이 때문에 유리로 된 내 전기 실험 기구 몇 개가 흔들려서 깨지고 말았다. 그리고 내가 새로 얻은 이 직함도 유리 기구 마냥 금방 깨져 버렸다. 얼마 지나지 않아 영국에서 이 법이 폐지되는 바람에 우리의 임무도 끝났기 때문이다.

연대장으로 있던 이 짧은 기간에 있었던 일이다. 나는 버지니아에 갈 일이 있었는데, 우리 연대 장교들은 내 직함에 걸맞게 도시 경계선까지 나를 호위해야 한다고 생각했던 모양이다. 내가 막 말을 타려고 하는데 우리집 문 앞에 삼사십 명의 장교들이 말을 타고 제복을 입은 모습으로 나타났다. 나는 그들이 그런 짓을 하리라고는 전혀 생각지 못했었다. 알았다면 그러지 못하도록 막았을 것이다. 높은 자리에 있다고 티를 내기는 정말 싫었다. 나는 그들이 이렇게 나타난 것이 못마땅했지만 그들이 나를 따라오는 것을 막을 재간도 없었다. 더욱 난처한 것은 출발하자마자 그들이 모두 칼을 뽑아 들고 맨칼을 든 채로 끝까지 간 것이다. 누군가가 이 일을 영주에게 편지로 알렸고 영주는 몹시 불쾌해 했다. 자기나 지사들도 이 지방에서 그런 대접을 받은 적이 없기 때문이었다. 그리고 그의 말로는 그런 예우는 왕족 중에서도 왕자쯤이나 받을 수 있는 것이라고 했다. 어쩌면 그 말이 맞을지도 모르는 것이 그 당시나 지금이나 나는 궁중법도 같은 것은 모른다.

그러나 이 어처구니없는 사건으로 나에 대한 영주의 반감은 더욱 악화되었다. 영주들의 면세 법안 문제 때문에 그전부터도 영주는 내게 그리 감정이 좋지 않았다. 나는 언제나 영주의 면세를 격렬하게 반대하면서, 영주들의 태도가 비열하며 공정하지 않다고 맹렬하게 비난했었다. 그는 장관에게 나를 고발했다. 내가 주의회에서의 영향력을 악용하여 현금 징수법안의 통과를 방해해서 국왕의 업무에 큰 걸림돌이 된다는 것이었다. 그리고 장교들과 함께 벌인 이 행진이야말로 무력으로 이 지방을 영주의 손으로부터 빼앗겠다는 의지를 보여 주는 증거라고 했다. 또 체신 장관인 에버라드 포크너 경에게도 나를 그 자리에서 쫓아내라고 청했다. 하지만 에버라드 경은 내게 가볍게 경고하는 것으로 그쳤다.

내가 큰 역할을 하고 있던 주의회와 지사 사이에는 불화가 끊일 줄을 몰랐다. 그럼에도 지사와 나는 여전히 예의 바른 관계를 유지했고 개인적으로는 전혀 충돌하지 않았다. 의회에서 그의 교서에 대한 답서를 내가 작성한다는 것을 알고 있음에도 그가 개인적으로 내게 큰 반감을 품지 않은 이유는 그의 직업상의 습성 때문이었을 것이다. 그 자신이 변호사였으므로, 자기는 영주들 편에서 나는 의회 편에서 서로의 의뢰인을 대변해서 재판에서 싸우는 단순한 전문 직업인 사이로 우리 사이를 생각했을 것이다. 그래서 가끔씩 어려운 문제가 생기면 친근한 태도로 나를 불러 충고의 말을 듣기도 했고 그리 자주는 아니었지만 내 충고를 받아들이기도 했다.

우리는 브래드독 장군의 부대에 물자를 공급하는 일에 한 마음으로 행동했었다. 또 패전이라는 충격적인 소식을 들었을 때, 지사는 급히 나에게 사람을 보내 후방 촌락의 수비를 어떻게 해야 할지 내 의견을 구했다. 그때 무슨 충고를 했었는지 정확히는 기억 나지 않지만 아마도 던바 대령에게 이런 편지를 쓰라고 했던 것 같다. 전방에 군대를 그대로 주둔시키고 있다가 식민지에서 충원 군대가 가면 그때 원정을 떠나 달라는 내용이었을 것이다. 내가 전방에서 돌아왔을 때 지사는 내게 주의 군대를 지휘해서 듀케인 요새의 함락을 위한 원정을 떠나라고 했다. 던바와 그의 군인들은 다른 일을 하고 있기 때문에 나를 사령관으로 임명해야겠다는 것이었다. 나는 지사가 얘기하는 만큼 내가 그렇게 군사 업무 능력이 뛰어나다고 생각하지 않았고, 또 지사도 실제로 자신이 느끼는 것보다 더 과장해서 얘기하는 것 같았다. 어쩌면 내 인기가 군인을 모집하는 데 크게 한몫 할 것이고, 주의회에서의 내 영향력으로 군인들에게 지불할 돈을 영주들에게 세금을 매기지 않고도 받아 낼 수 있으리라고 생각했을지도 모른다. 지사는 자기가 기대했던 만큼 내가 움직여 주지 않자 그 계획을 취소하고 곧 지사 직을 그만두었다. 그리고 데니 대위가 그 뒤를 이었다.

신임 지사 아래서 내가 행한 공무를 이야기하기 전에 자연 과학 분야에서 명성을 얻게 된 경위를 얘기하는 것도 좋을 것 같다.

1746년 보스턴에 있었을 때, 이제 막 스코틀랜드에서 온 스펜스 박사라는 사람을 만났다. 그는 내게 전기 실험을 몇 가지 보여 주었다. 하지만 그는 그리 능숙하지 않아서 실험을 완전하게 해내지 못했다. 그래도 내게는 전혀 새로운 분야였기 때문에 놀랍기도 하고 즐겁기도 했다. 그러고 나서 필라델피아로 돌아왔는데 며칠 뒤에 런던왕립학회 회원인 콜린슨 씨가 우리 회원제 도서관 앞으로 유리로 된 시험관을 사용 설명서와 함께 선물로 보내 왔다. 나는 이 기회를 놓치지 않고 보스턴에서 보았던 실험에 열심히 매달렸다. 그렇게 수없이 연습한 끝에 영국에서 설명서가 온 실험뿐만 아니라 새로운 다른 실험들도 쉽게 할 수 있게 되었다. 그렇게 수없이 연습을 한 것은 한동안 이 신기한 구경을 하러 온 사람들이 끊이지 않았기 때문이다.

나는 이 짐을 친구들과 나누어 지기로 했다. 그래서 유리 공장에 부탁해 비슷한 시험관을 여러 개 준비해서 친구들에게 나누어 주었다. 이렇게 해서 여러 명의 실험가들이 생겼다. 그중에서 제일 능숙한 사람은 키너슬리 씨였다. 아주 재주가 좋은 사람이었는데 직업이 없었다. 그래서 나는 돈을 받고 실험을 보여 주는 일을 해보라고 격려했다. 나는 그에게 두 개의 강의록을 써주었다. 실험 내용을 순서대로 서술한 다음 그에 대한 해설도 곁들였다. 그래서 앞의 내용으로 뒤의 내용을 이해할 수 있게 했다. 키너슬리 씨는 이 목적으로 멋진 실험 기구들을 마련했는데 그것들은 내가 대충 만들었던 조그만 기구들을 전문가가 세련되게 재정비한 것이었다. 그의 강의는 언제나 만원이었고 아주 만족스러운 성과를 가져왔다. 얼마 후에는 식민지를 돌아다니면서 주요 도시마다 이 실험을 보여 주고 돈도 꽤 벌었다. 다만 서인도 제도에서는 공기에 습기가 많아 실험에 애를 먹었다.

콜린슨 씨가 보내 준 시험관 덕을 많이 보았으므로 그에게 그 기구들을 이용해서 실험에 성공했다는 이야기를 전하는 것이 도리일 것 같아서 우리 실험의 내용을 써서 몇 장 부쳐 주었다. 그는 그 편지를 영국왕립학회에서 읽었지만 회원들은 회보에 실을 만한 가치가 없다고 생각하고 그리 관심을 두지 않았다. 키너슬리 씨에게 보낸 것 중의 하나는 번갯불이 전기와 같다는 내용의 논문이었다. 나는 그것을 학회의 회원이며 나와 친분이 있던 미첼 박사에게도 따로 보냈다. 미첼 박사로부터 답장이 왔는데 학회에서 그것이 읽혀졌지만 전문가들이 코웃음만 치더라는 것이었다. 그러나 그것을 읽어 본 포더길 박사는 그냥 썩히기에는 너무 아깝다고 하면서 출판해 보라고 권했다. 그래서 콜린슨 씨는 《젠틀맨스 매거진》의 발행인인 케이브 씨에게 그 원고를 주었다. 하지만 케이브 씨는 그것을 잡지에 싣지 않고 소책자로 출간하면서 포더길 박사의 서문을 실었다. 그러는 편이 더 돈벌이가 될 거라고 생각한 모양인데, 그의 판단은 적중했다. 그 책자는 나중에 내용이 더 추가되면서 사절판짜리 책 한 권으로 불어났고 5판까지 나왔다. 그는 복사 비용만 들이고 큰 돈을 벌어들인 셈이다.

이 논문이 영국에서 주목을 받기 전에, 프랑스뿐만 아니라 유럽 전역에서 유명한 과학자인 비퐁 백작이 이 논문을 보았다. 비퐁 백작은 달리바르 씨에게 그것을 프랑스어로 번역시켜서 파리에서 출판했다. 왕족들의 자연 과학 교수로서 당시에 우세했던 전기 이론을 세우고 발표했던 유능한 실험가 놀레 신부는 그 책을 보고 기분이 상했다. 처음에 그는 이런 실험이 아메리카에서 이루어졌다는 것이 믿기지 않아 파리의 자기 적들이 자기 이론에 흠집을 내기 위해 농간을 부린 것이라고 생각했다. 그러나 나중에 필라델피아에 프랭클린이라는 사람이 진짜로 살고 있다는 것이 밝혀지자 아주 긴 편지를 써서 한 권으로 출판했다. 편지는 주로 내게 보내는 것으로 씌어졌는데, 자기 이론을 옹호하고 내 실험과 그로부터 이끌어 낸 명제들이 틀렸다고 주장하는 것이었다.

나도 한때 그 선생에게 답장을 보내려고 했었고 실제로 답을 쓰기 시작했다. 그러나 내 글은 실험 내용에 대한 설명뿐이어서 누구라도 따라해 보고 입증할 수 있을 터였다. 그런데 혹시라도 재실험해 보아서 실패할 경우에는 내 이론을 변호할 수 없게 되는 것이다. 그리고 내 이론은 하나의 추측으로 제안한 관찰 보고이지 아무 뒷받침도 없이 공표한 것이 아니기 때문에 굳이 변명할 의무가 없었다. 특히 두 사람이 서로 다른 언어로 논쟁을 벌이게 되면 주로 번역 상의 오류 때문에 한없이 오래갈 수도 있다. 사실 놀레 교수의 편지 중 하나는 번역상의 실수로 생긴 오해 때문에 씌어진 것이었다. 그래서 나는 내 논문들이 어떻게 되든 그냥 내버려 두기로 했다. 공무 시간 틈틈이 겨우 떼어 내서 쓰는 내 시간을 이미 끝난 일로 논쟁하는 데 허비하느니 차라리 새로운 실험을 하나라도 더 해보는 게 낫다는 생각이 들었다. 그래서 놀레 교수에게 한 번도 답을 하지 않았는데 내가 침묵했던 것을 후회하지 않아도 될 만한 결과가 나왔다. 왕립과학협회 회원인 내 친구 르 로이 씨가 내 편에 서서 그 사람을 반박하고 나선 것이다. 내 책은 이탈리아어, 독일어, 그리고 라틴어로 번역되어 널리 읽혔다. 그리고 그 책에 포함된 학설은 점차 놀레 교수의 학설을 제치고 유럽 과학자들이 일반적으로 채택하는 학설이 되었다. 결국 놀레 교수는 직계 제자인 B씨를 제외하고는 자신이 자신의 학파의 마지막 사람이 되었다.

내 책이 급작스럽게 모두에게 알려지면서 유명세를 타게 된 것은 그 책에 들어 있는 실험 하나가 큰 성공을 거두었기 때문이다. 달리바르 씨와 드 로르 씨 두 사람이 구름에서 번개를 일으키는 실험을 마레에서 했다. 이 실험은 어느 곳을 막론하고 모든 사람들의 관심을 불러일으켰다. 실험 물리학 장비를 갖고 있고 물리학 강의를 하던 드 로르 씨는 자기가 이름을 붙인 이 '필라델피아 실험'을 여러 차례 시도했다. 그리고 그가 왕과 귀족들 앞에서 시범을 보인 후로는 호기심 많은 파리 사람들이 너도나도 그 실험을 보려고 모여들었다. 그 대단한 실험에 대한 자세한 이야기와 내가 똑같은 실험을 필라델피아에서 연을 띄워서 성공했을 때에 느꼈던 희열을 굳이 여기에 덧붙이지는 않겠다. 모두 전기의 역사서에 나오는 이야기이다.

영국 의사인 라이트 박사는 파리에 들렀을 때 영국왕립학회 회원인 한 친구에게 편지를 보내서 해외 지식인들 사이에서는 프랭클린의 실험이 크게 평가를 받고 있는데 왜 영국에서는 그렇게 주목을 받지 못했는지 의아스럽다고 했다. 그러자 왕립학회는 옛날의 그 편지를 재고해 보기로 했다. 그리고 그 유명한 왓슨 박사가 그 편지에 담긴 실험 내용과 내가 그 주제에 대해서 영국에 써 보냈던 모든 글들을 요약하고 거기에 저자에 대한 칭찬을 곁들였다. 이 글이 학회의 회보에 실렸다. 재주꾼 캔턴 씨를 비롯해 런던에 있는 회원 몇 명이 뾰족한 장대로 구름에서 번개를 끌어내는 실험을 직접 행했고 그 실험이 성공하자 학회에 알렸다. 학회는 곧 먼젓번에 나를 무시했던 것을 만회하고도 남을 만큼 내게 보상해 주었다. 내가 부탁하지도 않았는데 그들은 나를 회원으로 뽑았고 25기니아 되는 회비도 면제해 주기로 동의했다. 그때부터 꼬박꼬박 회보를 무료로 보내 주고 있다. 그들은 또한 1753년의 고드프리 코플리 상을 내게 수여했다. 회장인 맥클스필드 경은 멋진 연설로 내게 대단한 경의를 표했다.

신임 지사 데니 대위는 영국왕립학회로부터 앞서 얘기한 메달을 받아 와서 시가 그를 위해 마련한 연회에서 내게 전달해 주었다. 그는 메달을 전해 주면서 내 명성을 오래 전부터 익히 들어 왔다며 나에 대한 존경심을 아주 정중하게 표현했다. 저녁 만찬이 끝난 후 당시의 관례대로 모두 술을 들고 있을 때였다. 새 지사는 나를 옆방으로 데리고 가더니 내가 최선의 조언을 해줄 수 있고 행정 업무를 수월히 해나가는 데 가장 효율적으로 도와 줄 사람이라며 나와 잘 사귀어 두라는 충고를 영국 친구들로부터 들었다고 했다. 그래서 나와 좋은 관계를 유지하고 싶다며 무슨 일이든 힘 닿는 대로 도와 줄 테니 믿어 달라고 했다. 그 밖에도 참 많은 말들을 했다. 영주는 우리 주에 대해 호의를 가지고 있다, 너무 오래 끌어 온 면

세 조항 반대를 철회하기만 하면 우리 모두에게, 특히 나에게 이익이다, 그리고 자신과 국민들간의 조화가 회복될 것이다, 이 일에는 나만큼 적임인 사람이 없다, 그러면 나는 충분한 사례와 보상을 받을 것이다, 등등. 밖에서 술을 마시고 있던 사람들은 우리가 너무 오래 자리를 비우자 마데이라주 한 병을 들여 보냈다. 지사는 술을 꽤 마셨고 그의 취기에 맞춰서 나에 대한 회유와 약속도 점점 더 헤퍼졌다.

나는 그의 회유에 이렇게 대답을 해주었다. 참 다행스럽게도 나는 영주들의 환심을 사야 할 정도의 형편은 아니고 또 주의회에 몸담고 있으므로 그들의 호의를 받을 수 있는 입장도 아니다, 나는 영주들에게 반감이 없으며 지사가 공적으로 제안하는 일들이 모든 사람들에게 유익할 경우에는 나보다 더 열렬히 지지할 사람도 없을 것이다, 내가 지금까지 반대해 온 이유는 지금까지 영주들이 강요한 정책들은 분명 자기네들의 이익을 위한 것이고 주민들에게는 엄청나게 손해가 되는 것이었기 때문이다, 지사가 나를 생각해 주는 것은 정말 고맙게 생각하며 그가 행정 업무를 수월히 해나갈 수 있도록 힘 닿는 데까지 도와 줄 것을 믿어도 좋다, 단지 전임자들에게 화가 되었던 똑같은 불행한 훈령을 들고 나오지 않기를 바란다.

지사는 내 얘기를 듣고는 더 이상 아무 말도 하지 않았다. 그러나 그가 주의회와 업무를 시작하자 그 문제가 또 거론되었고 논쟁이 다시 시작되었으며 나는 여전히 반대 입장에서 활동했다. 나는 서기가 되어 제일 먼저 위에서 내려온 훈령을 공개할 것을 요구했고 이어서 거기에 대해 비평을 했는데 당시의 의사록에서 이 기록을 찾을 수 있을 것이다. 그 후에 출판한《역사적 회고》에도 실려 있다. 그러나 나와 데니 지사는 개인적인 감정은 없었고 둘이 곧잘 어울렸다. 지사는 박식한 사람이었고 세상사에 밝았으며 그와 대화를 나누면 유쾌하고 재미있었다. 지사에게서 뜻밖의 소식을 들었는데, 내 옛 친구 제임스 랠프가 아직도 살아 있고 영국에서 제일가는 정치 작가로 명성을 얻고 있다는 것이었다. 랠프는 프레드릭 왕자와 왕 사이의 논쟁을 중재했으며 1년에 300파운드의 연금을 받고 있다고 했다. 그러나 알렉산더 포프가 〈바보열전〉에서 그의 시를 빈정댔던 것처럼 그는 시인으로서는 그리 이름을 날리지 못했지만 산문만은 꽤 괜찮은 평을 받고 있다고 했다.

로던 경과 얽힌 말썽

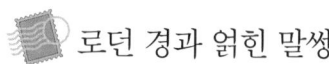

주의회는 마침내 영주가 주민들의 권리나 국왕에 대한 봉사에도

모순되는 훈령을 끈질기게 내려 지사들을 구속하고 있다는 결론을 내렸다. 그래서 국왕에게 영주들을 고발하는 탄원서를 올리기로 결정했다. 그리고 나를 대표로 지명하여 영국에 탄원서를 제출하고 우리의 주장을 전하라고 했다. 이에 앞서 주의회는 국왕의 사용 명목으로 6만 파운드를 지출하는 법안을 지사에게 제출했었다(그중 1만 파운드는 당시의 장군이었던 로던 경이 마음대로 써도 좋다고 되어 있었다). 지사는 영주에게 받은 훈령대로 일언지하에 거절했다.

나는 모리스 선장과 뉴욕의 우편선을 타고 가기로 하고 짐도 배에 실었는데, 그때 로던 경이 필라델피아에 도착했다. 로던 경은 지사와 주의회간에 불화가 생겨서 국왕의 통치에 방해가 되어서는 안 되므로 그 둘을 화해시키기 위해 왔노라고 했다. 그래서 그는 지사와 나를 직접 만나서 양측의 의견을 두루 들어 봐야겠다고 했다. 우리는 만나서 이 문제를 토론했다. 주의회를 대표해서 나는 공문서에 기록된 여러 주장을 펼쳤다. 그것은 내가 쓴 것으로 의회의 의사록과 함께 인쇄된 것이었다. 지사는 자신이 받은 훈령들을 변호하면서, 자기는 이 훈령들을 지킬 의무가 있으며 이에 불복종할 시에는 파멸에 이를 거라고 했다. 하지만 로던 경이 그렇게 하라고만 하면 파멸을 무릅쓸 것도 같았다.

나는 로던 경을 내 편으로 만들었다고 생각했다. 그래서 그가 지사에게 훈령을 어길 것을 권고할 줄 알았는데 오히려 주의회가 영주의 훈령에 따라야 한다고 강요했다. 그러면서 나더러 의원들을 설득해 달라고 부탁했다. 또 우리 전방의 수비를 위한 국왕의 군대는 더 이상 보내지 않을 것이고, 우리가 계속해서 방위 비용을 내지 않으면 전방은 적에게 노출될 수밖에 없다고 했다.

나는 주의회에 상황을 알리고 내가 기초한 결의안을 제출했다. 그것은 우리의 권리를 선언한 것으로, 우리가 권리를 포기하는 것이 아니고 단지 지금은 강제 세력에 의해 할 수 없이 권리의 이행을 연기한다는 내용이었다. 마침내 주의회는 고수하던 법안을 폐기시키고 영주들에게 순응하는 다른 법안을 만들었다. 지사는 물론 이 법안을 통과시켰고 나는 자유롭게 여행을 떠날 수 있었다. 하지만 그 와중에 우편선이 내 짐을 싣고 떠나 버리는 바람에 약간 손해를 보았다. 내게 남은 것이라고는 로던 경의 감사하다는 인사뿐이었고 타협을 성사시킨 공은 모두 경에게로 돌아갔다.

로던 경은 나보다 앞서서 뉴욕으로 떠났다. 당시에는 우편선을 출항시키는 것이 로던 경의 소관이었다. 그곳에 두 척이 남아 있었는데 경의 말에 의하면 한 척은 곧 출발할 것이라고 했다. 나는 배를 놓쳐서는 안 되니 정확한 출발 시간을 알려 달라고 했다. 경은 "그 배는 다음 토요일에 떠나도록 명령을 내려 놓았습니다. 하지만 당신에게만 알려 주겠는데 월요일 아침까지만 오면 될 겁니다. 단 그보다 더 늦어서는 안 됩니다"라고 대답했다. 그런데 나룻배에서 뜻하지 않게 지체되는 바람에 그곳에 도착하기도 전에 월요일 정오가 되어 버렸다. 그날은 바람도 잔잔했던 터라 배가 이미 떠났을 것 같아 조마조마했다. 그러나 배는 아직 항구에 있었고 그 다음날에야 떠날 거라는 얘기를 듣고는 곧 한숨을 돌렸다. 내가 곧 유럽으로 떠났을 거라고 생각하겠지만 — 나도 그렇게 생각했었다 — 로던 경의 성격을 모르고 하는 소리다. 장군의 성격은 '우유부단' 그 자체였다. 몇 가지 일화를 얘기해 보겠다. 내가 뉴욕에 간 것은 4월 초였는데 정작 배가 출항한 것은 6월 말이 다 되어서였다. 그때 우편선 두 척이 항구에 오래 정박하고 있었다. 출항 준비는 이미 끝나 있었지만 경이 편지를 쓰면서 자꾸 내일 내일 하는 바람에 떠나지 못하고 있었다. 또다른 우편선이 도착했으나 그 배도 떠나지 못하고 붙잡혔다. 우리가 떠나기 전에 네 번째 배가 들어오려고 했다. 우리 배가 가장 오래 있었기 때문에 제일 먼저 떠나기로 되어 있었다. 배들은 모두 예약이 끝나 승객들이 기다리고 있는 상태였다. 어떤 사람들은 몹시 초조해 하고 있었고, 상인들은 편지와 보험에 든 어음들(전쟁 때였으므로), 또 가을 상품 등으로 걱정하고 있었다. 다른 사람들이야 걱정을 하든 말든 경의 편지는 끝날 줄을 몰랐다. 그러나 누구라도 들어가 보면 경은 언제나 책상 앞에서 펜을 쥐고 앉아 있었기 때문에 경이 쓸 편지가 너무 많은가 보다 하고 생각할 수밖에 없었다.

어느 날 아침에 경에게 인사를 드리러 들어가는 길에 대기실에서 필라델피아에서 온 이니스라는 심부름꾼을 만났다. 이니스는 데니 지사가 경에게 전하는 편지를 가지고 급하게 온 것이었다. 마침 그는 필라델피아의 친구들이 내게 보낸 편지도 갖고 있었기 때문에 나는 자연스레 언제 돌아가는지, 어디에 묵고 있는지 물으면서 나도 그 편에 편지를 몇 장 보낼까 한다고 했다. 이니스는 경이 지사에게 보내는 답신을 내일 아침 9시까지 와서 받아 가라고 했다며 편지를 받는 즉시 돌아갈 것이라고 했다. 2주일 후 나는 그를 같은 장소에서 또 만났다. "아, 이니스, 그 사이에 다녀왔는가?" "다녀왔느냐구요? 아니요, 아직 떠나지도 못했답니다." "그게 무슨 말인가?" "경의 편지를 매일 아침 여기서 2주째 기다리고 있는데 아직 안 되셨다고 하는군요." "굉장한 문필가이신 것 같은데 그럴 리가 있나? 늘 책상에서 글을 쓰고 계시는 것 같던데." "그렇죠, 하지만 그분은 그림 속의 세인트 조지(전설적인 인물로 그가 말을 타고 용과 싸우는 그림을 흔히 볼 수 있다 : 역주) 같은 분이지요. 언제나 말 위에 있지만 절대 달리지는 않아요"라고 이니스는 말했다.

이 심부름꾼의 관찰은 근거가 있는 것이었다. 내가 영국에 있을 때 피트 씨(1707~1778 영국 수상 : 역주)가 로던 장군을 해임시키고 애머스트 장군과 울프 장군을 새로 임명하면서 '정부는 장군으로부터 한 번도 보고를 받은 적이 없어서 도대체 그가 무슨 일을 하고 있는지 알 수 없었다' 는 것을 이유로 들었기 때문이다.

그렇게 이제나저제나 출항만 기다리고 있는 동안 우편선 세 척은 샌디훅 해안으로 가서 정박 중인 함대와 합류했다. 승객들은 출항 명령이 갑자기 내려져서 배를 놓쳐 혼자 남겨지느니 배에서 기다리는 편이 낫다고 생각해서 모두들 배 안에서 기다리고 있었다. 내 기억이 맞다면 우리는 배에서 6주 가량을 기다렸고 그 사이에 식량이 바닥 나서 다시 사들여야 했다. 드디어 함대는 장군과 군인들을 태우고 요새를 공격하고 함락하기 위해 루이스버그로 향했다. 장군의 함대와 같이 있던 모든 우편선들은 장군의 편지가 준비되는 대로 그것을 받아 가라는 명령을 받았다. 우리 배는 닷새를 기다렸다가 편지 한 통과 출항증을 받고 함대 곁을 떠나 영국으로 향했다. 다른 배 두 척은 그대로 붙들려 핼리팩스까지 끌려갔다. 장군은 거기서 한동안 가상 요새를 가상 공격하는 연습을 군인들에게 시키다가 루이스버그를 공격하려던 생각을 바꾸어 부대를 이끌고 뉴욕으로 돌아오고 말았다. 앞서 말한 우편선 두 척과 승객들 모두 뉴욕으로 다시 돌아온 것이다! 장군이 없는 동안 프랑스 군대와 인디언들이 그 지방 최전선인 조지 요새를 점령했고 인디언들은 항복한 수비대를 무자비하게 학살했다.

후에 런던에서 그 우편선 중 한 척의 선장인 보넬 씨를 만났다. 그가 얘기하기를, 한 달 동안 출발을 못 하고 묶여 있느라 배 밑바닥에 부식이 심해져서 우편선으로서 가장 중요한 속력을 내지 못할 지경이어서 장군에게 배를 끌어올려서 바닥을 청소할 말미를 달라고 부탁했다고 한다. 장군은 시간이 얼마나 필요한지 물었다. 선장이 사흘을 달라고 하자 장군은 "하루라면 허락하겠네. 그 이상은 안 돼. 모레에는 반드시 떠나야 되니까 말일세"라고 했다. 그래서 선장은 결국 청소를 하지 못했다. 그런데 장군은 그 뒤로도 내일 내일 하더니 석 달을 붙잡고 있었다.

보넬 선장의 배에 탔던 승객도 한 명 만났는데 그 사람은 장군에게 무척 화가 나 있었다. 자기를 속이고 그렇게 오랫동안 뉴욕에 붙잡아 두고 있다가 핼리팩스까지 끌고 가더니 다시 돌아왔다는 것이었다. 그는 장군에게 손해 배상 소송을 걸겠다고 벼르고 있었다. 정말로 소송을 걸었는지는 듣지 못했지만 그 사람 말이 맞다면 그가 입은 손해는 실로 엄청난 액수였다.

이 모든 일을 지켜 보면서 나는 어떻게 그런 사람이 큰 군대의 지휘라는 막중한 임무를 맡게 되었을까 의아했다. 그러나 세상사를 더 많이 알게 된 지금에는 높은 자리는 어떻게 얻는지, 그런 자리를 수여하는 기준은 무엇인지, 이러한 궁금증은 다 사라졌다. 브래드독 장군이 죽은 뒤 군대 지휘를 맡은 셜리 장군이 그 자리에 계속 있었다면 로던 경보다는 훨씬 더 전쟁을 잘 치렀을 것이다. 1757년의 로던 경의 종군은 어리석었고, 순전한 낭비였으며, 상상할 수 없을 정도로 우리나라를 욕보인 처사였다. 셜리 장군은 직업군인은 아니었으나 분별력 있고 슬기로워서 다른 사람의 좋은 충고를 귀담아 들었다. 현명한 작전을 세울 줄 알았고 그 작전을 실천에 옮기는 데 민첩하고 적극적이었다.

로던 장군은 막강한 병력을 가지고 있으면서도 식민지를 수비하지는 않고 한가하게 핼리팩스에서 장난짓이나 하다가 적에게 노출당해서 조지 요새를 잃고 말았다. 게다가 오랫동안 식량 수출을 억류해서 우리의 모든 상업 활동을 어지럽히고 무역을 압박했다. 공급 물량을 적에게 빼앗기지 않기 위해서라는 구실을 댔으나 사실은 계약자들에게 유리하도록 가격을 낮추려는 수법이라고들 했다. 억측일지도 모르지만 계약자들의 수익에서 장군이 한몫을 받게 된다는 이야기도 있었다. 그리고 마침내 억류가 풀렸을 때 찰스타운에 그 소식을 즉각 통지해 주지 않아 캐롤라이나 함대는 석 달이나 더 묶여 있었다. 그동안에 바닥에 벌레가 먹어서 상당히 많은 배가 돌아가는 도중에 가라앉아 버렸다.

내가 보기에 셜리 장군은 군 업무에 별로 경험이 없는 사람에게는 분명 무거운 짐인 군 지휘 임무에서 벗어나는 것을 진심으로 기뻐하는 것 같았다. 나는 로던 경의 장군 취임을 축하하기 위해 시에서 마련한 환영식에 참석했었는데 셜리 장군도 전임자의 입장으로 나와 있었다. 그 환영식에는 장교들, 시민들, 방문객들로 아주 붐볐고 의자가 모자라 부근에서 빌려 와야 했다. 그중에 특히 낮은 의자가 있었는데 공교롭게도 셜리 장군이 그 의자에 앉게 되었다. 옆에 앉은 내가 "장군님께 너무 낮은 의자를 드렸군요"라고 말하자 그는 "아, 괜찮습니다. 프랭클린 씨. 전 낮은 자리가 편하다는 걸 알고 있답니다"라고 말했다.

앞서 얘기했던 대로 내가 뉴욕에 묶여 있을 때 브래드독 장군에게 대주었던 모든 물품들의 회계 보고를 받았다. 나는 그 업무에서 여러 사람들을 고용했었기 때문에 이제서야 청구해야 하는 것들도 있었다. 나는 그것들을 로던 경에게 보이고 잔액을 지불해 달라고 했다. 경은 담당 장교에게 확인해 보라고 지시했고 장교는 모든 품목과 증빙 서류를 일일이 대조해 본 후 틀림없다는 것을 증명했다. 로던 경은 지불계에 제출할 지불 명령서를 써주겠다고 약속했다.

그러나 이 일은 계속 미루어졌다. 여러 번 약속을 하고 찾아가 보았지만 지불 명령서를 받지 못했다. 그러다가 내가 출항하기 직전에 그가 하는 말이 다시 한번 깊이 생각해 보니 자기 전임자의 회계를 자기 회계에 포함시킬 필요는 없다는 것이었다. "하지만 당신이 영국에 가서 이 회계 보고를 재무부에 보고하면 받아 낼 수 있을 거요"라고 덧붙였다.

나는 뉴욕에서 지체하느라 생각지도 않은 비용이 많이 들었기 때문에 지금 받았으면 한다고 했다. 그러나 그는 꿈쩍도 하지 않았다. 나는 내가 수수료를 바라는 것도 아니고 미리 당겨 쓴 내 돈을 받으려는 것인데 그런 일이 번거롭게 지연되는 것은 부당하다고 했다. 그러자 그는 이렇게 말했다. "이것 봐요, 그 일로 당신이 전혀 재미를 못 보았다는 말은 하지 마십시오. 우리는 이런 일이 어떻게 돌아가는지 훤하게 알고 있어요. 군대에 납품을 하다 보면 자기 주머니 채우는 방법을 알게 되기 마련이니까요." 나는 단 한 푼도 챙기지 않았다고 확실히 말했으나 로던 경은 내 말을 전혀 믿지 않는 눈치였다. 실제로 그런 일에서 막대한 이익을 챙길 수도 있다는 것을 나중에 알았다. 나는 그 잔액을 지금까지도 받지 못하고 있다. 이 일에 대해서는 뒤에 더 쓰도록 하겠다.

우리 우편선의 선장은 출항하기 전부터 자신의 배가 아주 빠르게 달리는 쾌속선이라고 떠벌렸었다. 그러나 딱하게도 막상 바다로 나갔을 때 이 배는 96척의 배 중에 제일 굼벵이였고 선장으로서는 참 창피한 노릇이었다. 우리만큼이나 굼뜬 배가 가까이에 있었는데 그것마저 우리를 제치고 나갔다. 그 원인을 이리저리 생각해 본 선장은 승객들에게 모두 배 뒤쪽으로 가서 가능한 한 돛대에 바짝 붙어 서 있으라고 명령을 내렸다. 배에는 승객을 포함해서 40명 정도의 사람이 있었다. 선장의 명령대로 했더니 우리 배는 제 속도을 찾아서 근처에 있는 배를 제치고 훨씬 앞서 나갔다. 선장이 짐작했던 대로 배 앞쪽에 짐을 너무 많이 실은 탓이었다. 알고 보니 물통들이 몽땅 앞쪽에 선적되어 있었다. 선장은 그것들을 배 뒤쪽으로 옮기도록 명령했다. 그러자 배는 자신의 특기를 되살려 쾌속선으로서의 면모를 보여 주었다.

선장은 이 배가 한때는 13노트, 즉 시속 15마일로 달렸었다고 말했다. 배에는 케네디라는 해군 대령이 승객으로 타고 있었는데 그는 그런 일은 불가능하며 어떤 배도 그렇게 빨리 달릴 수는 없다고 했다. 아마도 측정선의 눈금이 잘못되었거나 속도 측정에 뭔가 실수가 있었을 거라는 것이었다. 두 사람은 내기를 했고 바람이 충분히 불 때 판결하기로 했다. 케네디 대령은 곧 꼼꼼하게 측정선을 점검했고 이상이 없는 것을 확인한 뒤에 자기가 직접 측정기를 던

지겠다고 했다. 며칠 뒤 상쾌한 순풍이 불었다. 러트위지 선장이 배가 13노트의 속력으로 달리고 있을 거라고 말했다. 케네디 대령은 속도를 측정했고 내기에서 졌다.

내가 이 이야기를 쓴 이유는 그런 일을 관찰하면서 느낀 점들을 말하기 위해서다. 새 배가 잘 달릴지 아닐지는 타봐야만 알기 때문에 배 건조 기술은 완벽할 수 없다고들 한다. 잘 달리는 배를 그대로 본떠서 만들어도 아주 더딘 경우가 있기 때문이다. 내 생각에는 선원이 화물을 싣고, 배를 정비하고, 항해하는 방식도 조금은 영향을 미치는 것 같다. 선원마다 제각기 그 방식이 다르다. 같은 배라도 선장이 누구인가, 화물은 어디에, 어떻게 실었는가에 따라서 잘 달릴 수도, 그렇지 않을 수도 있다. 그리고 배를 만들고, 바다에 띄우고, 실제로 항해하는 일을 한 사람이 다 하는 경우는 거의 없다. 한 사람이 선체를 만들고 다른 사람이 장비를 장치하고 또다른 사람이 짐을 싣고 항해를 한다. 이 세 사람 중에 어느 누구도 다른 이들의 생각과 경험을 속속들이 다 알 수 없으니 전체를 종합한 결과가 좋을 리가 없다.

하다 못해 돛을 조작하는 아주 간단한 일에서도 항해사에 따라 같은 바람 조건에서 서로 다른 명령을 내리는 것을 여러 번 보았다. 어떤 사람은 팽팽하게 조정하고 어떤 사람은 느슨하게 한다.

그러고 보면 꼭 정해진 법칙은 없는 모양이었다. 그러나 몇 가지 실험은 행해질 수 있다고 생각한다. 첫째, 가장 빨리 달릴 만한 선체의 모양을 결정한다. 둘째, 돛대를 놓기에 가장 적합한 위치는 어디이며 제일 좋은 비율은 어떻게 되는가를 결정한다. 그런 뒤에 돛의 모양과 수효, 또 바람에 따른 각도를 결정한다. 그리고 맨 마지막으로 짐을 싣는 방법을 정한다. 지금은 실험의 시대이다. 나는 일련의 실험을 정확하게 수행해서 결합시키면 큰 것을 이룰 수 있으리라 믿는다. 그러므로 머지 않은 장래에 아주 뛰어난 과학자가 이 일을 성공시켜 주기를 바란다.

우리는 항해 도중 여러 번 다른 배들의 추격을 받았으나 항상 1등으로 달렸고 30일 만에 측심이 가능한 곳까지 이르렀다. 위치를 측정해 본 선장은 우리가 팔머스 항구 부근에 아주 가까이 왔다고 확신했다. 그래서 밤에 잘만 달리면 아침에는 항구 입구에 닿을 거라고 했다. 밤에 달리는 편이 해협 입구에 종종 나타나는 민간 선박을 위장한 적함의 눈길을 피하기에 수월할 것이었다. 우리는 돛을 있는 대로 끝까지 다 올리고 상쾌한 바람을 뒤에서 받으며 쏜살같이 달렸다. 실리군도 가까이 왔을 때 선장은 이리저리 관측을 해보더니 암초들을 멀리 피해가도록 뱃길을 잡았다. 때때로 세인트조지 해협 근처에는 강한 내류(內流)가 생겨서 뱃사람들을 삼키기도 했다. 실제로 클로드스슬리 쇼블 경의 대대가 침몰했었다. 그런데 그런 일이 우리에게도 닥친 것 같았다.

우리는 뱃머리에 파수꾼을 세워 두었다. 선원들이 가끔씩 "전방을 잘 봐" 하고 외치면 그 파수꾼은 "알았어-, 알았어-" 하고 대답했다. 그때 그 파수꾼은 아마 눈을 감고 잠시 졸고 있었던 모양이다. 파수꾼들은 때때로 기계적으로 대답을 한다고 하는데, 그도 그랬을 것이다. 그는 우리 바로 앞의 불빛을 보지 못했다. 키 조종사나 다른 파수꾼들도 보조 돛에 가려 그 불빛을 보지 못했다. 그런데 우연히 배가 흔들리는 바람에 그 불빛을 보게 되었고 갑작스레 비상 사태에 들어갔다. 어느 틈에 배가 불빛 바로 가까이에 와 있었기 때문에 그 불빛은 거의 커다란 수레 바퀴만해 보였다. 때는 자정이었고 우리 선장은 잠 들어 있었다. 케네디 대령이 갑판으로 뛰어 올라와서 위험한 상황을 보고는 배 작동을 중지하고 배가 바람이 불어가는 쪽으로 돌도록 그대로 두라고 명령을 내렸다. 이 방법은 돛대에는 위험한 것이었지만 우리를 구해 주었다. 우리 배는 등대가 서 있는 기초 암벽 위로 똑바로 올라가려고 했기 때문에 운좋게도 파선만은 면했다. 이 구사일생의 경험으로 나는 등대가 꼭 있어야 한다는 것을 절실히 느꼈고 만약 살아서 돌아간다면 아메리카에 등대를 세우는 일에 힘써야겠다고 결심했다.

다음날 아침 시끌벅쩍한 소리가 들려 오자 항구 가까이 온 것을 알 수가 있었다. 그러나 안개가 짙어서 아무것도 보이지 않았다. 9시쯤에 안개가 걷히기 시작했다. 안개는 꼭 연극 무대에서 막이 오르는 것처럼 올라갔고 바로 그 밑으로 팔머스 시, 항구의 배들, 도시를 둘러싸고 있는 평원 등이 모습을 드러냈다. 허구한 날 망망한 바다만 보던 우리에게는 너무나도 황홀한 광경이었다. 또 전쟁 중이라 불안했던 마음으로부터도 해방되어서 더욱 반가웠다.

나는 아들과 함께 즉시 런던으로 향했다. 가는 길에 잠깐 멈춰서 솔즈베리 평원에서 스톤헨지(석기 시대 후기의 유적. 고인돌의 집단 : 역주)를 구경하고, 윌턴에 있는 펨브로크 경의 저택과 정원, 진귀한 골동품들을 구경했다. 1757년 7월 27일 우리는 런던에 도착했다.

의회 대표로 영국에서 활동하다

찰스 씨가 마련해 준 숙소에 짐을 풀자마자 나는 포더길 박사를 찾아갔다. 친구들이 말하기를 꼭 그를 찾아가서 내가 어떻게 행동해야 할지 조언을 구하라고 했기 때문이다. 박사는 정부에 곧장 탄

원하는 것보다는 먼저 영주들을 개인적으로 만나 봐야 할 거라고 했다. 중재나 개인적인 친구들의 설득으로 영주들을 회유해서 좀 더 평화적으로 이 일을 수습할 수 있다는 것이었다.

그러고 나서 나는 오랜 친구이며 편지를 주고 받고 있던 콜린슨 씨를 만났다. 콜린슨 씨는 버지니아 주의 거물 상인인 존 핸베리 씨로부터 내가 도착하면 알려 달라는 부탁을 받았다고 했다. 영국 의회 의장인 그랜빌 경이 나를 가능한 한 빨리 만나 보고 싶어하니까 자기가 나를 데려가겠다고 했다는 것이다. 나는 다음날 아침에 그와 함께 가는 데 찬성했다. 핸베리 씨는 약속대로 찾아와서 나를 자기 마차에 태워 그랜빌 경의 집으로 데리고 갔다. 그랜빌 경은 아주 정중하게 나를 맞이하고 당시 아메리카의 상황을 물어 본 후 본론으로 들어갔다. 경은 이렇게 말했다. "당신네 아메리카인들은 법률의 본질을 잘못 생각하고 있소. 당신네들은 국왕이 지사에게 보내는 훈령은 법이 아니라고 주장하면서 그 훈령을 당신네 마음대로 따를 수도 안 따를 수도 있다고 생각하고 있소. 그런데 그 훈령이라는 것은 외교 사절에게 작은 기념식에서 이렇게 행동하라고 규제하는 것 같은 사소한 것이 아니라오. 그 사항들은 법을 전공한 판사들이 먼저 초안을 잡아서 국회에서 심의하고, 토론하고, 또 수정도 한 뒤에 국왕에게 서명을 받은 것이오. 그런 고로 그 훈령은 당신네 나라 사람들에 관한 한 지켜야 할 국법이오. 왜냐하면 국왕은 식민지의 최고 입법자이기 때문이오." 나는 경에게 그런 원칙은 생전 처음 듣는다고 말했다. 내가 알기로 우리가 지켜야 할 법은 우리 의회가 만든 후에 국왕에게 올려서 국왕의 재가를 받은 것이고, 일단 재가가 나면 국왕이라도 그것을 폐기하거나 변경할 수 없다고 했다. 그리고 우리 의회가 국왕의 재가 없이는 영구적인 법률을 만들 수 없듯이 국왕도 우리 의회의 동의 없이는 식민지의 법률을 만들 수 없는 것으로 알고 있다고 말했다. 경은 내가 완전히 잘못 알고 있다고 잘라 말했다. 하지만 나는 그렇게 생각하지 않았다. 그랜빌 경과 얘기를 나누면서 나는 영국 궁정이 우리에게 가지고 있는 생각에 아주 놀랐다. 그래서 숙소로 돌아오자마자 글로 써 두었다.

이 일로 그보다 20년 전에 있었던 일이 생각났다. 당시 영국 행정부에서 국왕의 훈령을 식민지의 법률로 하자는 안을 영국 의회에 올렸는데 하원이 이것을 부결한 적이 있었다. 그래서 우리는 하원 의원들을 우리의 친구이자 자유의 동지들로 칭송했으나 1765년에 그들이 우리에게 한 짓(인지세법의 통과 : 역주)을 보고는 생각이 바뀌었다. 그때 그들이 국왕의 권한을 거부한 것은 단지 자기네들의 특권을 보존하기 위함이었다는 것을 알게 되었다.

며칠 후에는 포더길 박사가 영주들에게 얘기해서 스프링 가든에 있는 토머스 펜 씨의 집에서 나를 영주들과 만나게 해주었다. 회담은 '가능하면 상식적인 선에서 합의를 끌어내자' 는 선언으로 시작되었으나 양측이 의미하는 '상식적인 선' 이 서로 달랐던 것 같다. 우리는 내가 열거한 불만 사항을 하나하나 짚어 나갔다. 영주들은 영주들대로, 나는 나대로 서로 자기 측의 입장을 정당화하려고 애썼다. 그러다 보니 서로간의 의견 차가 한없이 벌어지고 아득해져서 합의는 이미 틀려 버린 것 같았다. 결국 이 회담은 내가 우리의 불만 사항을 글로 써서 제출하면 영주들이 그것을 숙고해 본다는 약속으로 끝났다. 나는 즉시 서류를 제출했으나 영주들은 자기네 사무 변호사인 퍼디낸드 존 패리스에게 이 서류를 넘겼다. 패리스 변호사는 영주들을 대표해서 70년이나 계속되고 있던 메릴랜드의 이웃 영주 볼티모어 경과의 큰 소송(메릴랜드와 펜실베이니아의 경계선에 관한 논쟁 : 역주)에서 모든 업무를 맡았었다. 또 주의회와의 논쟁에서 영주들을 대표해서 공식 서류 및 교서를 도맡아 쓰고 있었다.

패리스는 아주 거만하고 화를 잘 내는 사람이었다. 그의 서류는 논점이 희박하고 표현이 건방졌기 때문에 나는 의회에서 답변할 때 그를 가끔씩 혹독하게 비판했었다. 그는 내게 지독한 앙심을 품고 있었고 나를 만날 때마다 그것을 내비쳤다. 그래서 나는 우리 둘이서 주요 불만 사항을 논의하라는 영주들의 요청을 거부했고 영주들 자신 외에는 어느 누구도 상대하지 않겠다고 했다. 그러자 영주들은 패리스의 충고대로 서류를 법무장관과 차관의 손에 맡겨서 그들의 의견과 충고에 따르기로 했다.

서류는 그곳에서 꼭 여드레가 모자라는 1년을 묵었다. 나는 그동안 여러 차례 영주들에게 답을 달라고 요청했으나 아직까지 법무 장·차관의 의견을 듣지 못했노라는 대답뿐이었다. 영주들이 그들로부터 무슨 조언을 받았는지 나에게 알려 주지 않았으므로 나로서는 알 길이 없었다. 그런데 패리스가 작성하고 서명한 장문의 교서가 주의회로 왔다. 내 서류 얘기를 하면서 형식을 제대로 갖추지 않아 무례를 범했다고 불평한 다음 자신들의 행동에 대해서 속보이는 변명을 늘어놓았다. 그리고 주의회가 본래 목적에 어울리는 '공평무사한 인물'을 보낸다면 타협할 용의가 있다고 덧붙여서 내가 이 일에 적격자가 아님을 암시했다.

형식을 갖추지 않았다거나 무례하다는 것은 '펜실베이니아 지방의 진정한 영주들에게'라는 그들의 가칭을 붙이지 않았기 때문일 것이다. 내가 그 가칭을 집어 넣지 않은 것은 그 서류의 목적이 회담에서 내가 구술로 전한 말을 글로 기록해서 정확성을 기하려는 것이었기 때문에 굳이 그럴 필요가 없다고 생각했기 때문이었다.

그러나 일이 이렇게 지체되고 있는 동안에 아메리카의 주의회는 데니 지사를 설득해서 영주들이나 일반 주민들에게 똑같이 재산세를 부과하는 법안을 통과시켰다. 이 문제가 논쟁의 핵심이었으므로 영주들로부터 온 장문의 교서에 답하는 일은 생략해 버렸다.

그러나 이 법안이 영국으로 넘어갔을 때 영주들은 패리스의 조언대로 이 법안이 국왕의 재가를 받지 못하도록 저지하기로 작정했다. 이에 따라 영주들은 추밀원에 탄원서를 제출했고 청문회가 열리게 되었다. 그들은 변호사 두 명을 고용해서 이 법안에 반대했고 나도 변호사 두 명을 고용해서 그 법안을 지지했다. 그들은 그 법안이 일반 주민들의 짐을 가볍게 해주기 위해 영주들의 재산에 무거운 세금을 부담시키려는 수작이며, 계속해서 강행할 경우 주민들에게 밉보였던 영주들은 세금 명목으로 재산을 마구 뜯겨 결국에는 파산할 수밖에 없다고 주장했다. 우리는 이 법안에 그런 의도는 전혀 없으며 그런 결과도 생기지 않을 것이라고 했다. 세금 평가원은 정직하고 사려 깊은 사람들로, 평가를 공평무사하게 하겠다는 서약을 하고 일하고 있으며 자기들의 세금을 가볍게 하려고 영주들에게 세금을 더 얹는다고 해도 그렇게 해서 생기는 이익은 너무나 근소한 것이기 때문에 그런 일로 서약을 깨는 짓을 할

리가 없다고 했다. 내 기억으로는 양측의 주장의 요점은 이랬다. 그러나 우리는 이 법안이 철회될 경우에 틀림없이 발생하게 될 유해한 결과도 강경하게 주장했었다. 왜냐하면 국왕이 사용한다는 명목으로 통과된 10만 파운드가 벌써 인쇄되어 군사비로 쓰여지고 주민들 사이에 유통되고 있는데, 이 법안이 철회된다면 이 지폐들은 모두 가치가 없어져서 많은 사람들이 파산하게 되며 장차 같은 명목으로 돈을 모금하게 될 때에도 지장이 있을 것이라고 했다. 그리고 영주들은 자기네 재산에 세금이 잘못 매겨질까 봐 쓸데없는 걱정을 하면서 일반 주민이 지폐의 무효화로 입을 재난은 상관 없다는 이기적인 태도를 보이고 있다고 신랄하게 공격했다. 이때 고문관의 한 사람인 맨스필드 경은 변호사들이 변론을 하는 동안 나를 손짓으로 불러 서기실로 데리고 갔다. 그리고 내게 묻기를 이 법안이 실시되면 정말로 영주들에게 아무런 손해가 없을 것 같냐고 물었고 나는 확신한다고 대답했다. "그렇다면" 하고 경은 말을 이었다. "그 점을 보증해 주는 계약서를 쓰는 데 이의가 없겠군요." 나는 "네, 전혀 없습니다"라고 대답했다. 그러자 맨스필드 경은 패리스를 불러서 의논을 했고 약간의 이야기가 오간 후 경의 제안을 양측이 받아들이기로 했다. 의회 서기가 이런 취지의 서류를 작성했고 나와 찰스 씨가 서명했다. 찰스 씨는 통상사무를 대행하는 식민지의 대표였다. 맨스필드 경이 의회 회의실로 돌아왔고 마침내 법안이 통과되었다. 하지만 법안의 몇 개 조항은 수정되어야 한다는 제안이 있었고 우리는 다음에는 그렇게 개정하겠다고 했다. 그러나 주의회는 그럴 필요가 없다고 생각했다. 추밀원의 지시가 떨어지기도 전에 주의회는 이 법안에 의해서 1년치 세금을 거두었고, 위원회를 임명해서 세금 평가원들의 업무 상황을 조사하도록 했으며, 이 위원회에 영주들의 가까운 친구들도 포함시켰다. 그리고 위원들은 충분히 조사한 뒤에 세금이 공평하게 평가되었다는 보고서에 만장일치로 서명했던 것이다.

주의회는 내가 계약의 첫 부분을 체결한 것을 우리 주에 중대한 공적을 이룬 것으로 인정했다. 그 덕택으로 지폐가 전 지역으로 유통되면서 신용을 얻어 가고 있었기 때문이다. 주의회는 내가 귀국하자 이 일에 대해서 정식으로 감사장을 보내 왔다. 그러나 영주들은 데니 지사가 이 법안을 통과시킨 것에 몹시 분개하면서 지켜야 할 훈령을 거슬렀으므로 고소하겠다고 협박했다. 그러나 지사는 장군의 요구에 의하여 국왕에게 충성스럽게 봉사하기 위해서 한 일이었고 또 궁정에 강력한 후원자들이 있었기 때문에 이 협박들을 무시했다. 그리고 그 협박들은 실제로 이루어지지 않았다.

| 연표 |

연도	내용
1706년 1월 17일	1월 10일 조사이어 프랭클린의 17자녀 중 15째 막내아들로 보스턴 시에서 출생
1716년	아버지의 양초 · 비누 제조업을 돕다
1718년~1723년	형 제임스의 인쇄소에서 견습공으로 일하다
1723년 9월	보스턴을 떠나 필라델피아에 도착, 키머의 인쇄소에서 일하다
1724년 11월~1726년 7월	런던 체류
1727년 2월	자기 사업을 시작하다. 전토 클럽을 만듦
1727년 12월	신문 발행
1730년	데보라 리드 양과의 결혼
1731년	회원제 도서관 시작
1732년 12월	'가난한 리처드의 달력' 이 처음 발행됨
1733년	사우스캐롤라이나에 동업자를 보냄 프랑스, 이탈리아, 라틴어를 배워 익힘
1736년	주의회 서기로 선출됨
1742년	프랭클린 난로 발명
1744년	방위군 조직
1748년 9월	인쇄업에서 은퇴. 자연과학 실험에 몰두함

연도	내용
1749년	펜실베이니아 대학 설립에 참여
1751년 8월	주의회 의원이 됨
1751년	필라델피아 병원 설립에 참여
1752년 6월	연을 날려서 번개와 전기가 같은 것이라는 실험을 함
1752년 9월	피뢰침 발명
1753년 8월	식민지 체신장관이 됨
1754년 7월	뉴욕 올버니 시로 가는 길에 연방정부를 구상함
1757년 6월~1762년 여름	여름 펜실베이니아 대표로 영국 체류
1764년 11월~1775년 4월	식민지 대표로 영국 체류
1773년 4월	미국독립전쟁 시작
1776년 7월 4일	미국독립선언
1776년 11월 ~1785년 9월	미국 대표로 프랑스 체류. 프랑스의 원조를 얻어 독립 미국을 기원하여 1783년 미국과 영국 간의 평화조약을 체결토록 함
1787년 여름	미국헌법을 기초하는 데 참여
1790년 4월 17일	84세로 사망

| 역자후기 |

전 세계에서 가장 지혜로운 인물을 만나다

'가장 지혜로운 미국인'으로 불리며 스토브, 피뢰침, 시계초침, 이중초점안경을 만든 발명가이자 성공적인 정치가, 사업가로서 무수한 공익사업을 주도해 신생 미국에 든든한 터전을 닦은 프랭클린. 미국 독립을 이끌어내고 헌법의 기초를 마련하여, 민주주의의 초석을 세웠다고 평가받지만 자신의 묘비에는 '인쇄인 프랭클린(B. Franklin Printer)'이라고 쓸 만큼 진솔하고 소박한 삶을 살아온 그는 인간 승리의 본보기가 되는 인물이다. 학교 교육은 2년이 전부였지만 독학으로 프랑스어, 이탈리아어, 스페인어, 라틴어를 익혀 구사할 만큼 자기계발에 철저했으며, 끊임없는 아이디어를 실제 제품으로 개발하여 이웃들에게 실용적인 도움을 준 사람이 바로 벤저민 프랭클린이다.

그런 그의 인생 전부가 고스란히 담겨 있는 《프랭클린 자서전》은 인생을 살아가는 데 지혜가 단연코 지식보다 귀하다는 진리를 여실히 보여준다. 그리고 성실함과 흠 없는 온전함이야말로 가진 것 없는 사람들의 성공을 확실히 보장한다고 당당히 말해준다.

나는 한국 국적을 가진 한국인이지만 사실 미국에서 더 오랫동안 살면서 미국이라는 나라의 구조적 모순을 많이 보았다. 범죄, 살인, 빈부격차 등 일일이 나열하기 힘들 정도로 놀라운 현실을 보아왔지만 미국이라는 나라는 '미국 정신(American Spirit)'을 근본으로 건국된 국가이기에 사회를 조화롭게 하는 힘이 있음을 알고서는 감탄할 수밖에 없었다.

그런데 벤저민 프랭클린의 자서전을 읽으면서 '바로 이것이었구나' 하며 무릎을 탁 치게 되었다. 미국 정신은 바로 프랭클린 정신이었던 것이다. 프랭클린 이야기는 공중에 떠 있는 허황되면서 실현 불가능한 성공스토리가 아니었던 것이다. 그러므로 그의 삶을 들여다보면 어느덧 '철저한 자기관리야말로 성공적인 인생을 위한 지름길이겠구나'라는 희망을 가지게 된다.

한치의 소홀함도, 낭비도 없었던 프랭클린의 진솔한 삶은 시간과 공간, 그리고 남녀노소를 초월하여 누구에게나 신선한 감동을 준다. 좀더 일찍 읽었더라면 하는 진한 아쉬움이 남기까지 하는 이 책은 미국 장편문학을 대표하는 걸작이라고도 알려져 있다. 내 자녀가 아직 읽지 않았다면 그 아이의 손에 쥐어주고 싶고, 직장동료가 읽지 않았다면 모두 불러 모아 강연이라도 하고 싶은 강한 충동을 느끼게 하는 옥석 같은 책이 바로 《프랭클린 자서전》이다. 그만큼 이 책이 지닌 깊이와 가치는 나만이 아니라, 후대까지 널리 알아야 하기에 역자로서의 자부심을 갖고서 한 글자, 한 글자 혼신의 힘을 다해 번역을 했다. 부디 텍스트로써의 값어치만이 아니라, 역자의 열정과 감동까지 함께 읽어주었으면 하는 바람이 더 크다.

이계영

Franklin